2000年の
桜庭和志

目次

文春文庫

2000年の桜庭和志

柳澤　健

文藝春秋

2000年の桜庭和志

UFC - Photo by Jeff Bottari / Zuffa LLC / Zuffa LLC via Getty Images

序章

ホール・オブ・フェイム

2017年7月6日 ラスベガス・パークシアター

２０１７年７月６日午後７時30分。桜庭和志はラスベガスのアリーナ『パークシアター』にいた。総合格闘技団体ＵＦＣのホール・オブ・フェイム、すなわち殿堂入り表彰を受けるためだ。

ＵＦＣのホール・オブ・フェイムはモダン部門、パイオニア部門、コントリビューター（裏方）部門、ベストファイト部門の４つに分かれている。

桜庭が受賞したのは草創期のＭＭＡ（Mixed Martial Arts＝総合格闘技）で活躍したファイターを対象とするパイオニア部門だ。

桜庭の主戦場は日本のＰＲＩＤＥであり、のちにＨＥＲＯ'ＳやＤＲＥＡＭにも出場した。ＵＦＣへの出場は一度しかない（１９９７年12月21日に横浜アリーナで行われたＵＦＣ ＪＡＰＡＮ）。ＵＦＣ以外で活躍した選手であっても、圧倒的なパフォーマンスを観客に披露したファイターは顕彰するべきだ、というＵＦＣの姿勢は素晴らしい。ちなみにプロレスのＷＷＥも同じだ。アントニオ猪木、藤波辰爾、そして力道山がＷＷＥの殿堂入りを果たしている。私たちの国はアメリカに学ぶべき点がまだまだ多い。

ＵＦＣのホール・オブ・フェイムの受賞者に与えられるのはトロフィーだけで賞金はない。ただし本人と付き添い数人の航空券代とホテル代はＵＦＣが負担する。

それでも、競技の歴史に名を刻むホール・オブ・フェイマー（殿堂入り選手）は大変な名誉だ。桜庭和志の次にＵＦＣの殿堂入りする日本人ファイターは誰なのだろう？

残念ながら、筆者にはひとりも思い浮かばない。

られている。

　UFCが作製した紹介映像には、偉大なる日本人ファイターへの最大限の敬意が込められている。ナレーションは次のようなものだ。
《数年に一度、天才的な才能を持つファイターが現れる。時代を席巻する才能とキャラクターでその名を轟かせていく。オクタゴンではホイス・グレイシーやマット・ヒューズ、チャック・リデル、アンデウソン・シウバ、さらに現在ではコナー・マクレガーといった戦士たちが、総合格闘技の存在意義を示している。しかしながら、PRIDEの顔となるファイターといえば唯一無二。日本の総合格闘技界の象徴であると同時に、PRIDEを独特かつ見ごたえあるスポーツへと導いたファイター。それがカズシ・サクラバ。ウェルター級のどんなに強い相手が立ちはだかろうと、決して引き下がらずに挑み続けた日本格闘技界の戦士。コンバットスポーツの代名詞とも言われる一族（引用者注・グレイシー一族のこと）をたったひとりで打ちのめし、確固たる地位を築いた生ける伝説——。

彼は日本MMA界のベーブ・ルースであり、伝説なのだ。

「グレイシー・ハンター、IQレスラー。その名が示す通りさ」（UFCおよびPRIDEで活躍したジョシュ・バーネット）

「カズシ・サクラバは、真に史上最高のミックスト・マーシャル・アーツ・ファイターさ。PRIDEでは誰よりもエキサイティングな試合を披露したし、UFCでは、ブラジリアン柔術の黒帯から一本勝ちを収めた最初のファイターになった」（UFCコメンテ

ーターのジョー・ローガン）

「サクラバはとにかくすごいよ。マジックでもやるみたいに試合をする。それだけじゃない。リングを自在に動かして、まるでエルビス・プレスリーのように観客を魅了するんだ」（格闘家のドン・フライ）

「グレイシー・ハンターと呼ばれたサクラバを応援していた。実際にはグレイシーの方がサクラバを追いかけていたから、奇妙なニックネームなんだけど」（『ラスベガス・レビュージャーナル』紙記者のアダム・ヒル）

「サクラバの試合で一番記憶に残っているのはホイス・グレイシー戦だ。彼らは90分も戦ったんだぜ」（UFCとPRIDEで活躍したアリスター・オーフレイム）

「どうやったら90分も戦い続けられるんだ？　バカげている。あり得ない。でも、作り話ではなく、実際に起こったことなんだ」（『レスリング・オブザーバー』紙記者のデイヴ・メルツァー）

サクラバはかつてのUFCチャンピオンを次々に倒してきた。ケガやアクシデントなどの不慮の状況を除けば、サクラバは真の最強ファイターだ。あの体格でどんな相手にも立ち向かっていく。エンターテイナーであり、現代に生きるサムライ。元プロレスラーが、日本格闘技界のプライドを持って世界に挑戦。PRIDE GPで世界に名を馳せたカズシ・サクラバが、いまもうひとつのタイトルを伝説に刻む。UFCホール・オブ・フェイマー！》（UFC公式サイトより）

お客さんに伝わる試合

ドン・フライがステージに姿を現した。

UFC8で優勝したのちに日本でプロレスラーとなり、アントニオ猪木の引退試合の相手をつとめ、PRIDEでMMAファイターとして復帰、高山善廣と壮絶な殴り合いを演じて世界に衝撃を与えた。2016年にはUFCの殿堂入りを果たしている。

ドン・フライの役目はプレゼンター。桜庭和志を紹介するスピーチを行い、トロフィーを渡すことだ。

いくつかのジョークで会場を温めてから、ドン・フライは桜庭の紹介に移った。

「サクは1997年にUFCでファイターとしてのキャリアをスタートさせた。UFC JAPANのヘビー級トーナメントに出場したんだ。彼の体重は180パウンド（約81・5kg）しかないのに、200パウンド（約91kg）あると言い張った。計量ではパンツの中に本でも隠していたんだろう。そしてMMAファイターとして初めてブラジリアン柔術の黒帯からタップ（ギブアップ）を奪ったんだ。サクはキャッチ・レスリングにクレイジーなプロレス・テクニックを織り交ぜて、黒帯を次から次へと降参させた。

サクはグレイシーまでも関節技でタップアウトしてみせた。ホイラー・グレイシーをキムラ（腕がらみ＝ダブルリストロック）でタップさせた試合は、グレイシーの一族にとって50年ぶりの一本負けだった。

みんなも知っての通り、グレイシーは威厳と品格を持って敗戦を受け止めた。OK、それはウソだ(笑)。グレイシーの連中は『ホイラーはタップしていない。レフェリーはサクラバの味方だ』と言い張り、その上『時間制限のある試合は本物の戦いじゃない』とまで言い出した。ヤツらの言い訳の数は、妊娠した修道女よりも多いのさ。

そしてついにホイス・グレイシーが送り込まれた。UFCに3度も優勝した無敗の王者さ。ところが、サクラバとホイスの試合が決まり、プロモーションも終わった頃、グレイシーは『自分たちが指定するルールで試合をしろ』と要求してきたんだ。サクラバのタマはとんでもなくデカかったから、グレイシーの要求を全部受け容れた。時間無制限の試合に備えて、ジムでの煙草と酒を2週間も止めた、と俺は聞いてるぜ(会場笑)。サクとホイスは90分間戦った。今のUFCのタイトルマッチの4倍の時間だ。そしてついにグレイシーがタオルを投げ込んだ。これだけでも、サクには殿堂入りの資格が充分ある、と俺は思う。

ところが、それで終わりじゃなかった。ホイスとの試合終了から40分後、なんとこの日本のサイコパス野郎は再び花道に姿を現しやがった。そして240パウンド(約109kg)、戦績42勝2敗のイゴール・ボブチャンチンと戦ったんだ。ひょっとしたら、サクラバはこの試合にも勝ってしまうんじゃないか? と思わせたが、さすがにスタミナが切れてしまった。

俺も強い気持ちで戦ってきたつもりだが、サクラバに比べれば同じ太陽系にすら属していない。サクこそ戦士の中の戦士さ。俺は彼の大ファンなんだ。（中略）間違いなく、俺の世代で最高のファイターはカズシ・サクラバだろう。殿堂入りも納得だよ。こうやって彼の話をできて、誇らしい気持ちでいっぱいだ。新しいファンに、サクラバがどれほど特別で、どれほど勇敢で、どれほど頭のイカれた野郎だったかが伝わってくれたらうれしいよ。紳士淑女の皆さん、戦う日本の誇り、UFCホール・オブ・フェイマー、カズシ・サクラバさんです」

PRIDEのテーマ曲が流れ、万雷の拍手の中、桜庭和志が通訳の井島ワッシュバーン・パトリックを従えてステージ下手から姿を現した。羽織袴姿。顔にはオレンジ色の〝サクマシン〟マスクをつけ、ロボットのように右手と右足を同時に前に出して歩いたが、ステージはとても広く、途中からはマスクを取って普通に歩いた。

ステージ中央にある演壇のマイクの前に立ち、袂《たもと》から大きな紙を取り出した桜庭は、あらかじめ用意してあった日本語のコメントを読み上げ、隣の通訳が英語に翻訳した。

「どうも、日本からやって参りました、桜庭和志でございます。今回はこのような立派な賞をいただき、とても感激しています。（中略）

僕がUFCのオクタゴンに足を踏み入れたのは、今から20年前のことになります。思い起こせば、この大会に出場する予定だった先輩がケガをしてしまい、急遽、僕が代役で出場することになりました。オファーが来たのは試合のわずか4日前です。驚いたことに、オクタゴンで向かい合っていたのは、僕より20kg以上重い大男でした。もちろんパワーで押しまくられたものの、何とかアームバーで勝利を飾ることができました。

MMAのデビュー戦ともいえるこの試合で、僕はいきなり体重差の洗礼を受け、それを克服することに成功しました。僕はプロレスラーに憧れ、プロレス団体に入門しました。プロレスというジャンルで育った僕にとって、体重差などは当たり前で、大きい選手と小さい選手が戦うのはお客さんを喜ばせるギミックとしか考えていませんでした。しかし、MMAにとってそれは命取りにもなり得る大問題だったのです。

競技として体重差は試合を大きく左右します。僕は何度もそれを体感し、難しさを痛感しました。しかし、そういう試合をしてきたことに後悔はまったくありません。そういう試合をしてきたからこそ、お客さんにインパクトを残せたことも事実だと思うからです。

僕はアスリートであると同時にプロレスラーです。プロレスで学び、プロレスから吸収した細胞がDNAとして染みついています。お客さんに伝わる試合をすること、それがプロレスラーとしての僕の矜持です。大きな選手に向かっていく僕の姿を通して、お客さんの人生に何らかの影響を与えることができたとしたら、プロとしてこれ以上の幸せはありません。

よく、ファンの方から『自分の人生を変えた試合』と言っていただけるのがグレイシー一族との抗争、特にホイスとの一戦です。いまのMMAファンからすればまさにクレイジーな試合でしょう。1ラウンド15分の無制限ラウンドで、決着はタップアウトのみ。レフェリーストップすら認めないという前代未聞の特別ルールで、当時は〝決闘〟と騒がれた試合です。

この試合で、僕とホイスは90分を戦い抜き、最後はグレイシー側がリングにタオルを投入、僕の勝利で試合は終わりました。自分や一族の誇りのために、命がけで戦う彼ら。その一方でお客さんの思いを背負い、お客さんを飽きさせないように必死で戦う僕。戦う意味と理由が正反対の2人が真っ向からぶつかりあいました。

試合中、お客さんのヴォルテージがどんどん高まっていく中で、僕はとても冷静に次に繰り出す一手を考えていたことを今でも覚えています。グレイシー一族との抗争は僕にとって大きな財産です。対策を考えることで、技術の幅もどんどん広がっていったと思います。僕はいまだに練習で技術的な発見をすることがたくさんあります。特にグラップリングはとても奥が深く、今後もそれを追求していくことが僕の大きなテーマだと考えています。

先日、なにげなく見ていたYouTubeで、柔道の木村政彦先生がアームロックを指導している動画を発見しました。あのエリオ・グレイシーとの戦いを制したキムラロックです。僕は我が目を疑いました。（腕の）取り方が僕とまったく一緒だったのです。これは自分にしかわからない、微妙なテクニックだと思っていたことを、木村先生が大昔にやっていたのです。木村先生は偉大な柔道家であると同時に、日本のプロレスラーの先駆者でもあります。柔術、グレイシー、プロレス、ＭＭＡ……あらためて歴史は繋がっていると感じました。

時代はどんどん進んでいます。僕のキャリアも過去のものになろうとしています。今のファンにとっては僕も木村先生と同じ歴史上の人物だと思われているかもしれません。でも、僕はまだ生きています。常に練習を続け、いまだに技術を磨いています。ともに練習している若い選手たちに技術は受け継がれ、どんどん進化していくことでしょう。ただ、僕が本当に受け継いでもらいたいのは、技術より心です。プロとしての誇りです。お客さんに伝わる試合をすること――これからの未来を創るファイターへ僕からのメッセージです。

最後になりますが、僕のプロレスラーの先輩であり、ここにいるドン・フライと歴史に残る試合をした髙山善廣さんが先日、試合中のアクシデントで病院に運ばれ、現在も頸椎損傷という怪我と戦っています。髙山さんは僕と若手時代を過ごし、プロレスラーとは何かを最も近くで教えてくれた先輩です。髙山さんもこのドン・フライとともにＭＭＡの凄さを世の中に知らしめた功労者です。皆さん、どうか髙山さんの回復を祈ってください。よろしくお願いします。

本日、このような機会を頂いたＵＦＣの皆さんに心から感謝申し上げます。ご清聴、ありがとうございました」

万雷の拍手が桜庭を包んだ。観客は大きな感銘を受けたのだ。この日は桜庭和志以外にモーリス・スミス、ユライア・フェイバー、そして、マッチメーカーのジョー・シルバの3人が殿堂入りの表彰を受けたが、桜庭への声援は、ほかの誰よりも大きかった。

桜庭和志の熱狂的なファンであり、常に覆面をかぶって観戦することで知られる〝サクマシン〟は、桜庭の晴れ姿を見ようと、わざわざラスベガスまで駆けつけた。

「海外での桜庭さんの人気はハンパじゃないですよ。『あの伝説のファイターが俺の目の前にいるよ！』ってみんなが興奮して、写メとかバシバシ撮ってますから。日本人は、桜庭さんの価値を全然わかってないと思います」

バックステージでも、翌金曜日のTUF25 Finaleでも、土曜日のUFC213でも、桜庭はアントニオ・ホドリゴ・ノゲイラやベンソン・ヘンダーソン、クリス・サイボーグなど、多くの選手や関係者、ファンと一緒に写真に収まった。

「プロレスラーは、本当は強いんです！」

「サクラバは俺の一番好きなファイターだ」と公言するUFC代表のデイナ・ホワイトもそのひとりだ。

《俺がこのビジネスを始める前から、すでに日本だけじゃなく、世界中で大人気だったからね。俺たちってみんなPRIDEのファンだったわけだろ？　俺が初めて見たPRIDEのイベントにサクラバが出てたんだ。ホイス・グレイシーと闘う前だったけど、その試合を見て一発でファンになったんだ。(中略)桜庭は地球上で最強で最凶。常におもしろい試合をしてくれる男だ。それは相手が当時最強と言われていたグレイシーが相手でも、同じなんだもんな。どんな相手だろうが、いつも桜庭はみんなをワクワクさせてくれる世界一のファイターだ。すべてがクール(イケてる)なんだよ。》(デイナ・ホワイトと桜庭和志の対談より。『KAMINOGE』vol.32)

だが、その一方で、デイナ・ホワイトはPRIDEのマッチメイクを酷評する。

《MMAはれっきとしたスポーツだ。だから、ファイターはちゃんと自分に合った階級で試合をするべきなんだよ。サクラバだってずっとウェルターで試合をしていれば、負け知らずだったはずだ。それなのに、ヴァンダレイ・シウバと3回も試合をしたんだぜ? ヴァンダレイだけじゃない。適正階級じゃない相手とどれだけ闘った? あえてサクラバがそういう試合を受けるということも、みんなから尊敬された要素のひとつかもしれない。だが、健康面のことを取ってみても、本来ならずっとウェルターで試合をするべきだったんだ。(中略)これはマジで言うけどさ、サクラバは〝国宝〟なんだよ! その〝国宝〟をさ、日本のプロモーターどもは破壊するような仕打ちしかしなかった。(中略)最大のスーパースターであり、〝MMA史上最高のファイター〟として名を残す可能性のあった選手だ。少しでもサクラバのことを大切に思っていたなら、プロモーターは彼が大きな功績を残すことができるように手助けをするべきだった。大金を稼げるようにすることや、有名にすることも、プロモーターの当然の役割。でも、歴史

に残るファイターにするという仕事を彼らは怠った。》（前掲書）

ＵＦＣは時間無制限、体重無差別、レフェリーストップなし、反則は目潰しと噛みつきのみという、いわばノールールの異種格闘技戦として１９９３年に始まった。

企画したのはホリオン・グレイシー。幾多のヴァーリトゥード（なんでもありの試合）をレスラーや空手家や柔道家やボクサーと戦ってきた伝説の柔術家エリオ・グレイシーの長男である。グレイシー柔術こそ世界最強の格闘技である、と信じるホリオンは、柔術を世界に広めるために、八角形の金網で囲まれたオクタゴンで行われる過酷なトーナメントに弟のホイスを送り出した。ホイスは父と兄の期待に見事に応え、ＵＦＣ１、ＵＦＣ２で連覇を飾る。

ＵＦＣとグレイシー柔術の登場に最も衝撃を受けたのは、日本のプロレスファンだったに違いない。アントニオ猪木が繰り返し口にした「プロレスは最強の格闘技である」「キング・オブ・スポーツ」「誰の挑戦でも受ける」という言葉をファンは心から信じ、プロレスラーの強さを疑わなかったからだ。

猪木が衰えると、ファンは真剣勝負を標榜するＵＷＦのレスラーたちに、プロレス最強の夢を託した。前田日明は「リングスは純粋格闘技。最強の男はリングスが決める」と胸を張り、髙田延彦は「プロレスは最強の格闘技」とかつての猪木の言葉を反復した。

だが、実際に彼らがリング上で行っていたのはリアルファイトではなく、結末の決まった試合だった。

真の強さではなく、強く見えることだけを求めた彼らの前に突然、UFCとグレイシー柔術が登場する。「最強を名乗るのであれば、グレイシーと戦ってみせろ」というファンの要求を、UWFのレスラーたちは無視できなかった。

しかし、結果は無残だった。

UWF最強の男と密かに囁かれていた安生洋二は、400戦無敗のヒクソン・グレイシー（ホイスの兄）の道場破りを試みたものの、顔面を血まみれにされて失神した。UWFインターナショナルのエースだった髙田延彦も、PRIDE.1でヒクソンに完敗した。

プロレスラーは弱く、柔術家は強い。

プロレス最強の夢は雲散霧消した、と誰もが思った。

ところが、髙田の敗戦からわずか2カ月後、誰もが予想しなかったことが起こる。桜庭和志が、UFC JAPANのヘビー級トーナメントに優勝したのだ。

UWFインターナショナルでデビューした若手プロレスラーが、ブラジリアン柔術の黒帯からギブアップを奪い、優勝インタビューでは「プロレスラーは、本当は強いんです！」と発言したから、プロレスファンは狂喜乱舞した。

この時から、桜庭和志はプロレスの最後の希望であり、救世主であると見なされるようになった。

プロレスとは一種のパフォーマンスであり、格闘技とは何の関係もないことは、いまや常識だろう。

ではなぜ、プロレスラー桜庭和志は、安生洋二や髙田延彦が手も足も出なかったグレイシー一族を次々に打ち破ることができたのだろうか。

なぜＰＲＩＤＥは、桜庭を体重差の大きい相手と戦わせたのだろうか。

かつて残酷で野蛮で暴力的と非難されたＵＦＣが、ルールの整備された競技へと生まれ変わり、大成功を収める一方、なぜＰＲＩＤＥは、最後まで競技たり得なかったのだろうか。

グレイシー柔術とは何か。

ＭＭＡとは何か。

格闘技とは何か。

ＵＷＦとは何か。

プロレスとは何か。

これから私たちは、２０００年の桜庭和志の活躍を振り返りつつ、それらについて考えていくことになる。

Takuya Sugiyama

第1章

レスリング

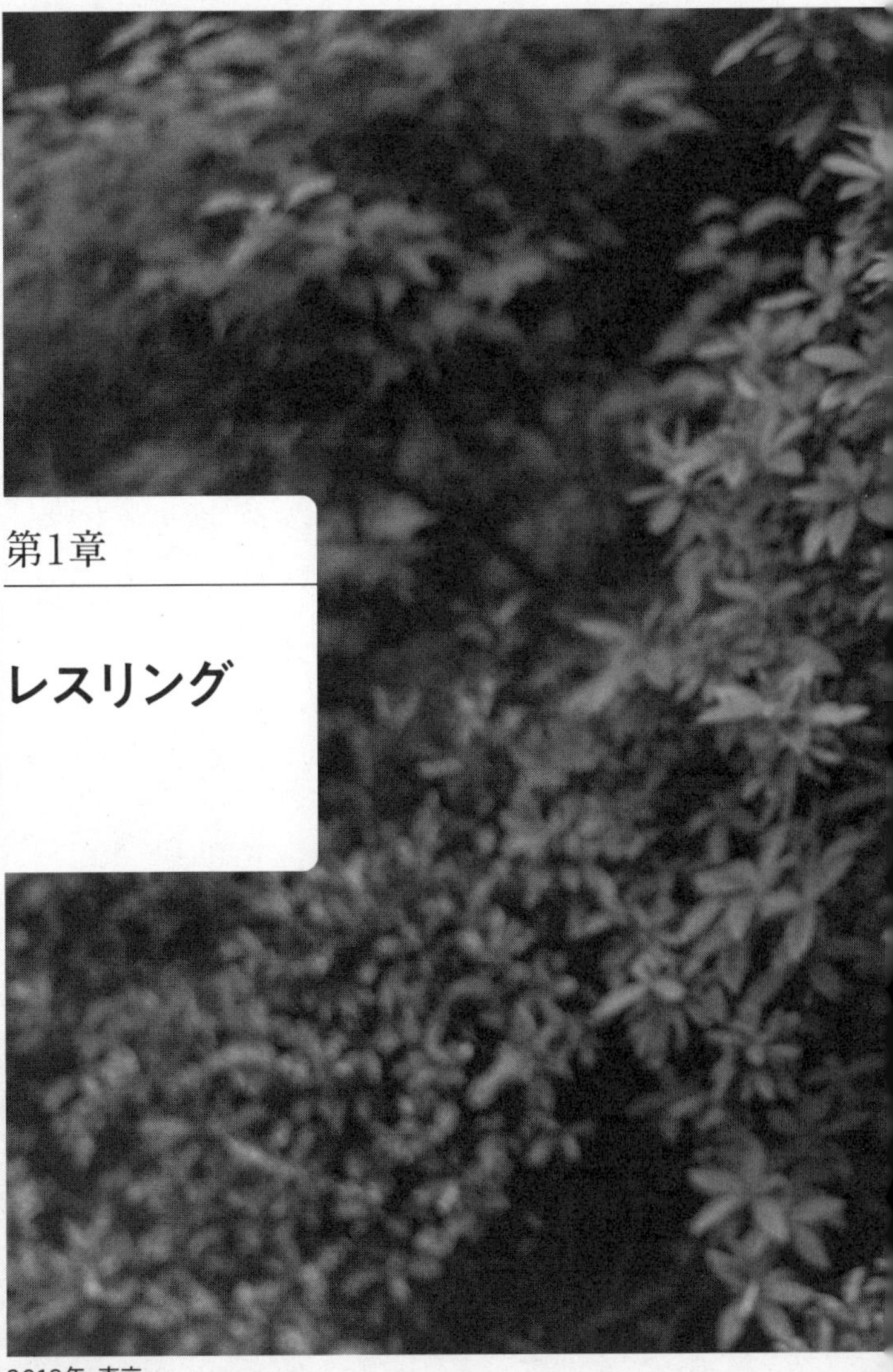

2018年 東京

桜庭和志がプロレスに出会ったのは、1982年夏のことだった。町の書店で『タイガーマスク二世』(原作・梶原一騎、作画・宮田淳一)のコミックスを見つけたのだ。本の中味よりも、むしろ表紙が強く印象に残った。虎のマスクをつけた本物のレスラーが、リング上を高く舞っている写真が使われていたからだ。マンガの表紙のためにリングを組み、観客を集め、わざわざ特製のマスクまで作って撮影したのか。なんて手が込んでいるんだ! と感心した。タイガーマスクというプロレスラーが実在するなど、考えもしなかった。

秋田県南秋田郡昭和町(現・潟上市)は、見渡す限り田圃がどこまでも続く。のどかな田舎町で育った中学1年のバスケットボール部員は、新日本プロレスに一大旋風を巻き起こしていたタイガーマスクについて、何ひとつ知らなかったのだ。

ところが約10日後、桜庭は新聞のテレビ欄に意外な文字を見つける。

タイガーマスク対ダイナマイト・キッド。

秋田における『ワールドプロレスリング』は金曜8時のゴールデンタイムではなく、深夜の時間帯に放送されていた。夜更かしして見たタイガーマスクに、桜庭はたちまち夢中になった。マンガの中にしかいないと思われたヒーローが、現実のリングの中で戦っている。しかも、恐ろしく強い。

「本当にやっていると思っていました。華麗な空中殺法ではなく、強さに憧れたんです」(桜庭和志)

クラスにはプロレス好きの友達がふたりいたから、休み時間のたびにプロレス談義に花を咲かせ、『週刊プロレス』も毎週買うようになった。新日本プロレスが秋田にやって来たときには一緒に観に行った。

タイガーマスクのマスクを剝がそうとする〝虎ハンター〟小林邦昭を本気で憎み、長州力と藤波辰巳の「名勝負数え歌」に興奮し、身体の大きなハルク・ホーガンやアンドレ・ザ・ジャイアントに驚愕した。

中学3年になると、担任の教師は家庭訪問にまわり、進路を決める三者面談を行う。プロレスラーになりたいんです、と桜庭が自らの思いを口にしたのは、1学年上の船木優治（のちの船木誠勝）が、中学卒業後すぐに新日本プロレスに入門したと聞いたからだ。どうせプロレスラーになるのならば、入門は早い方がいいのではないか？

だが、母親も教師も当然止めた。プロレスラーになること自体は構わない。だが、夢が叶わなかった場合のことを考えて、高校卒業の資格くらいは持っておいたほうがいい。

桜庭はあっさりと引き下がった。バスケットボール部の練習は厳しく、スタミナには自信があったものの、パワーはまったくなかったからだ。懸垂は2回、腹筋は3回しかできなかった。力自慢のプロレスラーになるには、いささか心許なかった。

ちょうどその夏にインターハイが地元の秋田県で行われ、秋田市立秋田商業高校レスリング部が全国2位の好成績を収めていた。

プロレスラーを目指すのであれば、高校でレスリングをやるのが早道だろう。そう考えた桜庭は、秋田商業高校への進学を決めた。

全国でも指折りのレスリング強豪校には、中学柔道の東北チャンピオンを筆頭に、スポーツで優秀な成績を収めたエリートが入学してくる。格闘技経験がなく、一般入試で入学した桜庭は、柔道経験者に散々投げまくられた。

それでも、桜庭は楽しかった。

《ゼロからのスタートだったので、飽きることもなかった。そもそも、格闘技自体を全く経験したことがなかったので、一つ一つの技を見るだけで感動し、興奮していた。筋力トレーニングにも熱中した。懸垂が2、3回しかできない状態からのスタートだったので、トレーニングをすると、みるみるうちに筋力がアップするのがわかった。3時間から3時間半の練習の間に、スパーリングや、腕立て伏せ、腹筋等の筋力トレーニングのメニューとは別に、懸垂を合計100回、ロープ昇りを合計5回行うというノルマがあったのだが、鍛えていくうちにできるようになっていった。それもうれしくてしかたがなかった。》（桜庭和志『独創力。』）

監督やコーチ、指導にきてくれるOBや先輩たちは強い選手に注目し、桜庭のような初心者はほとんど相手にされなかった。

人見知りでおとなしい桜庭は、自分から先輩やOBに積極的に稽古をつけてもらうこともできなかった。そのかわりに、人の練習をよく見た。見様見真似でタックルに入る。

うまくいかなければその理由を考え、自分なりに工夫を重ねた。

IQレスラーの萌芽

桜庭は優秀な頭脳の持ち主だ。特に数学は得意だった。

教えられることを待つのではなく、技の原理を自分の頭で考えた。

桜庭和志の最大の武器は、頭脳なのだ。

《タックルがうまく入れるようになったら、ひたすら反復練習をする。反復練習によって、自分の形が決まって来て、得意技になっていく。得意技にまで高まれば、様々な形に応用できるようになり、どんな場面でもタックルを出せるようになる。

大体ひとつの技を反復練習している間に、他の基本技を教わるので、また、他の人の技を見て、どうやったら自分なりにうまく極められるかを考えた。

新しい技を教わるたびに気をつけていたのは、すでに、身につけた技と新しい技を繫げるように意識することだった。

たとえば、タックルに入ったあとに、すぐに次の技を出せるようにするということだ。そのように意識すると、ひとつの技が通用しなかった時でも、次の技を出せる。そればかりではない。技を尽きることなく繰り出すことができる。そうすると、技に連続・連動性が生まれ、相手に息を吐く暇を与えないのだ。》（桜庭和志『独創力。』）

自分で工夫し、研究を重ね、反復練習を積み上げてスキルアップを図ることは、ロールプレイングゲームの主人公を育てていく感覚にも似ている、と桜庭は言う。ある程度戦えるようになると、中学までやったバスケットボールのフェイントが大いに役立つことに気づいた。

自分はパワーもスピードも飛び抜けたものがない。ならば、ほんの少しの動作で相手を騙して隙をつけばいい。

少し自信がつくと、自分よりも大きな先輩にスパーリングを申し出るようになった。

《練習をやるときも階級関係なく、大きい先輩とかにも、「先輩、お願いします！」とやって吹っ飛ばされたときもありましたけど。「これが体重差なのか」と思いながら。(中略) 100kg超級の人だと、ガバッと首を捕まれたら片手で吹っ飛ばされるんですよ。》(桜庭和志『KAMINOGE』vol.69)

スタミナへの圧倒的な自信、相手を観察し、隙を徹底的に突く頭脳。変幻自在の攻撃で相手を混乱させる戦略。自分よりも遥かに大きな相手と戦う勇気。

のちのIQレスラー桜庭和志の萌芽は、秋田商業高校レスリング部時代からすでにあったのだ。

秋田商業高校レスリング部監督(当時)の茂木優は、高校時代には吉田光雄、のちの長州力を破って全国制覇、国士舘大学卒業後には1976年のモントリオールオリンピックに出場、高校教員となって指導者に転身すると、母校を全国有数の強豪校に育て上げた。最高傑作は1988年ソウルオリンピックの金メダリスト佐藤満だろう。

選手だけでなく、指導者としてもレスリング界で確固たる地位を築き上げた茂木優は、高校時代の桜庭和志を次のように語っている。

《彼がいる時のチームは強かったですよ。全国国体で2位にもなりましたしね。彼は62〜63kgだったんですが、作戦上、70kgで試合に出させていました。

器用な方ではなかったけれども、やりにくいレスリングをしていたと思います。懐が深かったですから。呑み込みの早さは普通ですかね。並以上、そこそこでしたよ。頭角を現したのは2年生から3年生に入れ替わる頃で、片足タックルがよかった。あとリーチが長いからグラウンドがよくて……相手の身体をエビのように丸めるエビ固めもよかったですね。あの技はリーチ、パワーがないとかけられない技ですから。

でも、当時は私も若かったから、厳しい練習をしたんですけど、ちゃんとついてきましたね。練習をさぼったりすることは一度もなかったと思います。練習熱心ではありましたよ。こうと決めたらやり通すという、強い意志を持った子でした。（中略）残念なのは、レスリングで大成できなかったことですね。グレコローマンの3位（69kg級）にしかなれなかったですから。トップになってもいいぐらいのものを持っていたんですが。成績はね、優秀でした。コンピュータとか好きでね。プロレスが好きなのも知ってました。一度、コンピュータでプロレスに関するものを作って、先生に怒られたとか言ってましたね。》（『ゴング格闘技』2000年3月号）

プロレスラーになるならUWFしかなかった

レスリングに熱中しつつも、プロレスのことは頭から離れなかった。『ワールドプロレスリング』はよく見たし、休み時間には『週刊プロレス』を隅から隅まで読んだ。

桜庭の高校時代は、前田日明、髙田延彦らのUWFが新日本プロレスのリングに上がっていた時期と重なる。第一次UWF（ユニバーサル）もビデオを借りて熱心に見た。

「佐山（聡）さん（タイガーマスク）の技を、アマレスの試合で使ったこともありますよ。フロントネックチャンスリー（=タイガードライバー）です。佐山さんは、相手を脇に抱え込むと、足をうしろに振り上げ、元の位置に戻した勢いで投げていた。だから、足の重さを使えばできるのかな、と思ってやってみたら、実際に投げることができました。結局はタイミング。うしろに振り上げた足がマットにバンと着く瞬間に全身の力がかかるから、理に適っているんです」（桜庭和志）

プロレスは相変わらず好きだったが、レスリングはあまりにも面白すぎた。

卒業が近づくと、プロレスラーになりたいという気持ちはどこへやら、大学へ進学してレスリングを続けたいという気持ちが強くなった。

高校時代に成績を残したレスリング選手には、大学から推薦入学の誘いがやってくる。インターハイで団体戦準優勝、全国高校生グレコローマン選手権3位の桜庭の前に、選択肢はふたつあった。

日本体育大学と中央大学である。

１９８０年代から90年代にかけて、藤本英男監督率いる日本体育大学レスリング部の強さは圧倒的だった。大学レスリング界で最も重要な大会である東日本学生リーグ戦では１９７９年から１９９６年まで、なんと18連覇を飾っている。

もし桜庭和志がオリンピックを目指すならば、日体大に行くしかない。

だが、桜庭が選んだのは中央大学だった。

桜庭にとって、オリンピックは現実的な目標にはなり得なかったし、体育教師になるつもりもなかった。中央大学を卒業すれば、自衛隊か機動隊に入り、好きなレスリングを続けられるかもしれない。茂木優監督からも「お前は中央大学にしろ」と言われた。秋田商業の先輩もたくさんいた。悩む必要はなかった。中央大学に進み、４年間、思う存分好きなレスリングに打ち込むのだ。

入学試験は面接と作文だけだった。

１９８８年４月、桜庭和志は中央大学商学部に入学した。

レスリング部の道場には歴代の部員の名札が掲げられている。桜庭は「鶴田友美」という名札を見つけた。

ジャンボ鶴田である。

中央大学レスリング部は、石井庄八、笹原正三、渡辺〝アニマル〟長武といったオリンピックの金メダリストを輩出したかつての名門だ。

鶴田友美はミュンヘンオリンピックグレコローマン100kg超級に出場、ハンガリーとユーゴスラビアの選手と戦い、いずれも警告負けを喫して3回戦に進むことはできなかった。強い選手とは言えないが、中央大学レスリング部の歴史に名を刻む選手であったことは間違いない。

大学の体育会は厳しい階級社会であり、1年は奴隷、2年は平民、3年は殿様、4年は神様、などと言われる。

レスリング部員は全員寮で生活するが、1年生が命じられる電話番はベルが3回鳴り終わる前に受話器を取らなくてはならないという厳しい規則があるから気が休まらない。先輩が風呂に行けば、一緒に行って背中を流さなくてはならない。

桜庭は上級生の使い走りとしてこき使われつつ、レスリングの練習にも懸命に取り組んだ。

3年上には秋田商業の先輩がいたから、スパーリングの相手になってもらった。上級生はやはり強く、なかなか勝てなかったものの、実力はめきめきと上がった。

夏の終わりに大阪府立体育会館で行われたインカレ（全日本学生選手権）で、太田拓弥（日体大）を破ったことは、桜庭和志の記憶に強く刻まれている。

8年後の1996年アトランタオリンピックフリースタイル74kg級で銅メダルを獲得した太田拓弥は、大学時代の数少ない敗戦について、次のように語ってくれた。

「桜庭は僕とは真逆のタイプ。背が高くてリーチがあって身体も柔らかい。1年の時のインカレでは、確か1－5の判定で負けたはずです。桜庭はウナギみたいにつかみどころがなくて、僕がバテてしまった。

当時は5分1ラウンド。桜庭に5回タックルをとられて、僕はとりきれなかった。その後、2年生までに桜庭とは何度か戦って僕が勝ったけど、いつも接戦でした。3年生、4年生で当たった記憶はありません。

僕は桜庭に負けた時、『強くなるためにはどうすればいいか』をすごく考えさせられた。だからとても感謝しています。

桜庭のようなタイプは日本にはあんまりいない。もし身体をデカくして、82kg級くらいに上げていたら、面白い選手になったのではないでしょうか。

桜庭が自分とは違う分野、プロレスや総合格闘技の世界で活躍するのは誇りに思いましたよ。同級生ですし。

石沢（常光＝ケンドー・カシン）さんとか、永田（裕志）先輩とか、中西（学）さんとか、藤田（和之）とか、あと、鈴木みのる選手とか、僕や桜庭の代の前後には、プロレスや格闘技で活躍する人が多い。もともとプロレスが好きでレスリングを始めた人間が多かったからでしょうね。僕も同じです」

秋の新人戦で、桜庭は太田拓弥と延長まで戦い、飛行機投げ（ファイヤーマンズ・キャリー）を食らってリベンジされたが、2年春の新人戦では優勝。桜庭和志の大学レスリング人生は、順風満帆だった。

ところが、2年生の夏頃から練習がつまらなくなってきた。

理由は簡単で、監督がフィジカル重視の練習に切りかえたからだ。

レスリングに筋力強化は欠かせない。ベンチプレスよりも、むしろロープ昇りや懸垂を行う。レスリングに必要なのは、押す力ではなく、引く力なのだ。

だが、強くなるために何よりも大切なものはスパーリングだ。

レスリングの戦い方は十人十色。身長や体重、腕の長さや足の長さ、腕力や脚力が人によって異なるからだ。スパーリングを数多く行う中で、自分自身のスタイルを発見して、課題と改善点を考えることが最も重要であり、フィジカルトレーニングは補強運動に過ぎない。桜庭はそう考えていた。

常に自分の頭で考えながらレスリングに取り組んできた桜庭は、画一的な練習メニューに嫌気がさしてしまった。

3年の秋には、4年生がレスリング部を引退してしまい、自分よりも強い人間がひとりもいなくなった。

ますますやる気を失った桜庭だったが、11月にはなんと主将に任命されてしまう。

嫌々ながらも、練習だけはサボらなかったからだろう。

個人主義者である桜庭は、本来、部を率いるようなタイプではない。監督との関係も険悪になり、道場には重苦しい空気が漂うようになった。

思うような練習のできない桜庭は、負傷をきっかけに煙草を覚えた。酒もかなりの量を飲んだ。

寮で同室だった2年後輩の金井憲二が、桜庭和志の大学時代を次のように回想してくれた。

「先輩は優しいんですけど、とにかくやんちゃでしたね（笑）。強いから、一個上の先輩たちも何も言えない」

4年生になる頃には、桜庭はレスリングへの情熱を完全に失っていた。

5月の大会が終わると、桜庭は適当な理由をつけて主将をさっさと返上してしまう。

監督と顔を合わせるのがイヤだったのだ。

《こんなことがあった。4年生のとき、監督が「桜庭はダメなやつだ」みたいなことをいっているというウワサを聞いた。それだけなら別にかまわない。だが監督は、ほかの学生たちにぼくのダメぶりを吹き込んでいたというのだ。（中略）

OB同士でそういうことを話すならまだいい。だけど、いま現役でやってる連中に、わざわざぼくの悪口をいわなくったっていいじゃないか。

これは人間として、髪の毛が逆立つほど腹が立った。コソコソと陰口をたたきやがって！　ムカついたぼくは、いきなり監督のウチに電話。そして、溜まりに溜まったウップンを、思いっ切り受話器にぶつけてやった。

ぼくはケンカは好きじゃないけど、許せないことがあれば徹底的に闘う。大学を卒業

い。してから監督とは仲直りしたけど、いまでもぼくは、中央大にはなんとなく近づきにく

そんなこんなで、部を引退してからは完全に道場から足が遠のいてしまった。道場にも行かない。練習もしない。ぼくはしばらくのあいだ、なんにもしない退屈な日々を過ごすことになった。》（桜庭和志『ぼく。』）

4年生ともなれば、卒業後のことも考えなくてはいけない。

桜庭は都内のスポーツジムから内定をもらっていた。ジムで身体を大きくしてから、プロレスラーを目指すつもりだった。

ところが、2教科分4単位が不足して留年を余儀なくされてしまう。スポーツジムへの就職は諦めざるを得なかった。

桜庭はプロレス団体の入門テストを受けることを、初めて真剣に考え始めた。

プロレスラーになるのなら、新日本プロレスでも全日本プロレスでもなく、UWFしかなかった。すでに新生UWFは三派に分裂していた。大多数のレスラーは髙田延彦のUWFインターナショナルに集結し、船木誠勝と鈴木みのるは藤原喜明が率いる藤原組に身を寄せ、ひとりぼっちの前田日明は、オランダのクリス・ドールマンの全面協力を得て、リングスを立ち上げていた。

「リングスに行くつもりはまったくなかった。練習相手がいないと強くなれないけど、リングスには日本人選手がほとんどいなかったからです。あとは藤原組でもUWFイン

ターナショナルでも、どっちでもよかった」（桜庭和志）

UWFインターナショナルの入門テストを受けたのは1992年7月の終わり頃。

受験者は桜庭ただひとりだった。

数人のレスラーが見守る中、桜庭は坂道ダッシュやスクワット、腕立て伏せなどのメニューを必死にこなした。

テスト終了後、試験監督の宮戸優光は「いますぐ大学を辞めて入門するなら採ってやる」と言った。桜庭は少しの間考えたが、結局入門を決めた。

両親は激怒した。いままで何のために高い学費を払ってきたのか。親戚からも何度も電話がかかってきた。だが、桜庭和志は誰の言うことも聞かなかった。

人生は一度しかない。

自分はプロレスラーになるのだ。

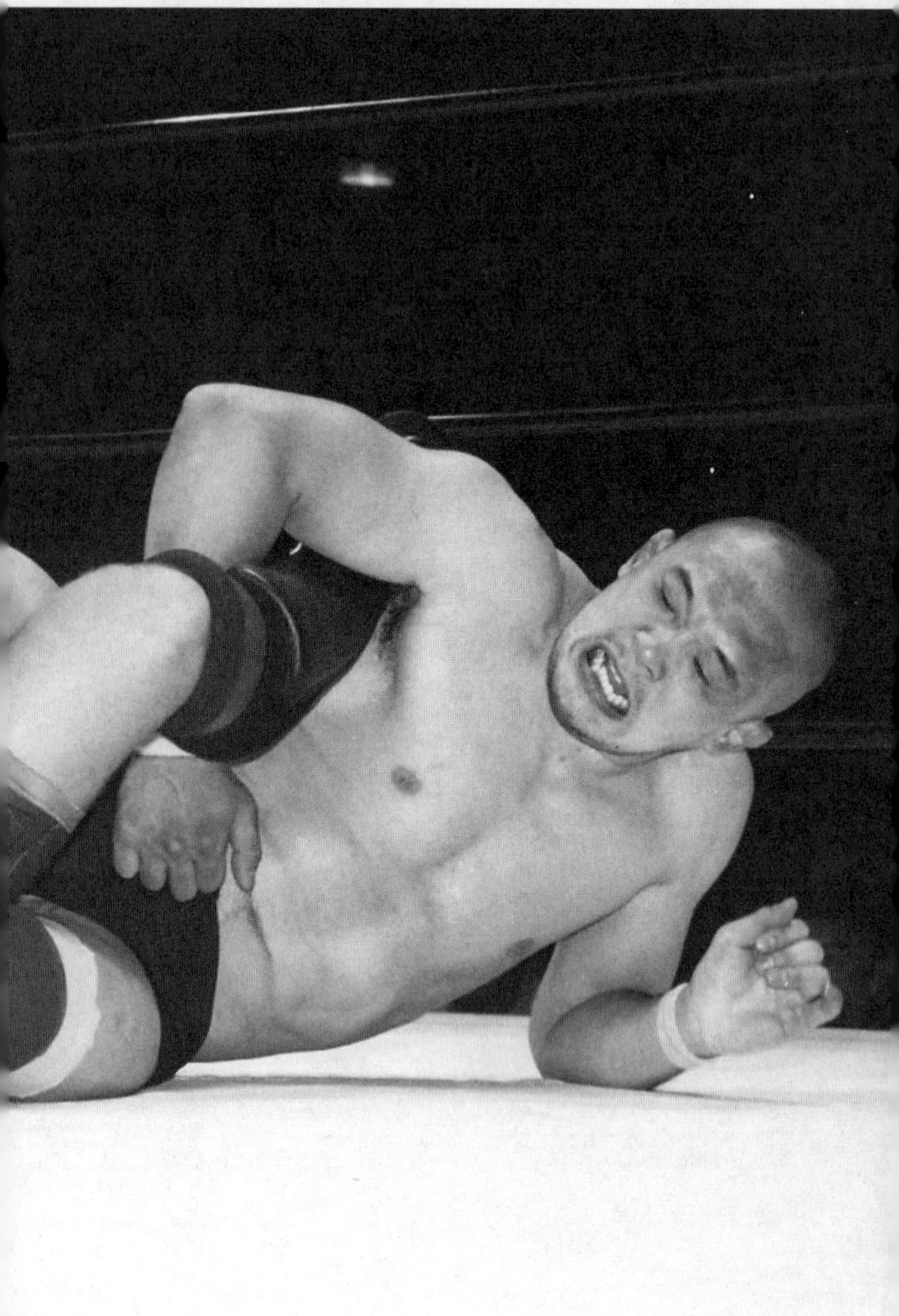

TOKYO SPORTS PRESS

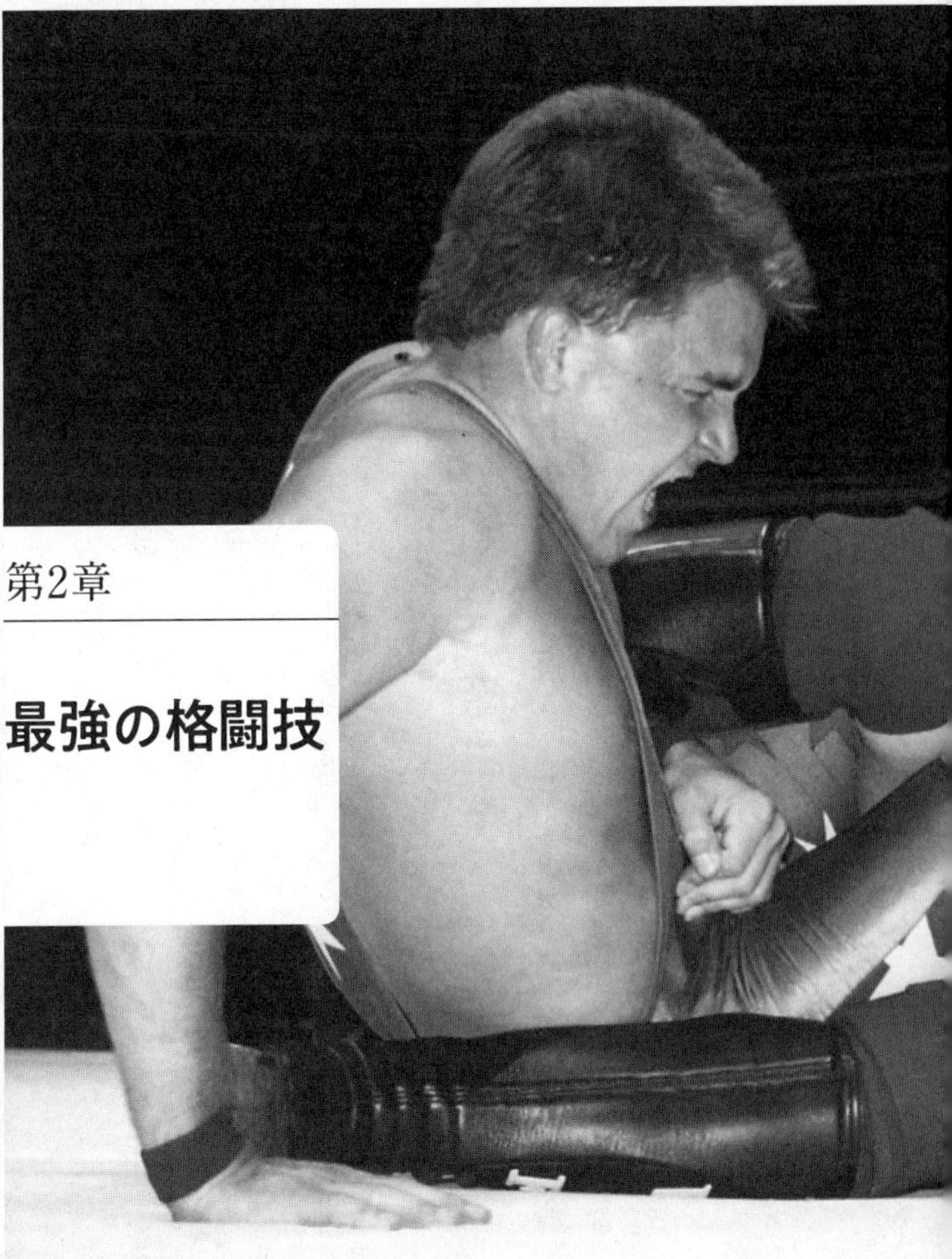

第2章

最強の格闘技

1993年8月13日　日本武道館　桜庭和志×スティーブ・ネルソン

1991年初め、絶大なる人気を誇った新生UWFは3つに分裂した。前田日明が「純粋な格闘技をめざす」と宣言して設立されたリングスや、将来を嘱望された船木誠勝と鈴木みのるのふたりを獲得した藤原組に比較して「プロレスは最強の格闘技」というアントニオ猪木の言葉を反復するUWFインターナショナルは、いかにも復古主義、保守反動の団体とファンの目には映った。

UWFとは、曖昧模糊としたプロレスから脱却して、ルールのある真剣勝負の総合格闘技を目指す団体ではなかったのか？

いまさら猪木に回帰してどうするのか？

しかし、髙田延彦はプロレスラーとしての魅力と試合内容で、観客の懐疑的な見方を一変させてしまう。

恐るべきスープレックスの使い手であるゲーリー・オブライトとの死闘が話題を呼び、数々の暴言によってファンから忌み嫌われていた元大相撲横綱の北尾光司を鮮やかな右ハイキックでKOすると、日本武道館を埋め尽くした観客たちは狂喜乱舞した。

当然のように髙田延彦は1992年のプロレス大賞MVPを獲得する。

「僕たちプロレスラーのゴールはお客さんを喜ばせること。お客さんはエースが強い相手をやっつけるのを喜ぶ。でも、相手がそんな結末を飲まなかったら、やっつけるしかない。試合中止という選択はないからです。北尾戦も、トレバー・バービック戦もそういう試合だった。

団体のエースは周りの人間をすべて背負っているから、時には『負けたら終わり』という覚悟で結末なしの試合を戦う。そんな覚悟を持っていたのは、僕が知る限り猪木さんと高田さんだけ。だからこそ僕は高田さんを尊敬しているんです」（安生洋二）

ＵＷＦインターナショナルと高田延彦が人気の頂点にあった１９９２年11月に初来日を果たしたのがダン・スバーンだ。

ハイスクール時代から全米で知られるアマチュアレスラーであり、カレッジレスリングでも、フリースタイルでも、グレコローマンでも数多くのタイトルを獲得した真のアスリートは、ＵＷＦインターナショナルの道場で見た光景と、売れない外国人レスラーの悲哀を自伝の中で次のように書いている。

《古めかしい道場を初めて訪れた時、私は若手レスラーたちが過酷なトレーニングを課せられているところを見た。彼らは、ベテランのレスラーに完全に服従することを求められているかのようだった。

若手レスラーはトイレやマットを掃除し、その上、ベテランレスラーの食事まで用意しなくてはならない。

タカダ（高田延彦）がシャワーブースから出てきた。サンダルを履く以外は全裸だ。

若手レスラーたちが慌てて駆け寄った。タカダの全身の水分をタオルで拭き取るためだ。

「なんてことだ。タカダは自分を王様だとでも思っているのか？」

決して口には出さなかったが、私は自分がタカダよりも優れたファイターであることはわかっていた。

ＵＷＦインターナショナルは真実を覆い隠し、ファンを欺いていた。もしリアルファイトであったなら、私は間違いなくタカダを倒していたはずだ。

タカダやほかの日本人レスラーとの試合では、私は足に無数のキックを受けて内出血を起こした。血栓症のリスクを減らすために、私は常にアスピリンを飲み続けなくてはならなかった。

日本のプロレス団体では、自分のダメージをことさらにアピールする必要はない。攻撃がソフトに見えてはならない。打撃技には常に本物の威力が求められる。

アメリカの（プロレスの）リングでは、パンチやキックを放つ際には対戦相手の安全を保証しなくてはならない。

だが日本では事情が異なる。チョップは思い切り叩き、キックは可能な限り強く蹴らなければならない。痛みやダメージを最小限に抑えるのは、技の出し手ではなく、受け手が考えるべき問題なのだ。（中略）

ゲーリー・オブライトは興味深い仕事仲間だった。トレーニングはたいしてやらなかったが、日本人がゲーリーの大きな身体に魅了されていたために、さらに体重を上乗せしようとしていた。もちろん健康にいいはずがない。

身長は約１９０cm、体重は３５０パウンド（約１５９kg）を超えていた。もし、ゲーリーが賢明な選択をしていれば、いまなお健康を維持できていたはずだ。

だが2000年、ゲーリーはリング上で心臓麻痺を起こし、そのまま亡くなった。

それでも、ゲーリーの不健康な習慣を私が非難することはできない。UWFインターナショナルが彼に支払うギャラの入った封筒を見たからだ。

ギャラはキャッシュで支払われるから、金額の多寡は封筒の厚さでわかる。私の封筒は薄く、そよ風にも吹き飛ばされそうだったが、ゲーリーの封筒にはかなりの厚みがあり、台風の前でも動きそうになかった。

私はゲーリーよりも優れたアスリートだ。しかし、ゲーリーの大きな身体は客を呼ぶ、とオフィスの人間は考えた。

レスラーの強さはリング上では簡単に偽装できる。だから、オフィスがより身体の大きなレスラーをプッシュするのも無理はなかった。

その分、私はゲーリーの引き立て役にされた。タカダに捧げる生け贄にされたばかりでなく、多くの試合で負け役を演じることを余儀なくされたのだ。（中略）

もし私に養うべき家族も、毎月の住宅ローンもなければ、私が負け役を容認することは決してなかっただろう。私の急所用サポーターさえ持ち上げられないデブ野郎に負けなくてはならないことは本当に腹立たしかった。

リアルファイトであれば、ワールドクラスのアスリートである私は、どんな相手でも打ち負かすことができる自信があった。

「どうしてこの俺が負け役をやらないといけないんだ？」

私はオフィスの人間によく言った。

「ちょっと本気で戦わせてくれれば、俺の強さは誰の目にも明らかになるのに」

生活のために屈辱を受け入れなくてはならないことは、私にとって大きなストレスだった。

また、試合中にケガをするわけにもいかなかった。もしケガをしてしまえば、たちまち経済的に困窮してしまうからだ。》（『THE REALEST GUY IN THE ROOM: THE LIFE AND TIMES OF DAN SEVERN』）

1993年5月6日の日本武道館大会で、ダン・スバーンは髙田延彦に完敗している。プロレスファンの評価は、二流外国人レスラーの域を出ないだろう。

巨大な欲求不満を抱えるアスリートが真の実力を発揮するためには、それから1年半の時間と、リアルファイトで行われるまったく新しい舞台が必要だった。

プロレス団体で生き抜くために

さて、Uインターの道場でシャワーを浴び終えた髙田延彦の全身をタオルで拭いていた若手レスラーとは、桜庭和志のことだったはずだ。

この頃、桜庭は1年先輩の髙山善廣とともに髙田延彦の付け人となっていたからだ。

合宿所で共同生活を送り、日々の練習に汗を流し、朝から晩まで無数の雑用に追われた。

合同練習開始時刻は午前11時と決められている。だが、その時間に道場にいるのは若手だけだった、と桜庭和志は振り返る。

「ヒンズースクワットや腹筋、腕立てといった準備運動が終わり、僕たちがスパーリングとかウェイトをやり始める頃に安生さんがやってくる。縄跳びを跳んで身体を温めると、若手をつかまえてスパーリングをするんです。

遅い先輩はもっと遅い。午後の1時とか2時とか。中野（龍雄）さんだけはずっと遅くて夕方です。安生さんとケンカして顔を合わせたくなかったからだ、という噂はありましたけど、僕が見る限り普通に話していたし、理由はよくわかりません」

桜庭は約半年間、髙田延彦以下、多くの先輩レスラーのスパーリングの相手をつとめたが、一番勉強になったのは安生洋二だったという。

「スパーリングは、一番最初だけスタンドから始まります。でも、いったん寝たらずっとそのまま。上から攻められてギブアップしてもスタンドに戻ることはなく、ちょっと離すだけでそのまま続行。そこはアマレスとは全然違うところですね。

テイクダウン（相手を倒すこと）の練習はほとんどやりません。ルールの問題でしょうね。試合の時にがんばって相手をテイクダウンしたところで、相手がロープをつかめばエスケープでスタンドから再開されてしまう。テイクダウンするのはすごく疲れるので、何度もやっていると、攻めてる方が消耗してしまう。戦い方として非効率なんです。

だからこそ、UWF系の選手たちはテイクダウンよりも打撃に走る選手が多かった。

「Uインターで一番強かったのは安生さん。年齢を重ねても毎日練習に来て、技を研究していましたから。安生さんがうまいのは、たとえば腕を極める時に、相手を力で無理矢理に動かすのではなく、手首をまず極めてしまってから、力の入らない方向に持っていく。

『相手はみんな俺より大きいヤツばっかりで力も強いから、小さな俺は相手の手首や足首を極めて持っていくしかないんだよ』って安生さんは言ってましたね。

勉強にはなったけど、手首を何回も極められるうちにダメージがたまって腱鞘炎になり、古傷になっちゃいました（笑）」（桜庭和志）

「桜庭は不思議な選手。よくわからないところがあった」

と安生洋二は振り返る。

「入門直後はあまりパッとしなかった。動きがいいわけでもない。見た感じで光るものも、抜きん出た体力があるわけでもない。田村（潔司）みたいな飛び抜けた身体能力もなかった。ただ、寝技は本当に好きだった。脱力して、ムダな緊張もなかった」

入門時の桜庭の体重は70kg前後。一方、髙田や安生は100kgもある。体格差、パワーの差は技術では補いきれない。

技も教えてもらえない。若手は先輩レスラーに散々攻められる中で、サブミッション（関節技）のディフェンスを覚えていくのだ。

何も知らない人間ならば〝ラッパ〟で散々いじめられてしまう。仰向けの状態で上に乗られ、腹で鼻と口をふさがれて呼吸困難に陥る。腹の隙間から呼吸をするときにプーという音が出ることからラッパと呼ばれる。

それでも、レスリングというベースを持つ桜庭には余裕があった。

「ラッパなんて、アマレスをやっていれば簡単に逃げられますよ。ちょっと顔をずらすか、拳をひとつ入れておけばいいだけ。うつぶせになってもいい。うつぶせだと、フェイスロックがきますけどね。

スパーリングで下になるのはそんなにつらくない。亀になったりして、守っていればいいから。体力の消耗も少ない。ぶっちゃけ、アマチュアの練習の方がキツいですよ。体力トレーニングも含めて。

先輩とスパーリングをする時には『どうやって適当にやられようかな』と思っていました。アマレスならこう動くけど、関節技があるとこうなるんだ、と考えながら、制御しながらやるんです。本気ではやっていません。

僕がタックルするふりをして、先輩につぶされる。そのまま上になった先輩に関節を極められてギブアップ。先輩を納得させれば、スパーリングが早く終わってラクじゃないですか（笑）」（桜庭和志）

桜庭に同期はいない。年齢の近い先輩は、デビュー前に全員が夜逃げしてしまった。

つまり、すべての仕事が桜庭に集中するということだ。

朝は誰よりも先に道場に行き、掃除を終わらせ、すべての準備を整えなくてはならない。

ある時期から、高田延彦は全体練習よりも早く、朝9時から練習するようになった。付け人であり、スパーリングパートナーでもある桜庭は、さらに早く道場にこないといけないということだ。

高田とのスパーリングが終わった11時頃からは全体練習が始まる。

フィジカルトレーニングや先輩たちのスパーリングからようやく解放されると、ちゃんこ当番が待っている。食べ終われば食器洗いと洗濯がある。

食事のノルマはどんぶり飯5杯。死ぬ思いで食べても、肉体を一日中フル稼働させているから太ることもできない。

ケンカに自信のある男ばかりが暮らす合宿所では理不尽なイジメも頻繁で、飲み会では気絶するほど飲まされる。夜、布団に入る瞬間まで、気の抜ける時間はまったくない。

優秀な頭脳の持ち主は、プロレス団体で生き抜くための最適解を探し続けた。

先輩相手のスパーリングでは、関節技の防御は覚えられるが、攻撃は難しい。関節技を覚えるためには、実験相手が必要だが、先輩で実験するわけにもいかない。先輩レスラーの上になり、グラウンドでコントロールし続けることは、桜庭にとってさほど難しいことではなかったが、練習で先輩を圧倒しても、いいことはひとつもないことは明らかだった。

93年早々には山本健一が入門してきたが、スパーリングではすぐに先輩たちにつかまってしまい、桜庭の順番はなかなか回ってこなかった。

しかたなく桜庭は、ボーウィー・チョーワイクンというキックボクサーとスパーリングを行った。

UWFインターナショナルは変わった団体で、プロレス団体にもかかわらず、スタンディングバウトと名づけたキックボクシングの試合を行っていた。

リアルファイトのスタンディングバウトを戦っていたのは大江慎。シュートボクシングを辞めて、戦うリングを探していたところに髙田延彦から声がかかり、プロレス団体のリングでキックの試合をするようになった。

ラジャダムナンスタジアムのライト級2位にランクされたこともあるボーウィーは、もともと大江慎のコーチとしてタイから招かれたが、やがてプロレスラーたちから打撃のコーチを依頼され、ボーウィー自身もスタンディングバウトに出場するようになった。

合宿所で同室ということもあって桜庭とは大の仲良しだったから、スパーリングの相手を務めるのは自然の成り行きだった。

「後輩が先輩につかまっていて、空いてるのがボーウィーしかいなかった（笑）。ボーウィーに『スパーリングやろうよ』って言ったら、『じゃあ俺にタックル教えてくれよ』『じゃあ俺にキックを教えてくれよ』って言いあって、ふたりでやるようになったんです。

向こうは70kg弱で僕は85kgくらい。それでもボーウィーをテイクダウンするのは相当難しい。キックのスタンスならタックルに入れるけど、レスリングのスタンスで足を広げて構えられると、バランスが良くてなかなか入れないんです。首相撲もめちゃくちゃ強い。90kg以上ある高山さんを普通に首相撲でつかまえていましたからね。ムエタイという基礎があるから、そこに味つけすれば何でもできるんです。ムエタイも首相撲で倒したり、脇をすくって、腿を使って投げたりするでしょう? スタンド・レスリングの部分もあるんですよ。

グローブをつけて打撃のスパーリングをやったことはほとんどありません。キックは、まあ時々(笑)。グラウンドもやりましたよ。8割くらいの力で関節の取り合いもしていたし。その頃の僕はまだ関節技っていうものがちゃんとわかってなかったから、モーションが大きくなってしまって、よく逃げられましたけどね」(桜庭和志)

打撃コーチが本業であるボーウィーは、ミットを持ち、髙田や垣原賢人などに蹴らせてキックのやり方を教えた。

だが、桜庭はミットやサンドバッグにはほとんど興味を示さなかったという。

《彼(桜庭)はミットはやんないよ。『俺はミットとかやらない。俺はグラウンドの選手だから』って。彼は頭いいから、キックのタイミングがわかる。キックの練習に真剣に取り組んでやるというよりは、タイミングをずらすフェイントとかずっとやってた。》(ボーウィー・チョーワイクンのインタビューより。『MMA Legend』No.3)

本物の打撃を持つボーウィーとの〝じゃれあい〟は、将来のMMAファイターにとって、とても重要な練習になった。

賢明なる桜庭和志は、すでに自分に必要なものとそうでないものを見極める力を身につけていたのだ。

1993年冬、グレイシー柔術が格闘技界を震撼させる

入門から1年が過ぎ、桜庭和志のデビュー戦が、1993年8月13日の日本武道館で行われることが決まった。

もちろんリアルファイトではない。試合の結末は最初から決められている。

「僕にとって、プロレスは仕事。僕はプロレス団体に就職したんです。試合は仕事。しっかりと練習できればそれでいい。別の仕事をやりながら夜に部活みたいに集まるのではなく、一日中ずっと練習に集中できる環境があるのはありがたいと思っていました」（桜庭和志）

スキンヘッドになった桜庭和志のデビュー戦の相手は、カナダからやってきたスティーブ・ネルソンという選手だった。

桜庭はキックで3回のダウンを奪ったものの、6分50秒、払い腰からの羽根折り腕固め（チキンウイングアームロック＝ダブルリストロック）で一本負けした。

プロレス史家の流智美は、桜庭和志の記念すべきデビュー戦をリングサイドの最前列で目撃している。Uインターに招かれて来日した〝鉄人〟ルー・テーズの通訳を務めて

いたからだ。

「スティーブは、シューター（リアルファイトでも強いレスラー）として有名なゴードン・ネルソンの息子。普通、デビュー戦はもっと軽い相手を当てるんですけど、宮戸（優光）さんがレスリングの攻防を見せようと考えて選んだんでしょう。テーズさんは、桜庭の試合ぶりにとても驚いていました。『感動したよ。どうしてこれが前座試合なんだ？　メインの髙田より強いじゃないか』って。桜庭の素質は、テーズさんの目に際立って見えていたんです」（流智美）

リング上は結末の決まったエンターテインメント。

道場ではリアルファイトのサブミッションレスリング。

新日本プロレスおよびUWF系団体のレスラーはこの二重構造を生きる。

桜庭和志の興味は自分が強くなることにあり、リング上での勝敗にはなかった。

デビュー戦も含めて8連敗を喫したが、まったく意に介さなかった。

チャンピオンなど面倒くさい。自分は藤原喜明や木戸修のような、いぶし銀のレスラーとして生きていくのだ。

だが、時代は恐るべき速さで動き出していた。

桜庭がデビューした1993年は、日本の格闘技史上特別な年だ。

4月30日にはキックボクシングのヘビー級トーナメントであるK－1グランプリの第1回が開催されて爆発的な人気を呼び、世界的なイベントへと成長していった。

9月21日には藤原組を去った船木誠勝と鈴木みのるが設立したパンクラスが旗揚げされた。パンクラスは、驚くべきことに「真剣勝負のプロレス団体」だった。メインイベントに登場したエース船木誠勝がケン・ウェイン・シャムロックにスリーパーホールドで敗れた時、プロレスファンは完全に理解した。ついにリアルファイトのプロレス団体が誕生したのだ。旗揚げ戦全5試合に要した時間はわずか13分5秒。〝秒殺〟は流行語になった。

だが、パンクラスの衝撃は長くは続かなかった。2カ月後の11月12日、コロラド州デンバーでUFC、アルティメット・ファイティング・チャンピオンシップが開催されたからだ。

金網の中で戦うノールールのトーナメントには、ケン・ウェイン・シャムロックとジェラルド・ゴルドーという日本でも名を知られたファイターが出場した。

だが、ふたりは無名の柔術家ホイス・グレイシーに敗れてしまう。

UFCとグレイシー柔術の登場は、日本のプロレスファンに強い衝撃を与えた。

「プロレスは最強の格闘技」と主張するUインターが、グレイシー柔術を無視することは到底不可能だった。

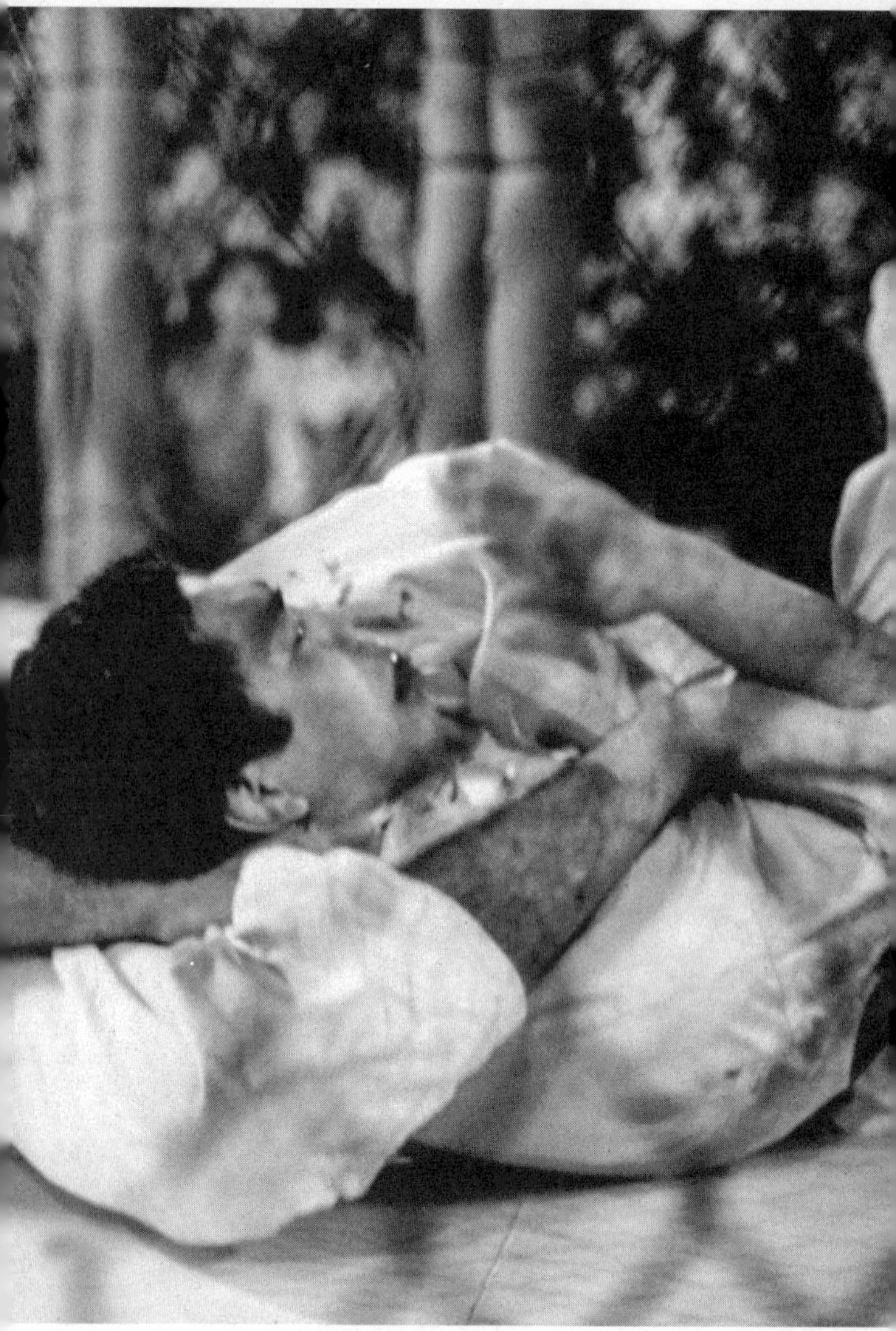

Susumu Nagao

第3章

UFC2

1994年3月 アメリカ・デンバー ホイス・グレイシー×市原海樹

UWFは結末の決まったプロレスに過ぎない。

だが、観客のほとんどは、UWFこそ本物の格闘技であり、リアルファイトの総合格闘技であると信じた。理由はいくつもある。

スーパー・タイガー佐山聡の美しい蹴りと、細かいルールと、打投極の思想。

藤原喜明が新日本プロレスの道場で磨き上げたカール・ゴッチ由来の関節技。

前田日明のカリスマと言語感覚。

『週刊プロレス』の天才編集長・ターザン山本のアジテーション。

かつてアントニオ猪木の熱烈なファンだった作家夢枕獏が、UWFが本物の格闘技であると心から信じて書いた小説『餓狼伝』とエッセイ『格闘漂流・猛き風に告げよ――私説UWF伝』の恐るべき熱量。

だが、最大の理由は、UWFがカール・ゴッチを後ろ盾にしていたことにあったのではなかろうか。

不遇でストイックで、現役を引退してからも、なお日々の鍛錬を欠かさない古武士のような佇まいを持つプロレスラーを、日本人は〝神様〟と呼んで大いに尊敬した。

「アメリカのプロフェッショナル・レスリングは堕落してしまった。いや、アメリカだけではない。世界中のレスリングがひどい状態にある。このままではレスリングの灯が消えてしまう。サムライの子孫である君たち日本人が、本物のレスリングを取り戻してほしい」

アントニオ猪木も藤原喜明も佐山聡も前田日明も、そしてプロレスファンも、ゴッチの言葉を聞いて感激した。だが、ゴッチの言う〝本物のプロフェッショナル・レスリング〟とは、そもそも何なのだろう？

ゴッチが1950年代にヨーロッパで行っていた試合も、1960年代にアメリカで行っていた試合も、私たちの知るプロレス、つまり結末の決まった試合であったことは間違いない。

ゴッチには、ひとつの信念があった。

「真の実力者が、リング上でも勝利するべきだ」というものだ。

だが、観客がプロレスに求めるものはプロレスラーの信念などではなく、エンターテインメントだ。

プロレスは、つまらない取っ組み合いから、完全無欠のエンターテインメントを目指して、たゆまない進化を続けてきた。美しい肉体、多彩なキャラクター、常人離れした動き、完璧なトーク、練り上げられたストーリー、音楽、照明、カメラワーク……。

WWEが求める〝本物のプロフェッショナル・レスリング〟とは、観客を100％満足させることであり、リアルファイトではなかった。

アメリカのプロレス界は、頑迷な老人を相手にしなかった。

ゴッチを尊敬したのは、日本人だけだったのである。

ゴッチが日本人に求めた〝本物のプロフェッショナル・レスリング〟は、アントニオ猪木によって〝ストロングスタイル〟と名づけられた。

佐山聡は〝打投極の総合格闘技〟というまったく新しいコンセプトを作り上げた。

本物のプロフェッショナル・レスリングと総合格闘技を目指し、固い結束を誇っていたはずの新生ＵＷＦは、プロレスの域を出ないまま三派に分裂してしまった。

前田日明のリングス、藤原喜明の藤原組、そして髙田延彦のＵＷＦインターナショナルである。

格闘家を応援し続けた夢枕獏

１９９３年２月、筆者は『スポーツ・グラフィック　ナンバー』で「格闘者たちよ！」を企画した。初めての格闘技特集を組んだのは、リアルファイトの格闘技ブームが起こっていたからだ。

１９９１年12月、正道会館の空手家・佐竹雅昭と角田信朗がリングスに登場していくつかのリアルファイトの試合を行い、注目を集めた。

翌92年３月には正道会館の石井和義館長が東京体育館で「格闘技オリンピック」を開催した。

人気マンガ『グラップラー刃牙』（板垣恵介）の主人公・範馬刃牙のモデルになった平直行がオランダのエリック・エデレンボスをアームロックで倒し、市原海樹が自分よりも遥かに大きなオランダの巨人ピーター・スミットをローキックでKOすると、8500人の大観衆は歓声を上げた。

リングスの総帥・前田日明が平直行を中心に中量級の「リングス実験リーグ」を企画する一方、正道会館の石井和義館長はフジテレビの協力を得て「K-1グランプリ」を開催するための準備を進めていた。世界的なキックボクサーや空手家8人を集め、グローブをつけたキックボクシングの世界ナンバーワンを、体重無差別のワンデートーナメントで決めようという壮大なイベントだ。

リングスと正道会館を中心とする新たなる格闘技ムーブメントを『ナンバー』で扱うことはできないか？　筆者は勢い込んで企画書を編集会議に出したが、他の編集部員たちの反応は極めて鈍かった。

「格闘技特集なんかやったって売れないよ」というのだ。

90年代前半は日本のプロレス人気が頂点に達した時期である。

武藤敬司、橋本真也、蝶野正洋の闘魂三銃士を頂点とする新日本プロレスは、東京ドームや福岡ドームに多くの観客を集め、三沢光晴、川田利明、小橋健太（現・建太）、田上明の四天王を頂点とする全日本プロレスは、頻繁に行われる日本武道館での興行をすべて超満員札止めにした。

すでにプロレス中継はゴールデンタイムから去り、深夜の時間帯で放送されていたが、お茶の間から遠く離れたところで、プロレスは空前の好景気を謳歌していたのだ。

一方、リアルファイトの格闘技に熱狂していたのは、ごく一部のプロレスファンだけ。さらに言えば、UWFの過去と現在と未来に深い関心を抱くファンだけだった。

多くの反対意見を押し切って、筆者が「格闘者たちよ！」を作った理由はただひとつ、夢枕獏が『格闘技通信』で持っていた連載『群狼の旗』があまりにも魅力的だったからだ。群狼とは、大道塾の長田賢一や市原海樹、リングスに上がった西良典、正道会館の佐竹雅昭や角田信朗ら若き格闘家たちのことである。

かつてアントニオ猪木を深く愛し、猪木に失望すると閑散とした旧UWF（ユニバーサル）の地方興行にまで通いつめ、新生UWFを誰よりも熱く応援して『格闘漂流・猛き風に告げよ——私説UWF伝』まで書いた人気作家は、この時すでに、前田日明、髙田延彦、船木誠勝らUWFのレスラーたちが行っているのがリアルファイトの総合格闘技ではなく、結末の決まったプロレスの試合にすぎないことに気づいていた。

だからといって「自分はUWFに裏切られた！」などと非を打ち鳴らすことは決してなく、新しい世代の格闘家を応援し続けた。獏さんは優しく、忍耐強い人なのだ。

多忙な人気作家に無理を言って執筆をお願いした『ナンバー』の特集「格闘者たちよ！」の巻頭記事「されど我は荒野にて唄わん。～総合格闘技の夢」には、次のような一節がある。

《プロレスのリングで行なわれているものは、プロボクシングがそうであるような意味あいにおいてのリアルファイトではないことは、すでにあちこちで書かれている。

佐山聡の『ケーフェイ』以降、リアルファイトか否かという問題は、すでにプロレスが有している問題としては、過去のものになりつつある。

その問題をくぐり抜けて、未だにプロレスは健在である。

それは、リアルファイトか否かという問題を越えて、プロレスがエキサイティングなものを有しているからであり、そのような強靱さを、プロレスが有していることが証明されたという意味あいにおいても、プロレスが〝リアルファイトか否か〟という問題に、プロレスが出会ったことは、プロレスの歴史においては、むしろ意義があったことではないかと思う。

しかし──。

そういった、プロレスをプロレスたらしめているものについて、はっきり承知しながらプロレスを観戦している観客の中にも、間違いなくひとつの願望が、決して消えることなく存在していることを、ぼくは知っている。

それが、〝リアルファイトによるプロレスを見てみたい〟という欲望なのである。

ＵＷＦという運動がおこった時、観客がその運動を支持したのは、プロレスに対して観客が心の底にそういった欲望を抱いていたからである。

間違いなく、ＵＷＦという運動の先には、〝リアルファイトによるプロレス〟という夢があった。その夢によって、ＵＷＦは支持されたのである。》（『スポーツ・グラフィック　ナンバー』３０９）

UWFファンを魅了したグレイシー柔術とUFC

時代は恐ろしい勢いで動いていた。

夢枕獏が『ナンバー』に「総合格闘技の夢」を寄稿してからわずか7カ月後、「リアルファイトのプロレスが見たい」という観客の願望がかなえられる日がやってきた。1993年9月21日、東京ベイNKホールで行われた新団体パンクラスの旗揚げ戦全5試合は、すべてリアルファイトで行われたのである。

パンクラスは藤原組を離脱した船木誠勝と鈴木みのるが設立した団体だった。

旗揚げ戦の第1試合、鈴木みのる対稲垣克臣の試合のレポートを、安西伸一記者は『格闘技通信』に次のように書いている。

《パンクラスの旗揚げ戦を見た。何から書いたらいいのかわからないが、とにかくやっと、真っさらな「U」が見れた。やっと真の「U」を実現させた選手達に巡り会えたという感じだ。

「U」。旧ユニバーサル、新生UWFを見てきた者にとって、あの時代にプロレスリングと関わってきた者にとって、「U」という文字はあまりにも重い。（中略）

パンクラスは面白い。いやぁ、本当に面白かった。

試合後、格通（注・格闘技通信のこと）スタッフは、パンクラスの話題で大いに盛り上がった。「U」系と言われる団体の試合を取材したあと、我々がこんなに盛り上がったのは、本当に久しぶりのことだった。

話すことはいっぱいあった。僕はもしタイムマシンに乗れたら、新日本の合宿所にいた頃の鈴木みのるの前に立って、「キミは将来、本当に夢に辿り着いたんだよ！」と肩を叩いてやりたい気分だ。

全試合終了後、古くから船木と鈴木のことを見続けてきた、彼らの友人の一人が、僕にこう言った。「UWFで見てきたものが、いかにヤワだったか、わかりましたよ」

「U」の最後の扉の向こうの世界を、僕達は見た。

我々はもう、二度と後戻りできないものを見てしまった。》（『格闘技通信』1993年11月8日号）

この高揚感、この晴れやかさ。「結末の決まったプロレスに過ぎなかったUWFは、ついにリアルファイトのプロレスに達したんだ！」という記者の感動が伝わってくるようだ。

ところがパンクラスの登場からわずか2カ月後に、世界の格闘技シーンを根底から引っ繰り返す大事件が起こる。

アルティメット・ファイティング・チャンピオンシップ。UFCである。当時の日本ではアルティメット大会と呼ばれていた。

11月12日、コロラド州デンバーのマクニコルス・スポーツ・アリーナ。UFCは、それまでの常識では考えられないほど危険なルールの下で行われた。

反則は嚙みつき、髪をつかむこと、目つぶし、急所攻撃のみ。あとはすべての攻撃が許される。馬乗りになって顔面にパンチを入れても、首を絞めても、後頭部に頭突きをしても、ヒジを落としてもいい。まさしくアルティメット（究極）の戦いだった。

相撲、ボクシング、サバット（フランスの打撃系格闘技）、空手、キックボクシング、テコンドー、シュートファイティング、そしてグレイシー柔術。様々なバックグラウンドを持つファイターによる8人トーナメントは、映画監督のジョン・ミリアスが考案した直径9m、高さ180㎝の八角形の金網リング〝オクタゴン〟の中で行われた。

ポイントも判定もなし。もちろん引き分けもなし。

「ふたりの男が（オクタゴンに）歩いて入り、ひとりだけが歩いて出ていく」という刺激的なキャッチフレーズがつけられたUFCの記念すべきオープニングマッチは、相撲のテイラ・トゥリ対サバットのジェラルド・ゴルドーだった。

トゥリは幕下で優勝経験もある元大相撲力士。ゴルドーは新生UWFで前田日明とプロレスの試合を行った空手家である。

トゥリの突っ張りに逆らわず、ゴルドーが金網際までスーッと下がると、トゥリは勢い余って尻餅をつく。起き上がろうとしたトゥリの顔面をゴルドーが思い切り蹴ると、トゥリの折られた前歯が飛び散った。間髪を入れずゴルドーが素手で顔面に右フック。

トゥリは右目下から流血してドクターストップ負けとなったが、ゴルドーも右足甲と右拳を骨折してしまった。

凄惨な試合が続く中、グレイシー柔術という聞き慣れない格闘技の使い手ホイス・グレイシーは、1回戦でボクシングのアート・ジマーソンを、2回戦ではパンクラス旗揚げ戦のメインイベントで船木誠勝を破ったケン・ウェイン・シャムロックを続けざまに撃破、決勝でも手負いのゴルドーをわずか1分40秒、チョークスリーパーでギブアップに追い込み、まったくの無傷のままトーナメントに優勝して賞金5万ドルを手にした。

UFCの衝撃は、3つあった。

ほぼすべての攻撃が許されれば、これほど凄惨な戦いになるのか、という驚き。

凄惨な戦いを、無傷で勝ち抜くことができる男がいるのか、という驚き。

それを可能にする技術とは、日本から伝わった柔術なのか、という驚きである。

当時、ヴァーリトゥード（すべての攻撃が許される戦い）の技術を持っていたのは、ブラジルの柔術家だけだった。

21世紀の現在では当たり前のガードポジションを巡る攻防を、当時は誰も知らなかったから、ホイスの勝利は、まるで魔術のように鮮やかに見えた。

じつはUFCを企画したのは、ホイスの兄ホリオン・グレイシーであり、目的はグレイシー柔術を世界中に普及させることにあった。

グレイシーの一族に柔術を伝えたのは、講道館の柔道家だった前田光世《みつよ》である。

リオ・デ・ジャネイロにグレイシー柔術アカデミーが開設されたのは1925年のこ

と。ホイスやホリオンの父エリオ・グレイシーは、実戦におけるグレイシー柔術の優位性を証明するために、ボクサーや空手家、柔道家と数多くのヴァーリトゥードの試合を戦い、そのほとんどに勝利したが、1951年、エリオは不世出の柔道家マサヒコ・キムラと戦って敗れた——。

金網で囲まれた戦場。

見たこともない残酷なリアルファイト。

鋭い目を持つブラジルの柔術家。

戦いに生きる一族。

シャムロックとゴルドーの敗戦。

講道館の柔道家に教えを受けたにもかかわらず、彼らはなぜ柔術と呼ぶのだろう?

キムラとは、力道山とタッグを組んでシャープ兄弟と戦った木村政彦のことなのだろうか?

これまで総合格闘技はUWFの専売特許だったが、突如として、世界最強の格闘技を名乗るグレイシー柔術が登場した。しかもUFCというリアルファイトの舞台で、実際にゴルドーやシャムロックを破ったのだ。

グレイシー一族の物語とヴァーリトゥードは、日本の熱心なプロレスファン、特にUWFファンを魅了した。

UFCの第2回大会が、1994年3月11日にデンバーのマンモス・イベント・センターで開催される。大道塾の市原海樹も出場する。そんな話を格闘技ライターの布施鋼治から聞いて、いても立ってもいられなくなった。これを見逃す手はない。筆者は『格闘技通信』がJTBと組んで企画した観戦ツアーに参加することにした。参加費用は20万円。もちろん自費である。

この時デンバーに飛んだ日本人はおよそ70人ほど。その中には、夢枕獏、平直行、石井和義正道会館館長、谷川貞治『格闘技通信』編集長、安西伸一記者、『グラップラー刃牙』の作者板垣恵介、東京大学教養学部助教授の松原隆一郎らがいた。

ルールは第1回とは少し変わり、反則は噛みつきと目つぶしのみ。金的も許された。参加者も前回の8人から16人に増えた。

会場は寒々としていたが、1000人ほどいた観客たちは、試合開始前からビールをガンガン飲んで大騒ぎしていた。

黒人キックボクサーのオーランド・ウィットが、柔道家のレムコ・パドゥールに袈裟に固められたままヒジを落とされて、あっという間に失神してしまった。

ところが試合はそこで終わらなかった。不運なことに、セコンドの位置からはウィットが失神していることがわからなかった。タオルが投入されないまま試合は続行され、失神したウィットの頭に、パドゥールはさらに無数のヒジを入れ続けた。ウィットの頭はマットに押さえつけられていたから、すべての衝撃をまともに受けた。レフェリーには試合を止める権利がなく無言のままだ。

「これじゃあ死んじゃうよ！」と筆者は戦慄したが、怖がっているのは日本人だけで、アメリカ人の観客はビールを飲みつつ、「キル・ヒム（Kill him）！　殺っちまえ！」と大声で叫んでいた――。

《まるでアクション映画の一場面を見ているかのような錯覚に陥った。ただひとつ映画と異なる点は、映画があくまでもフィクションであるのに対し、アルティメットは百パーセントリアルな世界ということである。いったい何度目を背けそうになったことだろうか。首絞めで落ちるなんて、当たり前。パンチとヒザ蹴りが顔面にグニュリと食い込み血だらけになる者がいるかと思えば、失神した相手になおも垂直に打ち降ろすかのようなヒジ打ちを見舞っていく者もいた。正直な話、試合によっては死人が出ると思った。

そもそも格闘技はグローブなど用具の発明やルールの整備によって、時代とともに近代化の道を歩んできたはずだった。ところがアルティメットの場合、急にタイムスリップしたかのように、「暴力」「野蛮」といった言葉が頭をもたげてくる。》（布施鋼治「アルティメット大会完全速報！」より。『スポーツ・グラフィック　ナンバー』３３６）

無傷なのは、ホイス・グレイシーただひとりだった。

ホイスの１回戦の相手は市原海樹。

試合前、市原は夢枕獏に次のように語っていた。

「自分は空手家であり、突き蹴り以外のもので勝てるとは思いません。たとえ相手がどんなに大きかろうと、寝技が強かろうと、自分にはこれ（拳）しかありません。寝技の得意な人間と、寝技でやって勝てるとは思いませんから――」

ところが、市原がホイスを殴るチャンスは一度も訪れなかった。

試合が始まってまもなく、ホイスは前蹴りのフェイントを入れると、そのまますばやくタックルに入った。その瞬間に市原が放った右フックは、筆者の目に焼きついている。

「ブン！」という音が聞こえてきそうな凄まじいフックだった。

だが、市原のパンチは空を切り、ホイスは寝技に持ち込み、圧倒的に有利な体勢をとった上で、打撃を交えつつ、市原を存分にいたぶった。送り襟絞めでタップ（ギブアップ）した時、市原は血を吐いていた。

会場からホテルへと戻るバスの中で、平直行は震えながら隣席の筆者に言った。

「俺、こんなのをやらなきゃいけないんですよね」

本物のプロフェッショナル・レスリング。

リアルファイトのプロレス。

打投極の総合格闘技。

プロレスファンの甘やかな夢が、木っ端微塵に打ち砕かれたような気がした。

驚くべきことに、UFCを連覇したチャンピオンは「兄のヒクソン・グレイシーは私の10倍強い」と語った。

ヒクソンを日本に呼んだのは、総合格闘技シューティングの総帥・佐山聡だった。

Susumu Nagao

第4章

ヒクソン・グレイシー

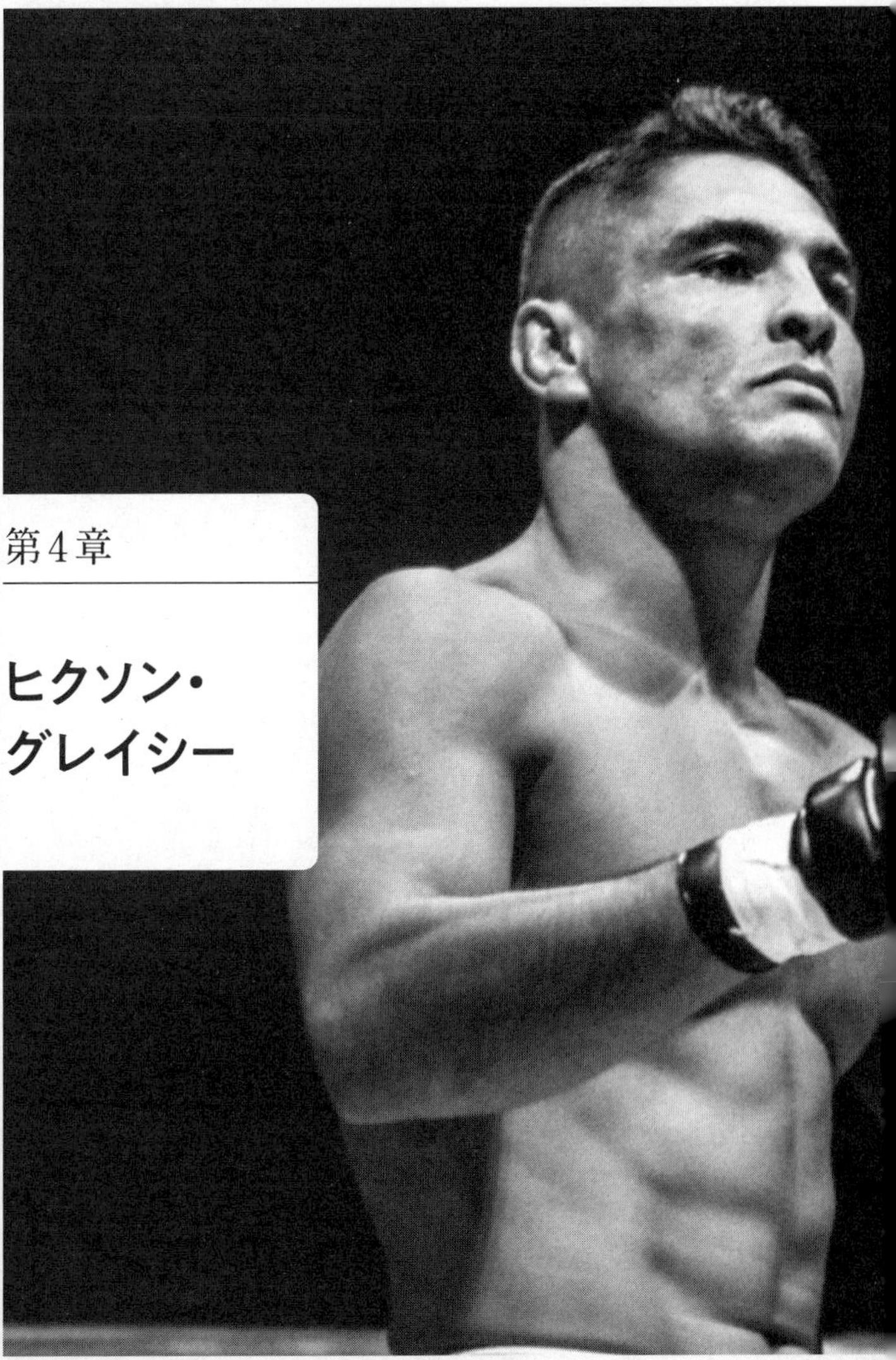

1994年7月29日　東京ベイNKホール

UFC2の勝利からまもなく、ホイス・グレイシーはアメリカの格闘技雑誌『ブラックベルト』のインタビューに応じた。

《――あなたに勝てる相手がいるとしたら、それは誰ですか？

ホイス　兄のヒクソンしかいないよ。今、僕はアルティメット大会で勝ち続けているけど、僕も人間だからパーフェクトではない。もし負ける時が来たら、次はおそらく、一族の中から兄ヒクソンが、アルティメット大会に出て行くだろう。ヒクソンは僕の10倍強いんだ。》

ホイスの発言は『格闘技通信』（1994年8月8日号）に紹介されて、日本の格闘技ファンの注目を集めた。

グレイシー一族最強の男ヒクソンとは、一体どんなファイターなのだろうか？

1959年11月21日生まれ。リオ・デ・ジャネイロ州出身。木村政彦と死闘を演じた伝説の柔術家、エリオ・グレイシーの三男である（ちなみにホイスは六男）。

物心ついた時には柔術衣を着て、畳の上で遊んでいた。勉強もサッカーも苦手。グレイシーの家に生まれた子供が柔術家になるのは、自然の成り行きだった。若い頃から抜群の才能を示し、黒帯を得た18歳の時には、早くも柔術とレスリングのブラジル選手権に優勝している。

初めてヴァーリトゥードを戦ったのは20歳の時だ。

1980年頃のリオ・デ・ジャネイロでは、すでにヴァーリトゥードのプロ興行は衰退していたものの、ブラジル北部では、なお高い人気を誇っていた。一時期新日本プロレスに所属してウィリエム・ルスカと死闘を演じたイワン・ゴメスは1960年代から70年代に活躍したヴァーリトゥード選手である。

当時33歳のレイ・ズールは150戦無敗。身長190cm体重90kgの巨漢だ。多くのファイターと同様に、有名なグレイシー一族に挑戦状を叩きつけてきた。

エリオ・グレイシーは、ズールの挑戦を受けると、一族の代表として身長178cm体重78kgの若きヒクソンを指名する。

ズールとヒクソンの試合は1980年4月25日に首都ブラジリアで行われ、4000人の観客を集めた。

試合時間は10分3ラウンド、反則は目つぶし、嚙みつき、急所攻撃のみと、初期のUFCとほぼ同じ。ブラジルは、ヴァーリトゥードのプロ興行が日常的に行われる世界で唯一の国だったのだ。

《ヒクソンは徹底して、打撃戦を避けた。というのもズールは、オープンハンドで爪を伸ばして戦うのが常套手段だったからだ。3度もリング下に落とされたヒクソンだが、リング上ではギロチン、チョークとズールを追い込み、1Rが終了。2Rになると、テイクダウンからマウントを奪い、パンチ→チョークとベーシックな流れで一本勝ちを収めた。1996年、ヒクソンはブラジルに帰郷した際に「あの試合が一番ハードだった。ホーウス（当時、一族最強を謳われた柔術家）とエリオがセコンドにいてくれなかったら、どうなったか本当のところはわからない」と述べている。リング下に放り投げられた際に、かなりのダメージを受けていたという話も伝わっている。》(高島学「ブラジル、ヴァーリトゥード、モノクロームな日々」より。『ガチ!』2004年9月10日)

試合はヒクソンの完勝に終わったが、ズールは3年後にもう一度挑戦してきた。

エリオ・グレイシーは即座に了承。ヒクソンに再戦を命じた。

一度完勝した相手とのリベンジマッチをエリオが受けた理由は、この時期に柔術の道場ビジネスが低迷していたからだ。

当時のリオ・デ・ジャネイロでは、ブルース・リーの映画の影響を受けて、カンフーやテコンドー、空手など打撃系格闘技の道場が急増していた。

柔術が再び人気を取り戻すためには、柔術が最も実戦に役立つ格闘技であることを満天下に示す必要があったのだ。

ブラジルでの柔術は「不良がやるもの」

23歳のハンサムなヒクソンは、ブラジル格闘技界の新たなるスターとして、メディアからも注目される逸材だった。

1983年11月12日、有名なマラカナンスタジアムに隣接する体育館マラカナンジーニョで行われたズールとのリベンジマッチに臨んだヒクソンは、ズールに一切のチャンスを与えないまま完勝した。

ブラジルの三大メジャー新聞がこの一戦を大きく扱い、柔術とヒクソンの強さを絶賛したことで、グレイシー柔術アカデミーはその地位を大きく回復することができたのだった。

以後、ヒクソンがブラジルでのヴァーリトゥード興行に出場することは二度となかった。しかし、柔術家として光り輝いたのはむしろこのあとだ。

グレイシー柔術とはUFC1の時に初めて使われた呼称で、ブラジルでは単に柔術(Jiu-Jitsu)と呼ぶ。現在は世界中でブラジリアン柔術と呼ばれている。

柔術に打撃はない。相手をきれいに投げても押さえこんでも一本にはならない。絞め技と関節技で決着をつける。判定もある。寝技の柔道と思えばほぼ間違いない。

1980年代は、リオ・デ・ジャネイロで柔術が大きく発展した時期だ。リオで一番人気のサーフ・ブランド「カンパニー」などがスポンサーとなって次々にカップ戦が開かれ、一流の柔術家がこぞって出場したことから、全体のレベルが急速に上がった。

ヒクソンは「コパ・カンパニー」や「コパ・ライトニングボルト」など、出場したほとんどの大会で優勝して、最強の柔術家であることを証明し続けた。

ヒクソンから黒帯を与えられた渡辺孝真（アクシス柔術アカデミー代表）は、リオ・デ・ジャネイロでヒクソンの試合を見た数少ない日本人である。

《ヒクソンの試合は、一度だけリオのマラカナンジーニョで見たことがあるんです。私も柔術を始める前で、友達に誘われて行きました。それで印象に残ったのは、ヒクソンがマウントを取ったら、何秒で極めるかみんなが数えるんですね。「1、2……」と。その試合はマウントからのチョークで勝ちました。私の記憶の中では、ヒクソンはマウントしたらほとんど十字絞めですね。》(『柔術王』2004年4月20日)

しかし、命がけでヴァーリトゥードを戦っても、柔術の大会で優勝しても、ヒクソンが経済的、社会的な成功を収めることはできなかった。

一般市民は柔術を「不良がやるもの」と見なしていたからだ。

リオの治安は極めて悪く、ストリートファイトも頻繁に起こる。

ヒクソンの甥にあたるヘンゾ・グレイシーは「ブラジルでは拳が法律ですから。話してケリがつかなければ、拳で勝負をつける」と語った(『ゴング格闘技』1996年10月23日号)。

サンパウロ在住の柔道家で、ミュンヘンオリンピック柔道軽重量級銅メダリストの石井千秋は「柔術には礼儀がない」と、筆者に嘆いた。

《柔術には礼儀というものが存在しない。目上の話を寝転がって聞き、街では練習の成果をケンカで試す。》(『ゴンググラップル』vol.3)

柔術は知的で理に適った素晴らしい格闘技であり、現在では世界中で急速に普及しているが、当時のブラジルでは、ストリートファイトに役立てようと考える若者が多かったのだ。

1980年代後半には、打撃系ばかりでなく、組技系のライバルも出現した。ルタリーブリ（フリーファイトの意）である。

驚くべきことに、ルタリーブリの起源はプロレスにある。

1960年代から70年代にかけて全盛期を迎えたブラジルのプロレス（テレキャッチと呼ばれた）界から、リアルな格闘技の確立を目指す男が現れた。

タトゥーと呼ばれた人気レスラーは、空手家やアマチュアレスラーの協力を得て、新たなる格闘技ルタリーブリを生みだした。道衣がなく、豊富な足関節技を持つところは、日本のUWFにも似ている。

当時の柔術は、比較的裕福な階層を中心に1500名程度の道場生を抱えていた。

一方、ルタリーブリは、労働者階級を中心に3つのアカデミー（道場）にわずか400名の道場生を抱えるのみ。

柔術関係者から〝道衣のない柔術〟と揶揄されたルタの選手たちは、柔術家に果敢に挑んでいく。マットの上ばかりではなく、夜の繁華街も休日のビーチも戦場だった。

1988年11月、柔術の象徴とも言える存在だったヒクソン・グレイシーは、ルタリーブリのウゴ・デュアルチと、バッハ地区の美しいペペビーチでヴァーリトゥードを戦った。観客などひとりもいない。ふたりの戦いを見守るのは、ウゴの仲間とヒクソンの仲間だけだ。

ヒクソンはたちまちウゴをテイクダウンし、マウントポジション（馬乗りの状態）を奪うと、ウゴの顔面に何発もパンチを入れた。

「誰が最強なんだ？　言ってみろ！」

ウゴは渋々負けを認めたが、怒りは収まらなかった。

1週間後、ウゴは大勢の仲間たちとともに、当時グレイシー柔術アカデミーの本部があったグレイシー・ウマイタに現れ、「ヒクソンと戦わせろ！」と叫んだ。友人宅にいたヒクソンは知らせを受けてバイクで道場に駆けつけ、再びウゴと駐車場で戦うことになった。

ふたりの実力差は歴然だった。ヒクソンは今度もマウントポジションを奪い、拳をウゴの顔面に落とし続けた。たまらずウゴがヒクソンの胴体にしがみつくと、ヒクソンはウゴの頭部を持ち上げ、後頭部をコンクリートに叩きつけて大きなダメージを与えると、再びパンチの雨を降らせ、わずか2、3分で決着をつけた。

グレイシー柔術最強の男、ヒクソンが日本に上陸

ヒクソンがリオ・デ・ジャネイロを離れ、家族とともにカリフォルニア州トーランスに移り住んだのは、それからまもない1989年1月のこと。ロサンジェルスに近いトーランスでは、長兄のホリオンが、グレイシー柔術アカデミーを開いていた。すでに4

年前には六男ホイスが、ヒクソンの後には五男ホイラーがアメリカに渡ってきた。

アメリカ西海岸にやってきたホリオンの弟たちの仕事はふたつあった。

ひとつは道場生に柔術を教えるインストラクターの仕事。もうひとつは挑戦者を迎え撃つ仕事だ。

ホリオンは「グレイシー柔術は最強だ。異論があるならノールールで戦おう。我々に勝ったら賞金を出す」というチラシを作り、『ブラックベルト』に雑誌広告を出した。

アメリカには腕に覚えのある人間がいくらでもいる。空手家や柔道家やキックボクサーが何人も挑戦してきたが、グレイシーの兄弟たちは、彼らをたちまち片づけてしまった。

決着はギブアップか失神KOでつける。だが、こっぴどく痛めつけたりはしない。逆に「よくがんばったな」と挑戦者の健闘を称え、次に優しく声をかける。

「君が弱いのではない。僕が強いのでもない。柔術の技術が優れているだけだ」

挑戦者の多くが柔術の技術とブラジル人柔術家の謙虚な態度に感心し、グレイシー柔術アカデミーに入門してくれた。

1970年にアメリカに渡って以来、ホリオン・グレイシーはずっと自宅のガレージで柔術を教えていた。

ブラジルでは広く知られていた柔術も、アメリカではまったくの無名で、普及には長い時間がかかった。

しかし、ハリウッドの俳優や映画監督と知りあったことをきっかけにグレイシー柔術アカデミーの経営状態は上向きになり、ヒクソンがきてから1年後の1990年には、ウェストカーソン通り沿いに道場を持つことができた。

成功者の道を歩き始めたホリオンを頼ってアメリカに移住してきたヒクソンだったが、兄から渡される給料は少なかった。世界最強の柔術家が、こんなはした金でこき使われなければならないのか。その上、英語ができないヒクソンは、生活のすべてをホリオンに頼らざるを得ず、ストレスがたまった。

一方、ホリオンにとって、トーランスのアカデミーは、艱難辛苦の末にようやく手に入れた自分の城であり、異国の地でゼロから柔術の普及を始めた自分と、英語もロクにできないまま自分を頼ってきた弟たちの間に収入格差があるのは当然と考えていた。

1992年にホリオンがUFCを企画した際、ヒクソンは「俺が出たい」と強く主張した。

当然だろう。リオでもトーランスでも、グレイシーの兄弟たちはアカデミーにやってくる挑戦者たちを苦もなく撃退してきた。しかもヴァーリトゥードの圧倒的な経験値を持つ一族の中でもヒクソンは最強のファイターなのだ。

だが、ホリオンが選んだのは30歳を過ぎて妻子もいるヒクソンではなく、20代後半で独身のホイスだった。

「万が一、ホイスが負けた場合には、最強のヒクソンを出すことができるだろう?」というのがホリオンの説明だったが、ヒクソンは到底承服できなかった。

ホリオンは、何かにつけて反抗的な自分よりも、従順なホイスを選んだに違いない、とヒクソンは考えた。

UFC1で、ホイス・グレイシーは期待通り優勝を飾り、優勝賞金5万ドルを受け取った。

ヒクソンがホリオンの下を離れ、ロサンジェルス郊外のピコという町で柔術のクラスを持ったのは、それからまもなくのことだった。

空手の道場を時間を区切って借りて、柔術をやるときだけ移動式のマットを敷いた。無名の挑戦者と400ドルを賭けて戦い、プライベートレッスンの料金はわずか40ドル。一家の経済はたちまち破綻寸前に陥った。

ヒクソンはブラジルに飛んでふたつのテレビ番組に出演して「誰の挑戦でも受ける！」と宣言したが、挑戦者はひとりも現れなかった。

UFCは世界中のファイターに大きな衝撃を与えた。特にブラジルでの反響は大きかった。

ブラジルのトップファイターたちは、UFCに優勝してビッグネームとなったホイス・グレイシーを倒してビッグマネーと名声を同時に手に入れることを望んだ。

ホイスより強いヒクソンと、安いギャラで戦うメリットはどこにもなかった。

失意のヒクソンに救いの手が差し伸べられたのは、日本からだった。USAシューティングの代表をつとめる中村頼永から連絡が入ったのだ。

「7月に行われるシューティングのオープントーナメントに出場しないか?」

シューティングは元タイガーマスクの佐山聡が創始した総合格闘技である。結末の決まったプロレスを離れ、アマチュアを集めてシューティングを始めたものの、リアルファイトの総合格闘技は、プロレスよりも圧倒的に地味で、なかなか人気が出なかった。当時の日本人には、プロレスと総合格闘技の区別がまったくついていなかったのだ。

「兄のヒクソンは僕より10倍強い」というホイスの言葉は、日本のプロレスファン、UWFファン、格闘技ファンに強く響いた。

グレイシー柔術最強の男であるヒクソンを招聘すれば、必ずや話題を集め、シューティングの普及にも大いに役立つだろう。

佐山聡はそう考えた。

シューティングの興行に観客はまったく入らず、当然貧乏だったから、トーナメントの優勝賞金はわずか500万円。それでも、アメリカでもブラジルでも行きづまっていたヒクソンにとっては、ノドから手が出るほどほしいカネだった。

だが、シューティングの試合のビデオを見て、ヒクソンは顔を曇らせた。ルールがありすぎる。制限をもっと少なくして、グラウンドでの顔面パンチ(パウンド)も解禁してほしい。

佐山聡は、大会の主役の言い分を100%受け容れることにした。「日本初のヴァーリトゥード」という謳い文句は、観客の興味を引くはずだ。

大会は「ヴァーリトゥード・ジャパン・オープン'94」と命名された。

ヒクソンはUSAシューティングの中村頼永と話し合って、新たなるルールを作り上げた。

UFCのような金網ではなく、リングで行う。ロープエスケープなし。頭突き、嚙みつき、目つぶし、金的および脊椎への攻撃禁止、顔面へのヒジ打ち禁止、そしてオープンフィンガーグローブの着用。

UFCがまだ素手で行われていた時代に作られたこの〝ヒクソンルール〟が、以後、日本の総合格闘技の標準となっていく。

佐山聡がブルース・リーの映画『燃えよドラゴン』で使われたグローブをヒントに改良を重ねたオープンフィンガーグローブが、ヒクソンが着用したことによって、のちにUFCを含む世界中の総合格闘技で採用されたことは特筆すべきだろう。

1994年7月29日の東京ベイNKホールは、日本初のヴァーリトゥードと400戦無敗の男ヒクソン・グレイシーを一目見ようという5500人の観客で埋め尽くされた。

注目のヒクソンは、慧舟會の西良典、中国武術詠春拳の使い手ダビッド・レビキ、キックボクシングのバド・スミスを次々に破ってあっさりと優勝した。

2日後、ヒクソンは新宿スポーツセンターで日本初のグレイシー柔術の技術講習会を開催、110名もの参加者が集まった。

講習は6時間にも及び、ヒクソンは「試合で勝ったことより、今日の講習会で日本にグレイシー柔術の種を植えることができたことがうれしい」と語った。アメリカの格闘技ファンとは異なり、日本の観客はファイターをリスペクトしてくれる。柔術への関心も深い。もしかしたら、自分は日本で成功できるかもしれない。

一方、UFCの出現とヒクソンの日本初登場によって、プロレスラー、特にUWF系の選手たちは大きなダメージを受けた。

『格闘技通信』や『週刊プロレス』が「プロレスおよびUWFの強さが揺らいでいる。誰かがグレイシーを倒さない限り、批判は通用しない」と書いたからだ。

プロレスラーの強さを真剣に信じていた日本のプロレスファンは、前田日明や髙田延彦や船木誠勝が、ホイスやヒクソンと戦うことを強く望んだ。

事件が起こったのは、10月8日に行われたUWFインターナショナル日本武道館大会でのことだった。

休憩時間中に取締役の鈴木健がリングに上がり、次のように宣言したのだ。

《最近、マスコミ等におきまして、グレイシー柔術なるものが大変もてはやされておりますのを私どもも目にしております。私ども、UWFインターナショナルは旗揚げより「プロレスこそ最強の格闘技である」「プロレスがあらゆる格闘技でナンバーワンだ」と叫び続け、また実践してまいりました。最強を掲げた私どもと致しましては、グレイシー柔術なるものの現在のような取り上げられ方を、黙って見過ごすわけには、断じて参りません。（中略）今後は、グレイシー柔術最強と言われております、ヒクソン・グレイシーに絞って追いつめて参ろうと思っております。（中略）こうしてお集まりいただいたファンの皆様方のために、そして、プロレス界のために、私どもは、グレイシーを本気で潰すために前進することをここにお約束致します。》

ファンばかりではなかった。プロレスラーもまた、自分たちの強さを心の底から信じていたのだ。

TOKYO SPORTS PRESS

第5章

道場破り

1995年10月9日 東京ドーム 石沢常光&永田裕志×金原弘光&桜庭和志

「グレイシーを本気で潰す。ヒクソンよ、逃げるな!」

このようなUWFインターナショナルの挑戦に対して、ヒクソン・グレイシーは1994年11月5日にUSAシューティングを通じて次のような声明を出した。

「私は、自分の人生を柔術に捧げてきた。今回、私は二つの理由のために戦う。自分の名誉と柔術の名誉のために、そしてプロフェッショナル・ファイターとして。

私が行う試合に演出は一切ない。すべてが真剣勝負だ。髙田氏およびUWFは、アメリカのプロレス界と同じく格闘技をビジネスとしており、演出された試合を興行していると確信している。

しかし、私は以下のような条件に基づくならば、髙田氏との試合を行う決意である。

1 双方が合意する場所において、賞金・マスコミ招待・テレビ放映・宣伝活動・およびルールなしの試合。(私がこれを提唱する理由は、私が髙田氏およびUWFの本当の興味は、私と戦うことにあるのではなく、自分たちの興行のみにあると思っているからである。)もしくは、

2 UWF以外のプロ団体が主催し、日時・場所が双方の合意に基づいた試合。第三者が興行するこの試合のルール等の条件に関しては、自分及び髙田氏が誠意を持って別途交渉にあたり、今後双方がマスコミに発表するいかなるプレス・リリースにも影響を受けない。もしくは、

3　双方が合意する場所において、勝利者が賞金を全額もらう私と髙田氏の一本勝負。賞金額も双方が合意する金額とし、第三者の興行主の介入、および宣伝活動は一切なしとする。賞金の元金は、私が半額を、髙田氏が半額を用意するものとする。

以上

ヒクソン・グレイシー」

注目すべきは次の一文だろう。

「髙田氏およびUWFは、アメリカのプロレス界と同じく格闘技をビジネスとしており、演出された試合を興行していると確信している」

ヒクソンは一体どこでUインターの試合を観て〝演出された試合〟と確信したのだろうか？　じつはこの頃、アメリカの放送局HBOは『シュートレスリング』という番組をペイパービュー（pay per view＝番組ごとに視聴料を支払う有料放送）で放送していた。Uインターの中継番組である。HBOと交渉したのは、Uインターでレスラー以外の外国人選手（異種格闘技戦とスタンディングバウトの選手）のブッキングを担当していたテディ・ペルクだった。

「HBOはボクシングの放送で有名なテレビ局。現地のボクシングプロモーターとも話をつけて実現させました。プロフェッショナル・レスリングだとWWEのようなものだと思われてしまうので、『シュートレスリング』という番組名にしたんです。

アメリカだけではありません。UWFインターナショナルの中継番組は、ヨーロッパの30カ国以上で放送されていました。ロンドンのスタジオで制作した番組名は『BUSHIDO』。アメリカとはテイストが全然違っていて、『シュートレスリング』と『BUSHIDO』を見比べると、同じ試合とは思えないほど。

『BUSHIDO』は特にイスラエルでは大人気で、ニュース番組の裏番組にもかかわらず50%近い高視聴率を取ったから、興行の依頼がきたんです。実際に遠征してみると、想像以上の人気で、選手たちは街中を歩けないほど。試合会場には1万3000人も集まりました。イスラエルは政情が不安定で、紛争もあればテロもある。毎日、緊迫した状態で周囲の国と戦っています。国民皆兵で、兵役を終えても男性は年に一度、女性は2年に一度、軍隊に戻ってトレーニングをしないといけない。イスラエルの人たちは基本的に格闘技が好きなんです。数百人のオーディションを行い、最終的に残ったレスラーが安生（洋二）さんと戦って、安生さんがスリーパーホールドで勝ちました。もちろんリアルファイトですよ。ボーウィー（・チョーワイクン）も現地のキックボクサーと試合をして、ダウンを奪って判定勝ちしました。その後、ユダヤ系の人たちとは何度も仕事をしましたが、『BUSHIDO』を知らない人はひとりもいませんでした。

アメリカでもヨーロッパでも、『シュートレスリング』や『BUSHIDO』を観て、総合格闘技を始めたという人によく会います。ジョシュ・バーネットはティーンエイジャーの頃に『シュートレスリング』を観て、UWFインターナショナルのファンになった、と僕に言ってくれました」（テディ・ペルク）

イスラエルを含む世界中の多くの人々がUインターの試合をリアルファイトとみなしたが、数多くのヴァーリトゥード（何でもあり）を戦ってきたヒクソン・グレイシーは、『シュートレスリング』で行われているUインターの試合がリアルファイトではないことをすぐに見抜いた。見抜いた上で、「それでも私と戦いたいのであれば、きちんとしたルールの下で試合をしよう」と言ったのだ。

UFCとグレイシー柔術は、UWFインターナショナルにとって脅威だった。「プロレスは最強の格闘技」という自分たちの主張が揺らいだばかりではない。『シュートレスリング』と『BUSHIDO』を足がかりに、UWFインターナショナルのスタイルを世界に向けて発信しようとしていた矢先、センセーショナルに登場したUFCとグレイシー柔術は、ビジネス上のライバルでもあったのだ。

「海外での収益は、まだそれほど大きくはなかった。でも世界のあちこちでポッポッと人気が出始めて、特にイスラエルや中東では凄くよかった。だから、これからお金になるような雰囲気はありましたね」（安生洋二）

Uインターの危ない賭け

ヒクソン・グレイシーが声明を出した5日後の11月10日、UWFインターナショナルも記者会見を開いた。

会見前に配られた声明文の内容は次の通りだ。

「我々の目的はグレイシーをつぶすことで、興行にはこだわらない。一騎討ちができるのであればグレイシーの道場でも構わない。UWFインターナショナルは安生洋二選手を賞金持参でいつでも送り出す。安生が選ばれたのは、本人のたっての希望と、ヒクソン・グレイシー程度の選手であれば、上位の選手（注・髙田延彦のこと）を出すまでもないからだ」（大意）

会見に出席した安生も、自信満々に言い放った。

「このヒクソン・グレイシーには全然、まったく負ける気がしません。ま、はっきり言って俺とやったら1分もたないでしょう。（中略）僕としては同レベルに並べられるのがイヤなんです。ヒクソンとウチの髙田を。そうやって同レベルの対決として並べるのは、僕自身プロレスをやる者として、それはがまんならないことです」

11月30日に行われたUWFインターナショナル日本武道館大会のリング上では「安生をヒットマンとして、ヒクソン・グレイシーの道場に送り込む」という発表があった。

安生が自分の実力に自信を持っていたことは間違いない。周囲からの評価も高かった。藤原組にいた頃の船木誠勝が「モーリス・スミスに立ち技で勝てる日本人がひとりだけいる」と語ったことがあるが、これは安生洋二のことを指している。当時の格闘技メディア関係者やプロレスファンの間では、安生最強説が囁かれていた。

だが、もし安生がヒクソンに負ければ、団体のイメージがガタ落ちになることは、火を見るよりも明らかだ。なぜUWFインターナショナルは、そのような危ない賭けに出なければならなかったのだろうか？

当時『格闘技通信』記者（のちに編集長）だった三次敏之は「Uインターはヒクソンの実力を見誤った」と語る。

「ヴァーリトゥード・ジャパン・オープン'94でヒクソンが勝った相手は、西良典（慧舟會）、ダビッド・レビキ（詠春拳）、バド・スミス（キックボクシング）。僕たち記者は西さんのことを尊敬していましたが、一般的には無名の選手。しかも全試合がヒクソンの圧勝で、スリリングな展開はまったくなかった。ヒクソンは確か一発もパンチをもらっていないはず。一方、安生さんはキックもできるし、レスリングもできる。充分に勝てると思ったんでしょうね」

もともと、UWFインターナショナルは、新生UWF分裂後、宮戸優光と安生が若手だけを集めて設立しようとした団体だった。エースは船木誠勝と鈴木みのるの予定だったが、意外にもふたりは藤原喜明の下に去った。藤原喜明率いる藤原組にはメガネスーパーが全面支援を約束していたからだ。

前田日明率いるリングスにはWOWOWというスポンサーがついていた。

にもかかわらず、若手レスラーの大多数は、スポンサーのいない宮戸と安生の新団体に集結したのである。田村潔司や垣原賢人たちには、金銭よりも重要なものがあったということだろう。

前田日明と袂を分かった髙田延彦が、宮戸と安生の新団体に合流したのはその後だ。新団体UWFインターナショナルの社長となった髙田延彦は、フロントのトップに髙田延彦ファンクラブ会長の鈴木健を推薦、さらに山崎一夫と中野龍雄も呼び寄せたために、期せずしてUWFインターナショナルは大所帯になってしまったが、新団体の中心が宮戸優光と安生洋二のふたりであることに変わりはない。

宮戸優光の役割は、団体の方向性や試合内容を考えるマッチメーカーであり、スポークスマンである。アントニオ猪木の熱狂的なファンであった宮戸には「プロレスはキング・オブ・スポーツであり、最強の格闘技だ。プロレスラーがただのエンターテイナーであってはならない」という強固な信念があった。もちろんリング上で行われているのは観客を喜ばせるためのショーであり、プロレスラーにとって最も重要なことは観客を満足させることなのだが、それ以上に、若手レスラーには強くなることを本気で求めた。プロレスラーはなめられたら終わりだ。俺たちはプロレスが最強の格闘技であることを証明しなくてはならない。宮戸は、UWFインターナショナルを黄金期の新日本プロレスのような団体にするつもりだったのである。

安生洋二の役割は、現場責任者ともうひとつ、団体を守るポリスマンである。髙田延彦が光り輝くエースであるためには、邪魔者を排除しなくてはならない。「プロレスは最強の格闘技である」というUWFインターナショナルの主張を脅かすグレイシー柔術を排除するのは、エースの髙田延彦ではなく、実力者である安生洋二の仕事なのだ。帰国子女ゆえに英語に堪能で、なおかつ優秀な頭脳を持つ安生は、本来、ビッグマウスとはほど遠い謙虚な男だ。じつはヒクソンに勝つ100%の自信があったわけでもない。それでも安生は自分たちの団体を守らなくてはならなかったし、メディアと観客の前では「俺はヒクソンよりも強い」と胸を張らなくてはならなかった。

当時のUWFインターナショナルが置かれた状況を、安生洋二が語ってくれた。

「プロレス団体の人気を3年間続けるのは本当に大変。だんだんネタ切れになってきますから。ゲーリー・オブライトでずっと行けるわけでもないから、(スーパー・)ベイダーにもちょこっと出てもらったけど、それに続くネタがなかなか見つからなかった。

そんな時に、ヒクソン・グレイシーと試合をすれば盛り上がるんじゃないか、という考えが出てきた。武道館のリング上で『俺がヒットマンとして行く!』って宮戸さんに言わされた時にはイヤでしたね。僕は人前で試合をするのが仕事なのに、どうしてお客さんのいないところでやらなきゃいけないのかなって。だから宮戸さんには、ヒットマンなんてやめてよって言ったんですけど、宮戸さんは『そのほうがウケがいいから、一生のお願いですから、会社のためですから』って言うんです。会社のため、と言われると僕は弱い。髙田さんが僕達のためにがんばっている姿を見ているからです。宮戸さんのためじゃなくて、髙田さんのためにやらないといけない。誰かが行かないといけないのなら、俺しかいないと思いました。

でも、冷静に考えれば、向こうに行って勝てるわけがないんです。だって、もし勝ったとしても、出ていけないんだもん。道場破りって」

1994年12月7日、安生洋二は日本の報道陣数人とともに、ロサンジェルス郊外のヒクソン・グレイシーの道場に乗り込んだ。

だが、試合は一方的なものになった。

ヒクソンはすぐにグラウンドに持ち込むと、マウントポジション（馬乗り）から安生の顔面にパンチを浴びせる。安生はたまらずうつぶせになった。通常ならばすぐにチョーク（首絞め）に行くところだが、ヒクソンは無礼な道場破りに罰を与えることを決意していた。安生の後頭部に数発のヒジを入れて再び仰向けにさせると、さらにパンチの雨を降らせたから、安生の顔面はたちまち血まみれになり、腫れ上がって変形した。これこそがヒクソンの望んだものだった。失神させただけでは、あとでどんな言い訳をされるかわからない。勝者と敗者は、誰の目にも明らかでなくてはならないのだ。

結局、安生はヒクソンのチョークで絞め落とされ、自らが流した血だまりの中で失神した。血まみれの安生の写真が『週刊プロレス』『週刊ゴング』『格闘技通信』で大きく掲載されたことで、UWFインターナショナルの権威は地に堕ちた。

「血まみれの安生が表紙の『週刊ゴング』をコンビニで見つけた時は衝撃を受けました。『あー、安生、やっちまった！　なんてことをしてくれたんだ！』って。『ゴング』も『週刊プロレス』も両方買って、読みながら号泣しました」（桜庭和志の熱狂的なファンで、常にマスクをかぶって応援するサクマシン）

ＵＷＦインターナショナルと宮戸優光はあらゆる弁明を試みたが、ヒクソンが報道陣に公開したビデオ映像を観れば、道場で行われた試合がフェアなものであったことは誰の目にも明らかだった。

安生を撃退したヒクソン・グレイシーは、次のような声明を出した。

「これ以上の道場破りを受けるつもりはない。ＵＷＦインターナショナルのリングに上がるつもりもない。もし髙田延彦に私と戦う意志があるのであれば、95年4月に行われるヴァーリトゥード・ジャパン・オープン'95にエントリーしてほしい」

完璧な対応だった。

プロレスラーは柔術家にあらゆる面で完敗したのである。

ＵＷＦ幻想を消滅させた10・9東京ドーム

道場破りの失敗以降、ＵＷＦインターナショナルは崩壊に向かって加速していく。

１９９５年4月20日、日本武道館ではヴァーリトゥード・ジャパン・オープン'95が行われたが、髙田延彦がエントリーすることはなく、ヒクソンは前年同様、あっさりと優勝を飾った。

自らと団体の未来に絶望した髙田は6月に「きわめて近い将来、引退します」と発表。7月の参議院選挙に出馬したが、大差で落選した。

雪だるま式に膨れあがっていく借金を返済するために、UWFインターナショナルのフロントの鈴木健は新日本プロレスとの団体対抗戦を企画した。

「鈴木健が会社のカネを懐に入れている！」と宮戸が言い出したのはその頃だ。

「鈴木はベンツに乗って贅沢している。髙田延彦の結婚式の費用も会社のカネから出した。新日本プロレスとの団体対抗戦はUWFの否定であり、絶対に許せない」

宮戸の不満は高まる一方で、ついにクーデター計画にまで発展した。

『安生洋二200％の真実』巻末に収録された安生洋二×山本喧一の対談では、その間の事情が詳細に語られている。

《山本　宮戸さんは「これからは自分が舵を取ろうと思っている。タムちゃん（田村潔司）を中心にUインターを立て直すので、みんな、ついてきてほしい」って話になったんです。（中略）ところが、その場で田村さんが「僕はあまりやりたくないです」って言い出したんですよ。それを聞いて、宮戸さんは「えっ？」って固まっちゃって、その場は終わったんですけど、宮戸さんは気持ちが収まりきれなくて、自分たちの合宿所まで来て、「じゃあ、髙山（善廣）中心でいくか！」って急に方向転換して、それを聞いた髙山さんはびっくりして、「それはダメですよ！　無理ですよ！」って。そうこうしているうちに新日本との対抗戦が決まって、そのタイミングで髙田さんの耳に宮戸さんのクーデターの話が入ったらしいんです。その数日後には宮戸さんがフェイドアウトしてました。》

１９９５年10月9日に東京ドームで行われた「激突!!　新日本プロレス対ＵＷＦインターナショナル全面戦争」は、史上空前の盛り上がりを見せた。

公式発表された観客数は主催者発表で６万７０００人。１９９８年４月のアントニオ猪木引退試合の7万人よりも少ないが、実数では遥かに上回っていたはずだ。観客席は文字通り立錐の余地もなく、観客は第1試合が始まる前から恐ろしいほどに興奮していた。

東京ドームの2階スタンド席には、立命館大学法学部1回生の棚橋弘至がいた。この試合を観るためにわざわざ夜行列車で上京したのだ。

「プロレスファンがあれほどのカタルシスを味わった試合は、これまでになかった。団体のトップ同士という稀有のシチュエーションだったからでしょうね」（棚橋弘至）

メインイベントは武藤敬司（新日本プロレス）対髙田延彦（ＵＷＦインターナショナル）。試合は16分16秒、武藤敬司が髙田延彦をドラゴンスクリューからの４の字固めで破った。４の字固めは、相手の協力がなければ決してかからない技だ。武藤は４の字固めでフィニッシュすることで、髙田がプロレスラー以外の何者でもないことを、満天下に示したのである。粋といえば粋、嫌みといえばあまりにも嫌みなフィニッシュだった。

安生の道場破り失敗に引き続いて、髙田延彦が武藤敬司に敗れたことは、ファンがＵＷＦに抱いていた幻想を完全に打ち砕いた。ＵＷＦのレスラーたちは新日本プロレスのレスラーよりも小さく、弱かった。

さて、本書の主人公である桜庭和志は、この有名な10・9東京ドームの第1試合に出場している。石沢常光&永田裕志対金原弘光&桜庭和志。大会唯一のタッグマッチである。

桜庭はうれしかった。Uインターで毎回のように組まれる外国人選手との試合に飽き飽きしていたからだ。新日本プロレスの知らない選手と試合をした方が楽しそうだ。

《初めて闘う人との試合は新鮮で面白い。この人はどんな技術を持っているんだろう。ああ、そうきたか。じゃあ、こう動いてみよう。まるでゲームでもするように、試合中にあれこれ考えるのが実に楽しいのだ。ぼくは「UWFを守る」なんて小難しいことは考えていなかった。(中略)

対戦相手は、高校、大学時代から面識のあった石沢さん、永田さんだった。

石沢さんと永田さんが新日本に入ったことは知っていたし、向こうもぼくがUインターに入門したことはちゃんと知っていた。プロになってから顔を合わすのはこれが初めて。果たして、〝プロレスラー〟の石沢さんたちはどういった動きを見せるのか。これは興味津々だ。

レスリングを知っている人との試合は、ある意味やりやすくもあり、ある意味やりにくくもある。ビビるかなあと思ってキックを出してみたが、石沢さんも永田さんもあんまりビビってくれなかった。ちょっと残念。でも、初対決のわりには、グラウンドでは何気に手が合っていたと思う。金原さんはピリピリしていたけど、ぼくは石沢さん、永田さんとの再会を純粋に楽しめた。》（桜庭和志『ぼく。』）

会社の経営状態は思わしくない。プロレス雑誌には「10・９でUが終わる」とまで書かれた。

だが、プロレスラーである自分の仕事はお客さんに喜んでもらうことだ。仕事さえきちんとやっていればなんとかなる。桜庭はそう信じていた。

優秀な頭脳の持ち主は、必要のないことは考えない。だからこそ桜庭和志は自由に、軽やかに動くことができるのだろう。

TOKYO SPORTS PRESS

第6章

リアル
ファイト

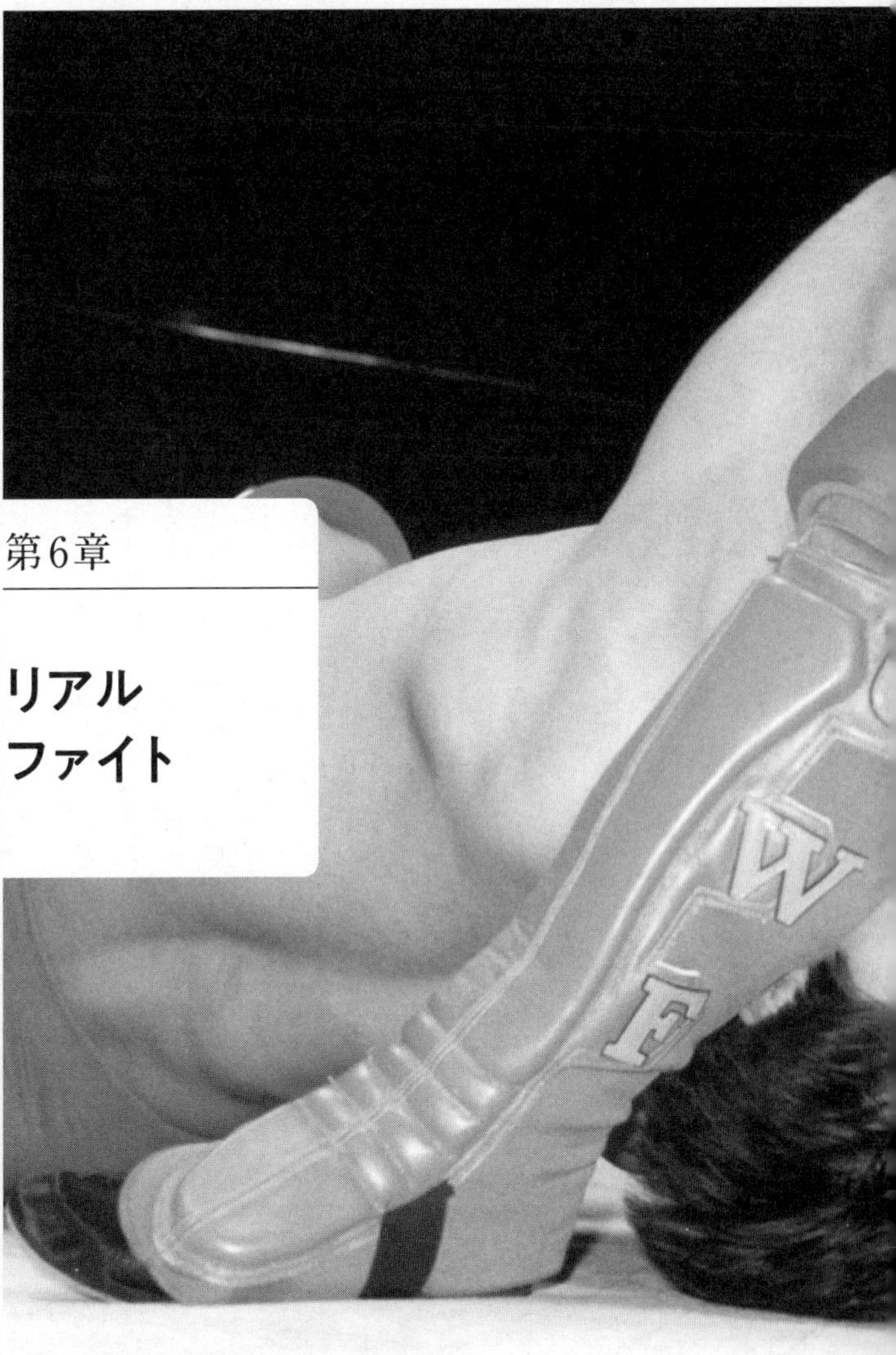

1996年3月1日 日本武道館 桜庭和志×田村潔司

ＵＷＦ系のレスラーに数多くのインタビューをしてきたプロレスライターの堀江ガンツは「ＵＷＦインターナショナルは風通しのいい団体だった」と語る。

「宮戸優光と安生洋二は、自分がスターになろうとはまったく考えていない人たち。マッチメーカーにしてプロデューサーである宮戸は『プロレスは最強の格闘技』というアントニオ猪木の言葉を本気で信じ、髙田延彦を第二のアントニオ猪木に据えて、黄金期の新日本プロレスを再現しようとした。

若手であっても、実力さえあれば、序列を上にするべきだと考えていたからこそ、田村潔司を山崎一夫に勝たせた。新生ＵＷＦの頃では考えられません。

エースである髙田延彦の下に、ナンバー2として田村と垣原賢人の若手ふたりが並び立てば、下の連中は『がんばれば、自分もああいう風になれる』と思って、日々の練習に励む。強くてもルックスが地味な金原弘光は、いつまでも上げてもらえなくて、ひとり悶々とするわけですけど（笑）」

宮戸優光の〝実力主義〟をリング上で実践しようとしたのが田村潔司だ。

ＵＷＦインターナショナルの人気が陰りを見せ、スーパー・ベイダーやビッグ・ジョン・テンタなどを招聘してアメリカン・プロレス色を強めていくことに、田村は団体の独自性が失われてしまうという危機感を感じていた。

さらに１９９４年12月に安生洋二がヒクソン・グレイシーの道場破りを敢行して完敗したことは、ＵＷＦインターナショナルに多大なるダメージを与えてしまった。

Uインターには変化が必要だった。

1995年の田村潔司は、UWFインターナショナルを自らの実力で変えていこうとした。

2月18日の東京ベイNKホール。田村潔司は垣原賢人をチョークスリーパーで秒殺した。田村と垣原は「自分たちにもパンクラスのような試合はできる」と言いたかったのだ。

6月18日の両国国技館で行われたゲーリー・オブライトとの試合では、前日に田村からシュートマッチを持ちかけられたオブライトが大いに荒れ、「第二の前田日明対アンドレ・ザ・ジャイアント」と称される不穏な試合となった。9分44秒、田村がスリーパーホールドにとらえると、オブライトはあっさりとタップ。リングを下りてしまった。

直後に行われたメインイベントで垣原賢人を破った髙田延彦は「きわめて近い将来、引退します！」と発言した。

7月13日の静岡産業館大会。参議院選挙への出馬を表明して欠場した髙田延彦に代わってメインイベントをまかされた田村は、カール・ゴッチの愛弟子ジョー・マレンコと素晴らしい試合を披露した。18分14秒、腕ひしぎ十字固めでマレンコを下した田村は「まかせてもらえるのか、もらえないのか、はっきりさせてほしい」と発言した。

エース兼社長として心身ともに疲弊していた髙田延彦の中に、団体を牽引していこうとする意志がないのは明白だ。UWFインターナショナルは、いまこそ田村潔司をエースとする団体に生まれかわるべきではないのか？　田村はそう主張したのだ。

もし、7月23日に行われた参議院選挙で髙田延彦が当選していたら、髙田は即座に引退し、田村潔司がUインターのエースになっていたことは間違いない。

ところが、現実はそうはならなかった。大差で落選した髙田の居場所は、プロレスしかなかったのだ。

8月18日の東京ベイNKホール、ゲーリー・オブライトとの決着戦に勝利した田村潔司はリング上でマイクをつかみ「髙田さん、僕と真剣勝負してください！　お願いします！」と叫んだ。

リング下にいた髙田延彦は、無言のまま会場を後にした。選挙に負けて心身ともに極限まで消耗していた髙田は、会社が危機的な状況にある時に、アイツは何を勝手なことを言っているんだ？　と呆れるばかりだった。

1996年3月1日の田村潔司戦

UWFインターナショナルと新日本プロレスの団体対抗戦が、1995年10月9日の東京ドームからスタートした。

経営状態が悪化していたUインターは、新日本プロレスと提携することで生き残りを図ったということだ。

しかし、新日本プロレスとの提携は破滅への道と考える田村潔司は、団体対抗戦への出場を拒否した。

《「いままでUインターが築き上げた世界、価値観はなんだった？」って思ったんですよ。東京ドームという大きな会場で、あれだけ注目される舞台という意味では、凄く魅力を感じることもあったけど、冷めてしまう自分もいたりして。道場での練習の温度差があったり。すべて含めて「ちょっと違うな」と思い始めて。Uインターの道場に行かなくなり、ひとりスポーツジムに入会して練習するようになり。そうやって完全に孤立していきましたね。》（田村潔司の発言。『疾風怒濤!!プロレス取調室　UWF&PRIDE格闘ロマン編』）

反逆者とみなされた田村は、以後、試合を組まれることなく、当然、試合給も支払われず、給料もストップされてしまった。

窮地に陥った田村に救いの手を差し伸べたのは、K－1の総帥・石井和義館長だった。「K－1の舞台で総合格闘技の試合をしないか？」と誘ったのだ。

経営危機にあったUインターにとっても、K－1から田村潔司に支払われるファイトマネーの一部が入ってくるのは、決して悪い話ではなかった。

1995年12月9日に名古屋レインボーホールで行われた「K－1ヘラクレス」に出場した田村潔司の対戦相手は、第2回UFCで準優勝を飾ったストライカー（打撃系ファイター）のパトリック・スミス。

ルールは頭突きと目つぶし、急所攻撃、ヒジ打ち以外はすべてが許されるアルティメット特別ルール。素手の顔面パンチも有効ということだ。

戦前の予想はスミス有利が圧倒的。戻る場所のない田村は、負ければ引退を覚悟しなければならなかった。しかも、顔面パンチが認められる試合を戦ったことは一度もない。

「掌底とパンチでは距離が全然違います。パンチの方がこぶし1個分だけ射程距離が長い。それだけでタックルに入れるかどうかも変わってくるんです」（桜庭和志）

それでも試合開始早々、田村はスミスのローキックに合わせてタックル、テイクダウン（相手を倒して、グラウンドで上になること）に成功する。

岡山理科大学附属高校相撲部出身で、国体に出場した経験もある田村だが、じつは日本体育大学でアマチュアレスリングのトレーニングを積んだことがあった。

「新生ＵＷＦの頃、田村が前田のヒザ蹴りを顔面に食らって、眼窩底骨折で長期欠場したことがあったでしょう？（１９８９年10月25日の札幌中島体育センター）あのあと、田村はずっと日体大の道場で練習していたんですよ。その時にレスリングの技術がグッと上がった。田村は練習熱心でした。レスリングにはダミー人形というのがあって、それを使って投げの練習をするんですけど、1時間くらい黙々とやっていましたから。スパーリングは永田裕志とよくやっていたから、永田はＵインターに行くものだとばかり思ってました（笑）」（当時、日体大助手で、バルセロナオリンピックのフリースタイル62kg級に出場した安達巧）

パトリック・スミスを見事にテイクダウンした田村は、すかさずサイドマウント（横四方固め）を奪ったものの、スミスに巧みにガードポジションに戻されてしまう。だが、田村はアキレス腱固めからヒールホールドに移行して、わずか55秒でギブアップを奪った。

田村潔司は、人生で最も重要な試合に勝利したのだ。

UFC準優勝の強豪、パトリック・スミスを破って大喝采を浴びた田村潔司を、UWFインターナショナルが放っておくことはできなかった。マッチメーカーの安生洋二は、田村を半年ぶりにUインターの試合に出場させることにした。1996年3月1日の日本武道館大会である。

この日のメインイベントはIWGPヘビー級王者・髙田延彦対挑戦者・越中詩郎（新日本プロレス）。セミファイナルは武藤敬司（新日本プロレス）対佐野友飛（Uインター。この日に佐野直喜から改名）。すなわち団体対抗戦ムード一色であったから、安生は田村潔司の復帰戦を第2試合に組んだ。

対戦相手は桜庭和志である。

「武道館では、安生さんが田村さんの控え室と僕の控え室を往復していました」と桜庭は振り返る。

「今回はこっち（桜庭の勝利）ねと。でも、田村さんが納得しなかったんでしょう。結局、安生さんから『サク、ごめん。ガチでやって』と言われて、僕は『いいですよ』と答えました。その頃には田村さんがUインターを辞めるという噂が流れていたので、たぶん、田村さん潰しなのかなぁ」（桜庭和志）

田村とUWFインターナショナルの契約は5月末で切れるが、田村に更新の意志はなかった。パトリック・スミスに勝った途端に、掌を返すように試合を組んだ髙田と安生に強い不信感を抱いていたからだ。安生は田村に「今日はお前が負けろ」と命じたが、田村は拒否した。なぜ、パトリック・スミスを破った自分が、4年も下の後輩に負けなくてはならないのか。冗談ではない。

「桜庭との試合は、田村が納得しなかったから〝結末の決まっていない試合〟になってしまった。じつはUWFにそういう試合は結構ある。面白い試合になるかどうかは、また別の話ですけど」（安生洋二）

UWFインターナショナルの公式ルールは15ポイントからの減点方式。ダウンがマイナス3ポイント。ロープエスケープはマイナス1ポイント。ポイントがゼロになれば試合終了である。テイクダウンに成功しても、相手がロープに手や足を伸ばせば、レフェリーは試合を止めてスタンドからの再開を命じる。ダウンがなければ、ロープエスケープが14回まで許されるということだ。グラップラー（組み技系ファイター）にとってはあまりにも理不尽なルールだ。

「プロレスにはロープブレイクという考え方があって、ロープを握ればレフェリーに分けてもらえる。この感覚が、僕たちプロレスラーにはしみついている。プロレスには体重制がないから、僕らが戦うのはほとんどが自分よりも大きな人間。たとえばロシアのデカいヤツをテイクダウンして上になるのは、すごく難しい。だったら、レスリングの能力で対抗するよりも、むしろ打撃と関節技を磨いた方がいい。相手をテイクダウンできなくても、足関節を取ればいいという考え方です。足関節の研究に関しては、UWFは世界的に見ても、相当進んでいたと思います。その一方で、UFCのように、相手に馬乗りになって上から殴る（パウンド）という発想はUWFにはまったくなかった。いまだに僕には違和感、抵抗があります。僕たちは総合格闘技を目指していたわけではなく、プロレスの本来あるべき姿を目指していたんです」（安生洋二）

プロレスに出自を持つUWFのレスラーたちは、打撃（特にキック）とサブミッション（関節技）の技術を磨いた。足関節のレベルは非常に高かった。しかし、テイクダウンの能力が決定的に欠けていた。グラウンドで顔面を殴られることへの備えも一切なかった。

MMA＝総合格闘技という舞台で、桜庭和志以外のUWF系レスラーが活躍できなかった理由は、おそらくこのあたりにあるのだろう。

Uインターの経営破綻

日本武道館のリング上で、田村潔司と桜庭和志が向かい合った。田村は赤いパンツとニーパッドとレガース。桜庭はオレンジで揃えている。身長は桜庭が少々高いが、体重はともに80kg台半ばというところ。

試合開始のゴングが鳴ると、お互いが相手の様子を見る慎重な立ち上がりになった。田村が軽い右のローキックを放つと、桜庭がキャッチしてそのままテイクダウン。桜庭は田村の両足首を両手で握って、リング中央まで引きずっていった。ロープブレイク対策である。

グラウンドでの打撃は反則だから、お互いが主にアームロックもしくはフェイスロックを狙う。攻守はめまぐるしく入れ替わり、身体はもつれあったまま、上になったり下になったり。一瞬も動きが止まらない。

UWFファンが愛してやまない〝回転体〟である。

桜庭の腕ひしぎ十字固めが極まる寸前に田村がロープに足を伸ばし、レフェリーの和田良覚は両者にブレイクとスタンドからの再開を命じた。

パワーと打撃に関しては、明らかに田村に分がある。桜庭は何度かテイクダウンに成功するものの、関節技を極めるには至らない。

結局、8分42秒、田村が足首固め（アンクルホールド）で勝利した。

リアルファイトであるにもかかわらず、観客も楽しめる素晴らしい試合となったのは、ふたりにそれだけの才能があったということだろう。田村潔司はのちに「理想に近い試合」と振り返っている。

《あれはやってて面白かったですね。あの時点で、彼（桜庭）はトップクラスの実力はありましたよ。あの試合前、桜庭が「ジャイアントスイングをやっていいですか」って聞くので、かけられるならかければ？　と言ったのも覚えてます。まあ、変わったところはありましたね。普通、言わないでしょう（笑）。》（『ゴング格闘技』2000年3月号）

　桜庭和志は4年先輩との試合を、次のように振り返ってくれた。

「僕は速攻で決めてやろう、と思っていた。タックルが入ったから『どうだ！　この野郎』と思ったら、次の瞬間にロープエスケープ（笑）。そうか、ロープエスケープがあるのかと初めて思いました。テイクダウンはすごく疲れるので、それでバテちゃいましたね。安生さんには『すみません、負けちゃいました』と謝りました」

　桜庭と田村は、3月23日の宮城県スポーツセンターでもう一度リアルファイトを戦い、3分43秒、レッグロックで田村が桜庭から再びギブアップを奪った。

　当時の桜庭がまだ入門4年目の若手であり、雑用に追われていたことを考慮に入れても、田村潔司が真の実力の持ち主であったことは確かだ。田村には、桜庭とは比較にならないほど重いプレッシャーがかかっていたに違いない。

　ふたりは5月27日の日本武道館でも戦ったが、桜庭によれば、3度めの試合はリアルファイトにはならなかったという。

「細かいところは覚えていませんが、確か3試合めは、勝ち負けだけ決めておいて、あとはお互いにいいところを見せて、適当なところでフィニッシュしようということだったと思います。僕が攻撃しまくってバテたところに田村さんが飛んできたので（飛びつき式腕ひしぎ十字固め）、ああ、きた！　と思ってギブアップしました」

田村潔司はこの試合を最後にUWFインターナショナルを去り、前田日明のリングスへと移籍していった。UWFインターナショナルを完全実力主義に変えてしまおうとする田村の革命は、ついに実現しなかったのである。

「田村は肉体的にも感覚的にもずば抜けていました。リングスはそんな田村を高く買ってくれたんでしょう。自分を評価してくれるところに移るのは、決して間違いではない。生活もお金も大事ですから。結局、田村はスポーツ選手であり、僕が憧れた猪木さんや髙田さんのラインではなかったということ。もし、田村がエースとして団体を背負っていたら、もっと凄いレスラー、みんなの記憶に残るレスラーになっていたんじゃないでしょうか」（安生洋二）

桜庭和志は、田村が団体を去った直後に行われた6月26日の名古屋レインボーホールでもリアルファイトを経験している。対戦相手は身長2mのキックボクサー、レネ・ローゼである。

ロープエスケープが14回まで許されるUインタールールの下、桜庭はヘビー級の重いローキックに苦しみつつも、常に相手をリングの中央に置き、ロープから遠ざけることを心がけて戦い、18分54秒、足首固めでギブアップを奪った。

《試合開始早々、レネ・ローゼのローキックで吹っ飛ばされる等、散々だった。それでもなんとか寝技に持ち込み、一度は関節を取ることができた。しかも、ロープから離れていたので「勝てる」と思った。関節を極めると、レネ・ローゼは僕の体をポンポンと叩いてタップアウトをして、ギブアップの意思表示をした。僕は力を緩めた。

ところが、どうやらレフェリーに、レネ・ローゼのタップアウトが見えていなかったようで、僕が力を緩めた隙に、レネ・ローゼはロープにエスケープをしたのである。ロープにエスケープをすると、スタンドポジションになって試合続行となる。せっかく寝技に持ち込んだのに、また、はじめからやり直さなければならない。

「本当かよ」と精神的にがっくりした。

その後、レネ・ローゼも関節をとられたらロープに逃げればいいやという感じで、悠々と試合を進める。僕は、何度もレネ・ローゼに得意のローキックをもらった。これは地味だが、かなり痛い。だが、最終的に三度目のチャレンジで、何とか関節技、足首固めをとることができた。（中略）レネ・ローゼのローキックは、かなりのダメージをもたらし、試合後、一週間から十日間は足をひきずっていた。》（桜庭和志『独創力。』）

田村潔司と2回、レネ・ローゼと1回。UWFインターナショナルが危機的な状況に陥る中、桜庭和志は3度のリアルファイトを含むすべての試合で全力を出した。

だが、それらの試合が脚光を浴びることはなかった。

新日本プロレスとの団体対抗戦はUWFインターナショナルの財政状況を一時的に好転させたものの、1995年10・9東京ドームでエース高田延彦が武藤敬司に4の字固めで敗れたことは、ファンがUWFのレスラーに漠然と抱いていた最強のイメージ、プロレスを超えた総合格闘技という幻想を完全に破壊してしまった。

１９９６年１・４東京ドームで武藤と再戦した髙田延彦は17分57秒、腕ひしぎ十字固めでギブアップを奪って武藤に勝利。第18代ＩＷＧＰヘビー級王者となった。しかし、髙田が王者であった期間は４カ月に満たず、４月29日には橋本真也に敗れてベルトを失った。

新日本プロレスにとって、外敵・髙田延彦の戴冠は、この時期、頻繁に行われていた東京ドーム興行の話題づくりのひとつに過ぎず、武藤敬司から橋本真也にＩＷＧＰ王座を移すためのつなぎ役として、Ｕインターのエースは正に適任だった。団体対抗戦は、ビジネスの面でも新日本プロレスの完勝に終わったのである。

すでにＵＷＦインターナショナルは数千万円に及ぶ負債を抱えていた。主な理由は、来日外国人に支払われる高額のギャラだった。関係者の証言によれば、ＵＷＦインターナショナルからスーパー・ベイダーに支払われたギャラは、１試合３００万円だったという。

もはやなりふり構ってはいられない。代表取締役社長の髙田延彦はすべてをかなぐり捨てて、ひとりのプロレスラーとして団体存続のために走り回った。

天龍源一郎との２試合は特に有名だ。

９月11日のＵインター神宮球場大会では髙田の勝利。12月13日のＷＡＲ両国国技館大会では天龍の勝利。

特に９月の（シングル）初対決は大いに盛り上がり、『東京スポーツ』が年末に発表するプロレス大賞の年間最高試合にも選ばれた。

その間に行われた10月8日の東京プロレスの大阪府立体育会館大会で、高田はなんとアブドーラ・ザ・ブッチャーと戦っている。よほどの事情があったのだろう。

しかし、すべては焼け石に水だった。経営が破綻したUWFインターナショナルは1996年12月27日に後楽園ホールで最後の大会「UWF ROAD Z」を開催した。UWFはこれで終わり。この先はないということだ。

だがこの時、髙田延彦はヒクソン・グレイシーとの戦いに向けて動き出していた。

Susumu Nagao

第7章

PRIDE.1

1997年10月11日　東京ドーム　髙田延彦×ヒクソン・グレイシー

ＵＷＦインターナショナルの末期、髙田延彦はプロレスに情熱を失っていた。理由は単純で、会社が大きな負債を抱えていたからだ。〝ヒットマン〟安生洋二がヒクソン・グレイシーの道場破りに失敗し、自身も武藤敬司に4の字固めで敗れて以来、髙田延彦から〝最強〟のイメージは失われた。だが、会社がつぶれたあと、自分はどうすればいいのか。この先、フリーランスのレスラーになったところで、借金を完済するまでには何年もかかる。むしろビッグネームを相手に迎えて東京ドームで大きな引退興行を開催すれば、数千万円に及ぶ借金を一挙に返済できるのではないのか？

伝説の10・9東京ドームの一方の主役であった髙田延彦の中に右のような考えが生まれてきたのは当然だろう。

１９９６年６月26日、桜庭和志対レネ・ローゼが行われたＵＷＦインターナショナル名古屋大会終了後、髙田延彦は自らの願望を、東海テレビ事業の榊原信行に打ち明けた。

「レスラーとしてもうひと花咲かせたい。東京ドームで、マイク・タイソンかヒクソン・グレイシーと引退試合を戦いたい」

髙田の目に榊原は、人気絶頂のＫ－１を初めて名古屋に持ってきたやり手のイベンターとして映っている。Ｋ－１は地上波テレビのゴールデンタイムで放送され、日清食品に代表される強力なスポンサーのサポートを受けて、巨大な人気を獲得していた。

一方、自分がエースをつとめるＵインターには何ひとつなかった。

高田はK－1がうらやましかったのだ。

だが、じつのところ、榊原は格闘技にもプロレスにも、さほど関心を抱いていなかった。K－1の大会を名古屋で開催しようと考えたのは、会社の業績と自分の功績になるからで、それ以外の動機はなかった。

榊原が初めて手がけた格闘技イベントは、1994年12月10日に行われた「K－1レジェンド乱」である。東海テレビの視聴率は5％から6％と期待を下回ったが、名古屋レインボーホール（現・日本ガイシホール）に9950人という超満員の観客を集めて大成功を収めた。

この日のメインイベントはサム・グレコ対佐竹雅昭。だが、それ以上に格闘技ファンの注目を集めたのは、第1試合の前に行われた〝特別試合〟だった。

リングに張られたロープの内側に特製の金網が設置され、のちに田村潔司と対戦するパトリック・スミスとキモが、初期UFCに近いルールで戦ったのだ。

パトリック・スミスは3月に行われたUFC2で決勝まで進み、ホイス・グレイシーに敗れたキックボクサー。テコンドーの使い手であるキモは、9月に行われたUFC3の1回戦でホイス・グレイシーを大いに苦しめた巨漢ファイターである。キモのパワーに圧倒されて精も根も尽き果てたホイスが、2回戦の棄権を余儀なくされたことは日本でも大きく報道された。

K－1のリングで行われたパトリック・スミスとキモの試合は、結局1ラウンド3分

13秒、キモがバックマウントからのパンチでTKO勝利を飾った。

正道会館館長であり、K－1のプロデューサーでもある石井和義は、素手によるパウンド（グラウンドでの顔面パンチ）を認める完全リアルファイトのMMA（総合格闘技）をK－1のリングで実験的に行い、ファンの反応を確かめようとした。もちろん、自らが総合格闘技イベントを手がけることを視野に入れてのことだ。

石井和義がデンバーでUFC2を観たのが1994年3月。

キモがホイスを苦しめたUFC3が行われたのが半年後の9月。

そしてパトリック・スミスとキモが戦ったK－1レジェンド乱が、さらに3カ月後の12月。

すなわち石井和義は次の3つを、恐るべきスピードで行ったということになる。
①UFC3の直後、無敗の王者ホイス・グレイシーを圧倒したキモに「日本で試合をしないか？」とオファーを出す。
②対戦相手をK－1でアンディ・フグを破ったパトリック・スミスに決める。
③特製の金網を用意する。
このスピード感はただごとではない。

「バラさん（榊原のこと）、これ、わしからのクリスマスプレゼントやから」

石井館長の言葉は、金網で行われる世界最先端のMMAという格闘技ファン垂涎の試合を、真っ先に名古屋のファンに見せてあげるよ、という意味だった。

ところが、榊原は石井館長からのクリスマスプレゼントを喜ぶどころか、むしろ拒否反応を示した。

《ぼくだけじゃなく、あの時の名古屋で、あの競技を理解できる人はほぼいなかったと思います。衝撃は凄かった。でも、バイオレンス感がハンパじゃない。洗練され、完成されつつあったK－1とは対極に位置するというか、あまりにもハードコアすぎて、少なからず嫌悪感を覚えてしまったくらいでした。》（榊原信行の発言より。金子達仁『プライド』）

驚くべきことに、2000年代に世界一の総合格闘技イベントに成長したPRIDEを作り上げた榊原信行は、90年代前半に起こった日本の総合格闘技ムーブメントと、世界の格闘技を根本から変えてしまったUFCについて、何ひとつ理解していなかったのである。

ヒクソンが髙田戦に求めた3つの条件

95年10月9日に東京ドームで行われた新日本プロレスとUWFインターナショナルの全面対抗戦が6万7000人の観客を集め、爆発的な人気を呼んだと聞いて、榊原は、UWFインターナショナルの興行に全面協力した。

本章の冒頭で触れた96年6月26日の名古屋大会である。

まった。

だが、Uインターの人気はすでに衰え、観客動員はまったくの期待外れに終わってしまった。

Uインター名古屋大会が失敗に終わり、終了後の打ち上げでは「もうプロレスおよびUインターに関わることは二度とあるまい」と落胆しつつ高田の深酒につきあった榊原だったが、ふたりきりになったホテルの部屋で「マイク・タイソンかヒクソン・グレイシーと東京ドームで引退試合を戦いたい」と打ち明けられて大いに興味をそそられた。

2週間後、ヒクソンと名古屋で会うことになっていたからだ。

ヒクソンは、7月7日に東京ベイNKホールで開催される「ヴァーリトゥード・ジャパン'96」に出場する弟ホイラー・グレイシーのセコンドにつくために来日、翌日には名古屋に移動して「ヒクソン・グレイシー写真展」のオープニングパーティに参加することになっていた。

写真展を企画したのはエイチ・ツー・オー カンパニーの池田浩之。これまでに荒木経惟や三好和義の写真展、マリリン・モンロー、マレーネ・ディートリッヒの回顧展を開催している。ヒクソンとはロサンジェルスで会って親しくなった。

池田から紹介されたヒクソンに、榊原は髙田延彦の対戦希望を伝えた。

わずか2年前にUインターとトラブルを抱えたにもかかわらず、意外にも、ヒクソンは乗り気だった。

すでにヒクソンは「ヴァーリトゥード・ジャパン・オープン'94」では優勝賞金500

万円、「ヴァーリトゥード・ジャパン・オープン'95」では6万ドル（当時のレートで510万円）を獲得していた。だが、ヒクソンは不満だった。自分はもはや、500万円やそこらのはした金で戦う選手ではない。1万人以上の大会場で戦い、ビッグマネーを手にするべきなのだ。

リアルファイトと中立のリング、そしてビッグマネー。この3つがヒクソンの求めるものだ。対戦相手など誰でもいい。

ヒクソンと妻のキムがそう考えていた時に、榊原が髙田延彦とのビッグマッチをオファーしてきたのである。

ヒクソンにとっては人生最大のチャンス。しかも、髙田との試合に危険はまったくなかった。日本のプロレスラーが、ヴァーリトゥードの技術をまったく持っていないことは、すでに安生洋二との戦いで明らかになっていたからだ。

プロレスラーはMMAに必須のガードポジションすら知らず、空手家やボクサーのような本物の打撃も持たない。負ける要素がひとつもないのだ。

ヒクソンが髙田延彦との試合を快諾したのは当然だろう。

ヒクソンが試合に前向きだと榊原から聞いた髙田は大いに喜び、大切な引退試合に求める条件を3つ挙げた。

① 夢のあるファイトマネー。
② 地上波のゴールデンタイムでの放送。

③　東京ドームでの興行。

東海テレビ事業の社員である榊原は、早速、社内向けに企画書を書いた。格闘技のビッグイベントを東京ドームで開催したい。メインは髙田延彦対ヒクソン・グレイシー。フジテレビ系列のゴールデンタイムで放送予定。

だが、榊原の企画書は会社から一蹴された。ヒクソン・グレイシーなど一般には無名の存在にすぎない。さらに髙田延彦の引退試合に興味を持つのはマニアックなプロレスファンだけで、視聴率を取れるはずもない。ゴールデンタイムなど夢の夢だ。そもそも名古屋のテレビ局が、東京ドームで巨大興行を主催するなどあり得ない。

困り果てた榊原は、K－1の総帥・石井和義に協力を要請して快諾を得た。

「プロレスファンは真剣勝負に飢えていた。アントニオ猪木さんの異種格闘技戦は真剣勝負じゃなかった。UWFも真剣勝負じゃなかった。極真空手は世界大会があるけど、顔面を叩かない。キックボクシングは軽いクラスだけ。じゃあ、プロレスラーよりもデカい人たちが顔面をどつきあう真剣勝負の迫力を見せればいいじゃないか。K－1は、みんなが真剣勝負を観たがっていたからこそ成功したんです。

ある日、バラさんと、ヒクソンのグッズを扱っていた池田（浩之）さんのふたりが僕のところに頼みに来た。『ヒクソンも髙田さんも試合をすると言ってます、助けていただけませんか？』って。髙田選手とヒクソンが真剣勝負をやるのなら面白いと思って、僕は彼らに協力することにした。

ところが、ヒクソンのファイトマネーは1億円だという。何かの間違いだろう、高すぎると思ったら、じつは新日本プロレスの永島勝司さんが、ヒクソンを1・4東京ドームに上げようとして『ギャラはこれだけ』と指一本を立てた。永島さんは1000万円のつもりだったんだけど、ヒクソンは東京ドームだから1億円だと勝手に思い込んじゃったんです（笑）。

結局、ギャラは6000万円に落ち着き、僕は榊原さんと池田さんがロサンジェルスのヒクソンと交渉する際に必要な手付け金600万円を彼らに貸してあげた。ファイトマネーの半額3000万円をヒクソンの銀行口座に振り込んだのも僕です。

ところが、バラさんは『日本テレビで放送する』と言っていたのに、担当に確認したところ、実際には決まっていなかった。髙田さんの希望で、僕は仕事の表に出られなくなり、さらに会場の問題も重なった。

『髙田さんは、どうしても東京ドームでやりたいと言っている』と主張するバラさんに、僕は『やめとき、損するだけやで』と言った。会場が大きすぎる。横浜アリーナくらいが適正なサイズだと思った。何回もバラさんと損益計算して打ち合わせをしたけど、絶対に赤字になる。にもかかわらず、バラさんは東京ドームでやると強引に決めてしまった。あまりにも話が違うから『俺は下りる』と言って、以後の出資を断ったんです」（石井和義）

大混乱の中、榊原と池田は97年8月15日に仮押さえしていた東京ドームを、10月11日に延期せざるを得なかった。

多くのファンが髙田の勝利を願ったヒクソン戦だったが……

7月22日には髙田延彦とヒクソン・グレイシーが同席して、ホテルニューオータニで記者会見が開かれた。

大会名は「PRIDE.1」。

ルールは「ヴァーリトゥード・ジャパン・オープン'95」とほぼ同じだ。決着はKOもしくはギブアップ、レフェリーストップによる。オープンフィンガーグローブ着用。反則は頭突き、嚙みつき、目つぶし、金的攻撃、頭髪をつかむ行為のほかに、脊椎への攻撃、ヒジ打ち、倒れている選手に対する蹴りが禁じられた。

重要な点は、ロープを故意につかむことが禁止されたことだ。

髙田とヒクソンの会見は20分ほどで終わったが、記者たちがそれで引き上げることはなかった。聞きたいことはいくつもあったからだ。

そもそも主催者であるKRS（格闘技レボリューション・スピリッツ）とは何か？　どんな企業がスポンサードしているのか？　衛星放送のパーフェクTV！（現・スカパー！）以外に、地上波テレビは決まっているのか？　チケット販売はいつから？　髙田対ヒクソン以外の前座カードは？

だが、榊原と池田を中心とする素人集団のKRSは、記者たちの質問に答えることができなかった。本番まで3カ月を切った段階でも、何ひとつ決まっていなかったということだ。

記者会見から2日後の7月24日、高田延彦は『東京スポーツ』のインタビューに応じて「結果がどうあれ、引退なんか考えていない」というコメントを残している。引退できるほどのギャラを得る見込みがなくなったのだろう。

ヒクソン・グレイシーとの交渉が始まってから、すでに1年以上が経過していた。その間、UWFインターナショナルは活動を停止し、鈴木健と安生洋二は後継団体キングダムを旗揚げしていた。スポンサーもスター選手もいない貧乏団体だったが、立派な道場が麻布にあった。高田はキングダムの所属選手ではなかったが、テレビ解説を引き受けるなど、後輩たちに大いに協力していたから、ヒクソン戦に備えてキングダムの道場で練習しようと思えばいくらでもできた。

だが、高田が安生洋二や金原弘光、桜庭和志らとスパーリングをすることはほとんどなかった。97年3月の沖縄と6月の大阪で走り込みを行った以外、本気で勝つための準備を整えていたようにはまったく見えない。

ヒクソンとの試合の2週間前になって、ようやく高田は私費150万円を投じてリオ・デ・ジャネイロからセルジオ・ペーニャを呼び寄せた。ヒクソン・グレイシーを最も苦しめた柔術家である。

81年リオ・デ・ジャネイロ州柔術選手権の無差別級準決勝で、ペーニャはヒクソンからパスガードを二度、ニー・イン・ザ・ベリー（仰向けになった相手の腹部をヒザで制するポジション）を一度奪い、終了30秒前までポイントで大量リードしていたが、肋骨を骨折していたこともあって、試合終了直前にヒクソンにマウントを奪われ、チョークでタップ（ギブアップ）することを余儀なくされた。ペーニャとの戦いに疲労困憊したヒクソンが決勝戦を棄権したというエピソードは、柔術界では広く知られている。

麻布のキングダム道場にやってきたブラジル人柔術家の印象は、人によって大きく異なる。

金原弘光は、セルジオ・ペーニャはキングダムの実力者3人から次々とタップを奪った、と証言している。

《高田さんが呼んだ柔術家からパスガードの仕方とかをイチから教わって。それまでは俺らなりのパスガードはやっていたけどさ（笑）。その先生が凄く強くてね、俺と安生さんとサクがバンバン極められるんだよ。》（金原弘光「UWFが柔術を知った日～道場はどう変わっていったのか～」より。『Ｄｒｏｐｋｉｃｋ』２０１６年4月20日）

高田延彦は「（セルジオ・ペーニャは）コーチとしては最悪でした」と酷評する。

《来日早々、彼（ペーニャ）が聞いてくるわけですよ。タカダ、本当にヒクソンとやるのかって。本当も何も、やるから呼んだんでしょうって答えると、じゃあ戦術を教えるって言う。殴るな、蹴るな、グルグル動き回れ、寝るな。おいおい、それじゃあ俺はどうしたらいいんだってことになるじゃないですか。でも、彼は大真面目で繰り返すわけです。おそらく、彼は暗にいまのお前じゃヒクソンに勝つのは無理だよって言いたかったんでしょうね。まあ、コーチとしては最悪でした。ヒクソンだって人間だから、思い切り蹴飛ばしてやれとでも言われたら、気分もずいぶん違ったんでしょうけど。》（金子達仁『泣き虫』）

桜庭和志は「ペーニャさんとスパーをしたかどうかあんまり覚えていないんですよ……」と振り返ってくれた。

「技を教えてもらった記憶はありますけどね。下にいる僕が、ペーニャさんに教えられた通りにやると、上の人間はコロッとひっくり返る。スウィープの一種です。『ほら、できただろ？』と褒められた記憶があります。ただ、ペーニャさんは僕らにいっぱい教えてくれましたけど、その場に髙田さんがいた記憶がない。むしろ、髙田さんはどうして練習に来ないいんだろう？　と思っていました。あとで聞いたら、一度か二度は来ていたみたいですけどね。髙田さんがどんどん痩せていくのは覚えているので、もしかしたら、別のところで誰かとやっていたのかもしれませんけど」

そして、1997年10月11日がやってきた。

プロレスラーは強い、髙田延彦は必ず勝つ、と心の底から信じていたプロレスファンは、さほど多くはなかったはずだ。

安生洋二がヒクソンの道場破りに失敗したばかりではない。ケンカ最強を謳われたケンドー・ナガサキはUFC1に出場した長身の空手家、ジーン・フレジャーにわずか36秒で失神KO負けを喫した（95年9月）し、デスマッチファイターとして知られる松永光弘は有刺鉄線バットを持って入場して観客を大いに沸かせたものの、ダン・スバーンの脇固めによってわずか1分32秒でギブアップしている（96年11月）。

MMAとプロレスはまったく異なるものであり、実戦の経験が乏しいプロレスラーは、リアルファイトの戦いでは決して強くない。UFC1から4年を経て、日本のプロレスファンの中にもそのような認識がようやく生まれていた。

それでも、多くのプロレスファンが髙田延彦の勝利を強く願った。

かつて自分が信じたUWFが、ただの幻想に過ぎないと認めたくはなかったからだ。

だが、残念ながら、MMAはプロレスのように観客の願望をかなえてはくれない。

前座試合が次々に終わり、メインイベントが始まった。

試合開始のゴングが鳴って2分が経過した頃、ヒクソンが髙田を青コーナーに追い込んで組みついた。テイクダウンして、グラウンドに持ち込もうとしたのだ。

とっさに髙田は反則を犯した。倒されまいと、左腕でロープを抱えたのである。

レフェリーの島田裕二は髙田に「注意（コーション）」を与えた。

すでに発表されていたルールによれば、「注意」が与えられた選手は、ファイトマネーの中から相手選手に100万円を支払わなくてはならない。サッカーのイエローカードのようなものだ。

さらにもう一度「注意」が与えられれば失格負け。レッドカードである。

ところが、髙田延彦には、いま正に自分が戦っている試合がプロレスではなく、厳正なルールの下で行われるMMAの試合だという認識がまるでなかった。

《反則をする。ワン、ツー、スリー。パッと放す。またつかむ……髙田がイメージしていたのは、プロレスの世界では常識とされる反則の使い方だった。ところが、何食わぬ顔でレフェリーブレークを聞き入れた髙田には「コーション」が言い渡された。

「あと1回やったら反則負けだって言うわけですよ。試合前に決めたルールをきちんと把握してなかったこっちが悪いんだけど、それにしてもあの大試合がたった2回のコーションで反則負けになるとはね。ヒクソン側はよほどロープにしがみつかれることを警戒していたんでしょう」》（髙田延彦の発言より。金子達仁『プライド』）

MMAを戦った経験がなく、当然技術で劣り、準備もロクにせず、さらにルールもよくわかっていなかったのだ。そんな状態で勝てるはずがない。

1ラウンド4分47秒、ヒクソン・グレイシーは腕ひしぎ十字固めで、あっさりと髙田延彦からタップを奪った。PRIDE. 1は柔術家の強さとプロレスラーの弱さを、再び満天下に示す大会となったのである。

榊原信行は呆然となった。

髙田の勝利を信じていたばかりではない。大会が大赤字を出し、多額の借金を背負うことになったからだ。

TOKYO SPORTS PRESS

第8章

キングダム

1997年7月29日 代々木第二体育館 桜庭和志×オーランド・ウィット

UWFインターナショナルが瀕死の状態にあった1996年の終わり、団体の未来に見切りをつけた髙田延彦がヒクソン・グレイシー戦の実現に向けて動き出していた頃、鈴木健と安生洋二は、新団体キングダムの設立を目指していた。

Uインターとほぼ同じメンバーの後継団体が存続可能であるとふたりが考えたのは、スポンサーを当てにしていたからだ。〝帝王〟髙山善廣はそう証言している。

《あれはぶっちゃけて言うと、「新しいものをやるなら」という条件つきで、スポンサーが決まりかけていたんですよ。それでUインターのままじゃダメだから、キングダムにしようということなんです。ところがフタを開けてみたらスポンサーが倒産状態だったと(笑)。》(髙山善廣の発言より。『紙のプロレス RADICAL』2001年 No.40)

キングダムの設立記者会見が行われたのはUWFインターナショナル最後の大会からわずか3カ月後にあたる1997年3月30日のこと。ポスターには髙田延彦の写真が大きくフィーチャーされていたから、誰もが「キングダムのエースは髙田延彦」と考えたはずだ。

ところが、5月4日に代々木第二体育館で行われた旗揚げ戦のメインイベントは安生洋二対垣原賢人。髙田延彦はセミ前でTシャツ姿のまま、新人の上山龍紀を相手に5分間のエキシビションマッチを披露しただけだった。観客には伏せられていたが、じつは髙田延彦は、キングダムとは選手契約を結んでいなかったのである。

UWFインターナショナルの活動停止によって、社長の髙田延彦は5000万円に及ぶ借金を背負った。さらに会社に貸し付けた形にせざるを得なかった未払いの給料4000万円も、倒産によって失われた。

もはや高田延彦には、新団体の経営に関わるつもりも、エースとして団体を牽引するつもりもなかった。それでも、必死に自分を支えてくれた鈴木健や安生洋二には感謝していたから、彼らを応援したかった。Tシャツ姿のエキシビションマッチには、そんな高田延彦の複雑な胸中が表れていたのである。

キングダムの選手を強くした環境

スポンサーの倒産と客の呼べるエースの不在。新団体キングダムは、最初から大きな問題をふたつも抱えていた。

興行スケジュールもめちゃくちゃだった。

5月4日に代々木第二体育館で行われた旗揚げ戦は満員の盛況。だが、キングダムは6月、7月にも同じ代々木第二体育館で大会を開いた。

通常の場合、プロレス団体の旗揚げ戦は東京の中規模の会場で行われ、その後、大阪や名古屋、札幌や福岡といった地方都市へと出かけていく。

東京には熱心なプロレスファンが数多くいて「旗揚げ戦くらいはチェックしておこうか」という心理が働く。取材記者のほとんどは東京にいるから、『東京スポーツ』や『週刊プロレス』、『週刊ゴング』でも旗揚げ戦は大きく扱ってもらえる。満員の観客席の写真が東スポや専門誌に掲載されれば、地方のファンも「見てみたい」という気持ちにさせられる。プロレス興行に必要なものは〝流行《はや》ってる感〟なのである。

ところが、第2戦、第3戦も続けて東京で行えば、新鮮味は失われ、メディアの扱いも当然小さくなる。旗揚げ戦の熱が失われてしまってから地方都市に出て行ったところで、もはや観客を集めることは難しい。

その上、地方のプロモーターたちは、ポスターの中心にいる髙田延彦がリングに上がらないことに大きな不満を抱いた。

新団体の運営は、最初から迷走していたのだ。

それでも、キングダムは歴史に名を残す団体だった。

画期的だったのは、オープンフィンガーグローブを採用したことだ。

UWFから派生したパンクラスやリングスのレスラーたちがいずれも素手で戦っていたこの時期、キングダムではいち早くオープンフィンガーグローブの着用を義務づけ、マウントポジションからの顔面パンチ（パウンド）を解禁したのである。

UWFスタイルはもはや時代に合わない、と安生洋二が考えたということだ。

「オープンフィンガーグローブとパウンドはUFCの影響です。ただ、キングダムではプロレスラーが勝ちやすいルールにしました（笑）。マウントやバックマウント（相手の背中に回ったポジション）を取れば上から殴ってもいいけど、そこから外れたら殴っちゃダメ。たとえばサイドポジション（横四方の状態）や、相手のガードに入った状態から殴るのは禁止です。ロープブレイクもあって、最後は関節技の極めあいに持っていく。結構面白いルールだったんですけどね」（安生洋二）

「あとから考えると、キングダムでオープンフィンガーグローブに慣れておいたのは、僕にとってはラッキーでした。キングダムのルールでは、マウントポジションを奪われない限り、上から殴られることはない。万が一、マウントを奪われてもロープエスケープがあるから、パウンドされて負けることは考えにくいルールですね」（桜庭和志）

オープンフィンガーグローブは、基本的に拳を守るために存在するが、それ以上に観客に好印象を与える、と桜庭は言う。

「初期のUFCは素手でやっていたので、『これは違う、自分がやるものではない』と思っていました。素手で顔を殴られると、出血するだけでなく、皮膚がパックリと裂けて、時には肉まで見えてしまう。鼻血が大量に出るのもしょっちゅうだから、お客さんの印象も悪い。

ですから、パウンドがあるのなら、顔の皮膚が切れにくいオープンフィンガーグローブを着用すべきなんです。

グレイシーの人たちは、素手で殴る方が脳へのダメージは少ないと言いますし、僕もそう思います。ただ、MMA（総合格闘技）が脳に与えるダメージは、ボクシングよりも遥かに小さいことは確か。ボクシングはほとんど顔しか殴っていませんから。

キングダムのオープンフィンガーグローブのアンコが大きいのは、殴られてもケガをしないように、という配慮でしょうね。ただ大きすぎて、チョークしようとしても首の隙間に入らないこともありました」

キングダムは設立当初から貧乏な団体だったが、練習環境は最高だった。

いずれは一般会員を募集してジム経営をやろうと、麻布の一等地にビルを一棟借りした。地上5階、地下1階という立派なビルを家賃100万円という格安価格で借りることができたのは、スポンサーの知り合いの厚意があったからだ。

地下1階はウェイトトレーニング場。トレーナーはレフェリーの和田良覚である。1階は事務所。2階にはレスリングマットを敷いた。コーチは全日本選手権に2度優勝し、1992年バルセロナオリンピックのフリースタイル62kg級に出場した安達巧である。3階にはリングがあり、ボーウィー・チョーワイクンが打撃を教えた。

現在のメガジム（打撃、レスリング、グラップリングを総合的に学べる格闘技ジム）に近い練習環境が弱小プロレス団体で存在していたのである。

「昼の11時くらいに道場に集合して、みんなで組み技、レスリングやグラップリング（サブミッションレスリング）をやって、飯食って、夕方まで残っている人は打撃やウェイトをやってって感じです。僕は残っているのがイヤだったので、飯食ったら速攻で帰って、五反田のパチンコ屋に行ってました。打撃はガッチリとはやってません。まあ、たまに（笑）。打撃と組み技の練習は別々で、キングダムルールのスパーはしません。打

撃と組み技をつなげるのは、その人のセンスなんです」（桜庭和志）

Uインターのルールでは、ロープエスケープが最大14回まで許されたが、キングダムでは4回に減らされた。

「エスケープが減ったのは、僕にとってはラッキー。ただ、ロープに逃げるのはギブアップと同じ。本来ならばそこで試合終了じゃないといけない。まだ打撃系の選手が圧倒的に有利なルールでした」（桜庭和志）

それでも、マウントポジションからのパウンドが許されたことで、テイクダウンの重要性が増したことは確かだ。

「キングダムも、試合はプロレスですけど、練習はガチでやってますからね。レスリングをやっていない人には厳しくなった。でも、先輩たちが後輩の僕に教えてもらうことはできません。もし頼まれたとしても、僕は口下手だし、説明もうまくない。その点、外から来た安達さんなら、先輩たちも聞きやすいわけです」（桜庭和志）

安達巧はUインターの頃から、しばしば世田谷の道場を訪れていたが、きちんと報酬を受け取って本格的にレスリングを教えるようになったのは、キングダムの麻布の道場からだ。

「Uインターの頃は、みんな好きな時間に道場に来ていたけど、僕が『同じことを繰り返して教えるのは大変だから、時間を合わせてやろう』と言った。先輩も後輩も分け隔てなくスパーリングしたから、全員がグングン強くなった。以前はグラウンドで一本取

って も腕を離すだけでそのまま続行だったけど、キングダムでは、スタンドから再開させたんです。グラウンドで膠着すれば僕が指示して立たせたし、スタンド・レスリングばかりを繰り返しやったこともありましたね。

桜庭とグラップリングのスパーリングをするときは、僕が『一日一本、取って(関節を極めて)やるぞ!』と宣言してから始めました。桜庭から一本取ると、もう今日の仕事は終わりって感じ(笑)。ただ、殺伐としたスパーではまったくなく、時には笑いながら、それでも真剣に、僕の100%の力を出してやりました。

スパーの最中に桜庭が僕に聞くんですよ。ダブルリストロックの時に、自分がこう入れば相手はこう動く。だから、こっちに回った方がいいんでしょうかって。桜庭はいつも考えながら動いているんです。『桜庭に教えたのは僕だ』と、これまであちこちで自慢してきたんですけど、正直に言えば、本人の考えで動いてきた部分が大きい。〝桜庭和志のかたち〟が大前提としてあって、サクが迷った時だけ僕に助言を求めてくるという感じです」(安達巧)

もうひとり、Uインター〜キングダムの選手を強くしたのは、柔術家のエンセン井上である。

日系アメリカ人4世であるエンセンは、ハワイ大学で心理学を学び、ラケットボール(ゴムボールを壁に当てて打ち合う競技。スカッシュに近い)の選手でもあったが、ヒクソンの兄ヘウソン・グレイシーの自宅で家族同然に生活しながら、柔術を学んだことがあった。その時にヒクソンとも仲良くなり、たまたま日本にいた時に「ヴァーリトゥード・ジャパン・オープン'94」のチケットをヒクソンからもらって見に行った。

エンセンは自分もMMAをやりたくなり、佐山聡のシューティング（後の修斗）に入った。修斗に柔術のテクニックをもたらしたのはエンセン井上なのである。

中井祐樹や朝日昇らシューティングの寝技師たちはエンセン井上から柔術の基本的な考え方やテクニックをイチから学んだが、エンセンが彼らから得るものはほとんどなかった。技術レベルも体格も違いすぎて、スパーリングパートナーたり得なかったからだ。

佐山聡はエンセンを「ヴァーリトゥード・ジャパン・オープン'95」のトーナメントに出そうとしたが、グレイシーの生徒であり、ヒクソンの友人でもあるエンセンはトーナメントへの出場を断り、その代わりに、のちに桜庭和志と戦うことになるレネ・ローゼとワンマッチを戦って勝利している（1ラウンド6分41秒、チョークスリーパー）。

1995年11月25日に両国国技館で行われたUWFインターナショナル対新日本プロレスの団体対抗戦を見たエンセンは、Uインターの選手たちが、プロレスラーでありながらも寝技の技術を持っていることに驚いた。身体の大きい彼らと練習すれば、得られるものがあるかもしれない。

早速、関係者を通じてUインターの選手と練習したいという希望を伝えたところ、金原弘光と安生洋二が快諾し、以後、エンセンは世田谷の道場をしばしば訪れるようになった。当時のUインターは宮戸優光と田村潔司が抜けて道場の雰囲気が一気に自由になった時期で、エンセンとのスパーリングは、金原や桜庭らに大いに刺激を与えた。

エンセン井上の記憶に、桜庭和志とのスパーリングは特に強く刻みつけられている。

《桜庭には、強いポイントと弱いポイントがあった。強いポイントはテイクダウンをとられないことと、上に乗られないこと。それとマウントを取ったら、すぐ背中を向けるんだけど、本当は背中を向けるのは一番よくないこと。だけどなぜかチョークが取れない。それでだんだんこっちのポジションがなくなっていく。

弱いポイントは俺がガードポジションになったとき、彼は上になると全然ディフェンスがわかっていなかった。でも、桜庭の強いポイントは、かなり強いと言える。とにかくレスリングの動きが凄い。（中略）でも、桜庭は柔術を知っていたわけじゃなくて、自然な動きをしていただけ。俺にとってはいろんな新しい問題が出てきたから、彼とのスパーリングは最高だった。桜庭は天才だよ。学生時代にレスリングをやってただけなのに強かった。》（エンセン井上の発言より。『ＭＭＡ Ｌｅｇｅｎｄ』Ｎｏ．３）

ＵインターがキングダムＵに変わり、道場が世田谷から麻布に移っても、エンセンは相変わらず練習にやってきた。

振り返れば、桜庭和志は自分でも気づかないうちに、ＭＭＡを戦う準備を着々と積み重ねてきたことになる。

高校、大学とアマチュアレスリングにどっぷりとつかり、ＵＷＦインターナショナルでは関節技とムエタイ、さらにエンセン井上から柔術の動きを学び、キングダムでは安達巧とのスパーリングの中で、グラウンドでの打撃が存在するMMAでも使えるレスリングのテクニックを深く研究した。その上、リング上では、オープンフィンガーグローブを着用し、ストライカー（打撃系の選手）との戦いにも慣れていったのだ。

観客を楽しませることと勝つこととの両方にこだわる

桜庭和志によれば、キングダムで行った全11戦のうち、リアルファイトの試合はわずか2試合だったという。対戦相手はオーランド・ウィットとモティ・ホレンスタインのふたり。いずれも外国人ストライカーである。

94年3月のUFC2に出場したオーランド・ウィットが、柔道家のレムコ・パドゥールに袈裟に固められて失神状態のままヒジ打ちを無数に食らったことは、第3章で触れた通りだ。幸いにもウィットに後遺症が残ることはなく、その後もファイターとして戦い続けてキングダムからのオファーを受けたのだ。

1997年7月29日に代々木第二体育館で行われたキングダム旗揚げ第3戦。桜庭とウィットの試合は第4試合に組まれた。

桜庭にとってウィットとの試合は、結末の決められていないリアルファイトではあったものの、だからといって秒殺してしまえばいいというものでもなかった。

自分たちは、観客が支払うチケット代金のお蔭で生活している。だからこそ、常に観客を満足させる試合をしなくてはならない。ガチである以上は勝ちたいが、プロフェッショナルとしてつまらない試合はできない。白熱した試合をファンに見てもらいたい。

そんなプロレスラーならではの責任感を、桜庭は現在まで強く持ち続けている。

鮮やかに極まったかに見えた桜庭の腕ひしぎ十字固めがすっぽぬけてしまったのは、レガースとシューズを着用していたからだ。緩むこともずれることもあるレガースは、キックの衝撃をやわらげるためには役立つが、関節技には邪魔でしかない。

ロープ際で、桜庭がマウントポジションを奪った。だが、エプロンにウィットの頭部が出ていて殴りづらい。ルール上、ウィットが目の前にあるロープをつかめばロープブレイクだが、つかまなければ試合続行である。

膠着が続いたことでスタンドから再開され、ウィットの左ミドルをキャッチした桜庭は、前田日明が使うキャプチュードのようにウィットを後ろに投げた。

理由はふたつある。ひとつは見せ場を作りたいから。もうひとつは、ロープエスケープを避けるために、リング中央にウィットの身体を持っていこうとしたのだ。

桜庭の頭の中には常に、観客を楽しませることと試合に勝つことの両方が入っている。

結局、桜庭はリング中央でウィットからマウントポジションを奪い、6分01秒、チョークスリーパーを極めて勝利した。

桜庭がキングダムのリングで戦ったもうひとつのリアルファイトは、同年9月3日に後楽園ホールで行われたモティ・ホレンスタインとの一戦だ。

ホレンスタインはイスラエルの特殊部隊出身のキックボクサー。空手家でもある。UFC10ではマーク・コールマンに、UFC14ではマーク・ケアーに敗れてリリース（解雇）され、キングダムにやってきた。

「100kgくらいあって、力の強いヤツ、というイメージです。ガチだけど、つまんない試合というイメージしか残っていません。やっぱりロープエスケープがあると、選手にも見ているお客さんにも緊張感がなくなる。ロープに逃げりゃいいか、ってなるからです。一発とられたらKOと同じ、とお客さんに思ってもらわないといけない。僕はずっとそう思ってきました。

新生UWFの頃であれば、腕が完全に伸びてからバタバタやってロープエスケープしても、お客さんは沸いてくれた。でも、本来、腕十字は一瞬で極まるもの。バタバタなんて絶対に無理。今では当たり前の理屈が、この頃になってようやくお客さんにもわかってきた。ただ、当時の僕の腕十字はまだヘタクソでしたね。相手との隙間をなくすことができずに逃げられてしまっていたので」（桜庭和志）

試合開始のゴングから10分が過ぎた頃、マウントポジションを奪った桜庭は、ホレンスタインがスウィープ（下にいる選手が、引っ繰り返して自分が上になること）しようと伸ばした手をつかみ、そのまま自分もうつぶせになり、11分18秒、腕ひしぎ十字固めでタップを奪った。

桜庭たちキングダムのレスラーは懸命にファイトしていた。

しかし、オープンフィンガーグローブをつけて、時にリアルファイトを織り交ぜたヴァーリトゥード風のプロレスは、多くの観客を集めることができなかった。『格闘技通信』や『ゴング格闘技』でキングダムが取り上げられることはなく、当然話題にもならなかった。

キングダムは旗揚げから半年も経たないうちに経営難に陥り、選手の給料も遅れた。

「お客さんが入ってなかったので、給料がもらえないのはしょうがないと思っていました。まあ、練習場所があるからいいか、と（笑）」（桜庭和志）

そんな最中に行われた1997年10月11日東京ドームのPRIDE.1。高田延彦はヒクソン・グレイシーの前にまったくの無力だった。

「ハイキックが入れば勝つと思っていましたけどね。高田さんには、180㎝ぐらいのヒクソンがアンドレ・ザ・ジャイアントぐらいに見えたんじゃないですかね。実際よりも大きくし過ぎていた。『違うよ、同じ人間だろ？』って思っていました。すべてに完璧な人間はいない。絶対にどこかに穴があるはずだって」（桜庭和志）

柔術家の強さとプロレスラーの弱さを満天下に知らしめた髙田延彦の完敗から2カ月後、桜庭和志は、人生を一変させる戦いに臨んだ。

Susumu Nagao

第9章

UFC JAPAN

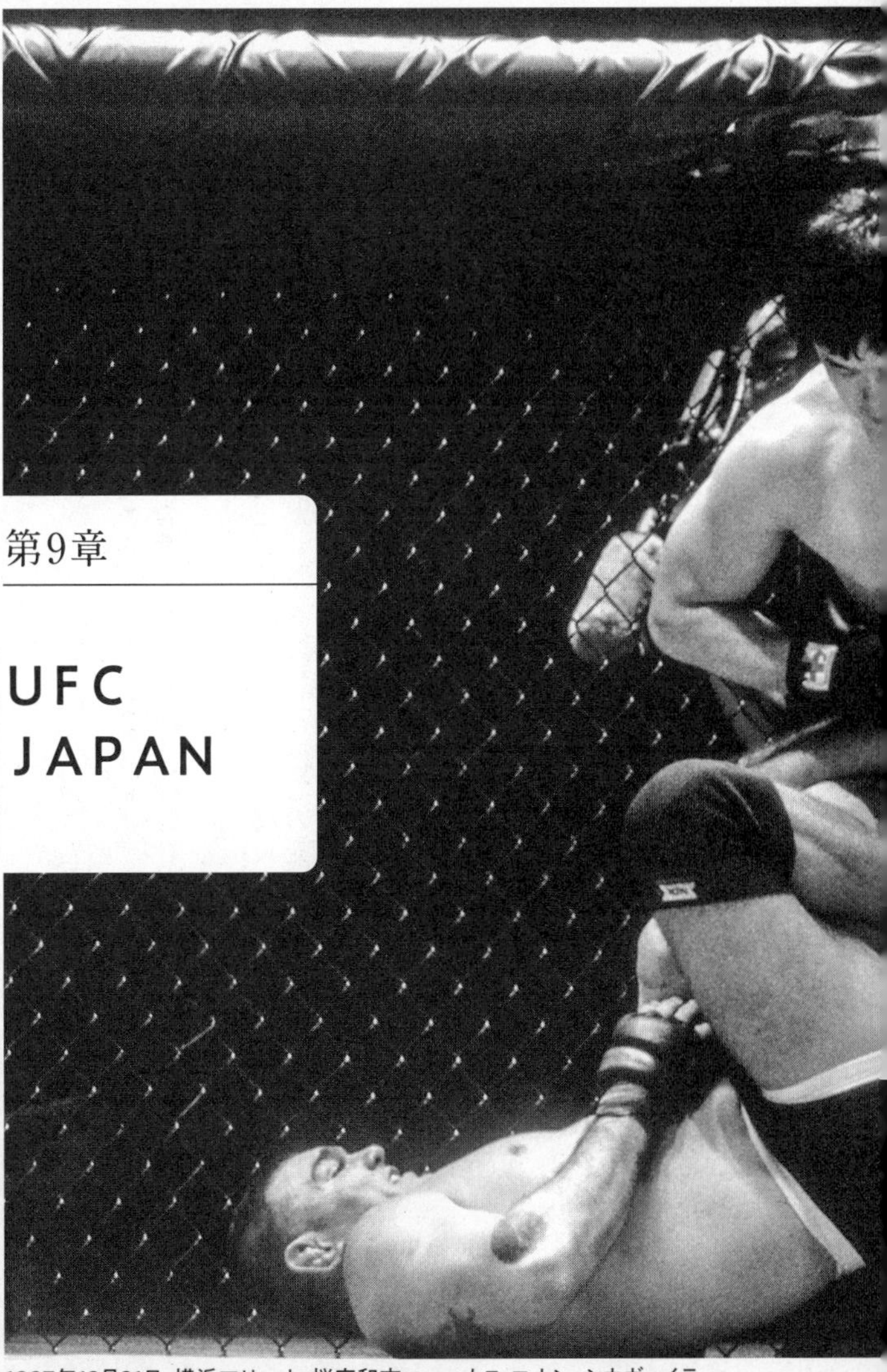

1997年12月21日　横浜アリーナ　桜庭和志×マーカス・コナン・シウヴェイラ

1997年秋、旗揚げからわずか半年で早くも経営危機を迎えていた弱小団体キングダムに、朗報が舞い込んできた。UFCが11月に横浜アリーナで大会を開く。日本人選手が必要なので、キングダムの選手を出場させてほしいというのだ。

安生洋二は快諾した。

選手のギャランティの一部が会社に入るばかりでない。UFCで名が売れれば、キングダムの経営も好転するはずだ。さらにUFCはこの先、日本で定期的に大会を開催するというから、キングダムがUFCの選手育成機関となることも可能だろう。

幸いにも、キングダムはいち早くオープンフィンガーグローブの着用を義務づけ、選手たちは安達巧からレスリングを、ボーウィー・チョーワイクンから打撃を、エンセン井上から柔術を学んでいた。素手で戦っていたパンクラスやリングスよりも、リアルファイトの総合格闘技に対応できる態勢が整っていたのだ。さらに、生活可能な報酬を得られず、仕事の合間に練習せざるを得ない修斗（シューティング）よりも、むしろ練習環境は充実していた。

UFCが必要とする日本人選手は2名。安生自身は決まりとして、もうひとりを誰にするか？　安生の頭の中に最初に浮かんだ名前は、金原弘光だった。

「金原は強かったですよ。ハートも強いし。だから、まず金原に声をかけました。相手がスーパーヘビー級だったことも理由のひとつです。金原は桜庭よりも体重があったので。ところが、金原が断ってきた。いま、ちょっと遊んじゃってるんで出られませんっ

て」（安生洋二）

金原に断られた安生は、次に桜庭和志に声をかけ、桜庭は即座に引き受けた。

UFCへの出場は、弱小プロレス団体の中堅レスラーに過ぎなかった桜庭の運命を大きく変えることになるが、そもそもなぜ、UFCは日本で大会を開催しなくてはならなかったのだろうか？　そのことを理解するためには時計の針を4年ほど戻し、94年3月のUFC2終了時にまで遡らなくてはならない——。

＊

市原海樹やパトリック・スミスを破って大会連覇を果たしたホイス・グレイシーは、無敵の王者として大いに尊敬され、柔術はヴァーリトゥードにおける圧倒的な優位性を証明した。

ところが、続くUFC3（94年9月）のトーナメント1回戦で、ホイスはストリートファイターのキモのパワーに押されて大苦戦。なんとか腕ひしぎ十字固めでギブアップを奪ったものの、疲労の色は隠せず、2回戦の開始直後に棄権してしまう。

UFC4（94年12月）のホイス・グレイシーは、見事に3度目のトーナメント優勝を果たして面目を保ったものの、決勝戦ではダン・スバーンを倒すのに15分もかかってしまった。ボクシングやレスリングで実績のある選手がUFCに上がり始めたことで、M

MAファイターの技術と体力のレベルが急速に上がり、ガードポジションを中心とする柔術の戦い方も研究され、これまでのような魔術的な強さを示せなくなった。

1995年4月に行われたUFC5は、試合に時間制限が導入された初めての大会となった。

アメリカで行われる格闘技イベントの死命を決するのはチケットの売り上げではなく、ケーブルテレビのPPV（ペイパービュー）の売り上げである。動きのないまま時間だけが過ぎていけば、UFCのPPVを見てくれる視聴者が減少するのは火を見るよりも明らかだ。時間制限は、UFCが存続するためには仕方のないことだった。

このUFC5で、無敗の王者ホイス・グレイシーは、ケン・ウェイン・シャムロックとスーパーファイトを戦った。

試合時間は30分。決着がつかない場合には5分間の延長戦が行われる。

試合開始早々にシャムロックが上、ホイスが下となり、そのままの展開が続いた。シャムロックはホイスの両足のガードを越えられず、ホイスの見事なガードワークによって、殴ることもできない。

一方、ホイスも、上にいるシャムロックを腕十字で極めることも、スウィープすることも、下から絞めることもできなかった。

当時のルールでは頭突きが許されていたから、シャムロックは至近距離からホイスの頬骨に細かく頭突きを当て続けた。その結果、ホイスの顔は少しずつ腫れていったが、それ以外の動きはほとんどないまま35分間が過ぎ、引き分けに終わった。

UFCに走った激震

初期のUFCを席巻した柔術家の戦い方とは、おおよそ次のようなものだ。

背筋を伸ばし、アゴを引いて、遠い間合いを保って相手の打撃を避けつつ、前蹴りを相手のヒザに向けて放つ。相手が足を引くと同時に一気に距離を詰め、そのまま組みついてテイクダウン。上をとると、蛇が獲物にからみつくように相手を制圧して、サイドポジション（横四方）やマウントポジション（馬乗り）の状態から絞め技や関節技で攻める。

相手の下になった場合には、自分の両脚の間に相手を入れ（ガードポジション）、自分の両手両脚を自在に駆使して相手をコントロールして、パウンドや頭突きを防ぎ、隙を見て相手のバランスを崩してスウィープ（引っくり返すこと）する。

たいていの場合、レスラーや空手家、キックボクサーは柔術家よりも筋肉の量が多く、当然乳酸も大量に出るから先に疲労困憊する。持久戦に持ち込み、相手が疲れ果てたところをチョーク、もしくはサブミッションで仕留める——。

だが、これは時間無制限の戦いだからこそ有効な戦い方だ。

さらに、柔術家の戦術も研究され、下から腕ひしぎ十字固めや三角絞めを極めることも難しくなった。手の内がバレたのだ。

そもそもホリオン・グレイシーが友人とともにＵＦＣを始めたのは、グレイシー柔術アカデミーの宣伝のためだった。ホリオンにとって重要なのは自分のアカデミーであり、ＵＦＣではない。勝てなければ柔術の宣伝にならない。これ以上ホイスをＵＦＣに出す必要はない。そう考えたホリオンは、さっさとＵＦＣから手を引き、同時に、ホイスもオクタゴンから去った。

ＵＦＣには、別の柔術家がブラジルからやってきた。

１９９６年5月17日にデトロイトで行われたＵＦＣ９に出場したアマウリ・ビテッチは世界柔術選手権無差別級王者。すなわち当代最強の柔術家であった。

対戦相手はアメリカのドン・フライ。レスリングの全米選手権ではグレコローマンとフリースタイルの両方を制し、ボクシングと柔道の経験も持つファイターだ。

ビテッチはテイクダウンを試みたものの、フライにがぶられ（タックルを切られて、上からのしかかられること）、ヒザの連打を食らったあげく、何発もパウンドを浴びてＴＫＯ負けを喫した。

レスラーが得意のテイクダウンで相手の上になり、下からの攻撃（三角絞めや腕十字など）を警戒しつつ殴るか頭突きで倒す。このような攻撃を〝グラウンド＆パウンド〟と呼ぶ。このシンプルだが効果的な攻撃によって、ＵＦＣの主役は柔術家からレスラーへと交替した。

代表的な選手がドン・フライであり、マーク・コールマンであり、マーク・ケアーだ。ルールがほとんどなく、素手で殴り、顔面や後頭部にヒジや蹴りを入れ、流血戦も珍しくないUFCは、危険で残酷なショーだと眉をひそめる人々がいる一方で、数十万ものPPV契約数を獲得する人気コンテンツでもあった。

しかし、1996年、堅調を続けていたUFCに激震が走る。

アメリカ共和党上院議員ジョン・マケインが「UFCは野蛮で危険な〝人間による闘鶏〟である」と非難。全米50州の知事宛てに、禁止を要請する書簡を送るなど、UFCのバッシングキャンペーンを展開したのである。

マケインは元海軍の爆撃機パイロットであり、父親はアメリカ太平洋軍の司令長官。妻は大富豪の娘で、のちに2008年の大統領選挙にも出馬したほどの大物だった。

海軍兵学校時代にボクシングを経験したボクシングフリークのマケインが、ボクシング業界の意向を受けて動いていたことは間違いあるまい。ボクシング業界にとって、UFCは脅威でありライバルであり、政治家の力を借りてでも一刻も早く潰しておきたい存在だったのである。

実力ある政治家が精力的に動いた結果、ニューヨーク州を含む36州が総合格闘技を禁止するノー・ホールズ・バード（No Holds Barred＝禁じ手なし。なんでもあり。当時の総合格闘技はこう呼ばれていた）禁止法を制定。その後もUFCの開催を認めない州が続出した。

ＵＦＣは比較的規制の緩い南部のアラバマ州やジョージア州、ミシシッピ州で大会を開催せざるを得なくなった。ドサ回りを余儀なくされたということだ。マケインの圧力によって、ＵＦＣは生命線である大手ケーブルネットワークとの契約も打ち切られ、経営は大打撃を受けた。

主力選手も次々に抜けた。ＵＦＣで2度トーナメントに優勝したドン・フライは新日本プロレスと契約、初代ＵＦＣスーパーファイト王者となったケン・ウェイン・シャムロックもＷＷＦのリングに上がった。ＵＦＣで過酷なリアルファイトを戦うよりも、プロレス団体でショーファイトを演じる方がギャラがよかった、ということだ。

存亡の危機に瀕したＵＦＣは、全米各州のアスレチック・コミッションの理解を得るために、スポーツ化、競技化を急速に進めていく。ＮＨＢからＭＭＡ（Mixed Martial Arts＝総合格闘技）へと名称変更を行い、体重別の階級制を設け、オープンフィンガーグローブの着用を義務づけた。

髙田延彦とヒクソン・グレイシーが戦ったＰＲＩＤＥ.1の6日後にあたる１９９７年10月17日のＵＦＣ15以後は、多くの禁止行為が指定された。頭突き、後頭部への打撃、倒れた相手への蹴り、小さな関節（手指・足指等）を取る行為、髪を引っ張る行為などだ。

アメリカ社会はＵＦＣが初期のような決闘であり続けることを許さなかった。それは進化なのか堕落なのかは、意見の分かれるところだろう。確かなのは、ＵＦＣが生き残るためには、スポーツ化、競技化以外の選択肢はなかったということだ。

UFCが競技化する際に参考にしたのは、日本の修斗であった。

《僕にとって修斗は世界のベスト・オーガニゼーションだった。ファイティングをスポーツとして、そしてプロフェッショナルに運営していた。（中略）そんな修斗の良さを、僕はUFCに導入した。スポーツとして論理的なシステム――、より細分化された階級など、MMAがスポーツとして存在するなかで、修斗が先鞭をつけた事例はとても多い。》（UFCのマッチメーカー兼スカウティング担当だったジョー・シルバのインタビューより。『ゴング格闘技』2012年1月号）

桜庭の運命を変えた猛抗議

UFCが変化を余儀なくされた90年代後半、日本のプロレスと格闘技は繁栄を謳歌していた。

最大手の新日本プロレスは武藤敬司、橋本真也、蝶野正洋の闘魂三銃士を中心に人気を集め、nWoジャパンのTシャツは空前の売り上げを誇っていた。

全日本プロレスの四天王（三沢光晴、川田利明、小橋健太、田上明）も健在で、日本武道館に満員の観客を集めた。

石井和義正道会館館長が率いるK－1は恐るべき勢いで拡大を続け、世界的なイベントへと成長しつつあった。

田村潔司が加わった前田日明のリングスは、スポンサーのWOWOWと固定ファンに支えられて堅調。船木誠勝と鈴木みのるが設立したパンクラスも、リアルファイトの総合格闘技として固定ファンをつかんでいた。

創始者・佐山聡が去った修斗は、修斗四天王（エンセン井上、佐藤ルミナ、桜井〝マッハ〟速人、朝日昇）、さらに宇野薫が注目を集め始めた。

アメリカ社会での市民権を得ようと、生き残りをかけて試行錯誤を続けていたUFCが当時世界一のプロレス大国、格闘技大国であった日本への進出を考えたのは、当然の成り行きだったのだ。

1997年12月21日、UFCが開催する初の日本大会「UFC JAPAN〜Ultimate Japan」が横浜アリーナで行われた。メインイベントは、ランディ・クートゥア対モーリス・スミス。日本でも有名なキックボクサーであるモーリス・スミスが、この時点でUFC世界ヘビー級王者に君臨していたことは、MMAの進化を示すものとして特筆されるべきだろう。ほかにもフランク・シャムロック対ケビン・ジャクソン、ヴィトー・ベウフォート対ジョー・チャールズなど、興味深いカードが組まれた。

だが、日本のプロレスファンおよび格闘技ファンが最も深い関心を抱いたのは、UFC-Jヘビー級トーナメントだった。

4人のファイターによるミニ・トーナメントには、キングダムから安生洋二と桜庭和志のふたりが出場した。

第2試合に登場した安生の相手は〝喧嘩屋〟タンク・アボット。UFC6では優勝したオレッグ・タクタロフを大いに苦しめて名を馳せたものの、ドン・フライ、ヴィトー・ベウフォート、モーリス・スミスという強豪相手には敗れている。

安生とタンク・アボットがオクタゴンに入った。ふたりとも黒いオープンフィンガーグローブを着用している。

レフェリーのジョン・マッカーシーが「Are you ready? Are you ready? Let's get it on!」と叫んで試合開始。体格に優るタンク・アボットは安生を金網際まで追いつめ、そのままテイクダウン。安生の頭部を金網に押しつけて固定すると、ガードポジションのまま、上から殴り続けた。その状態が長く続き、殴り疲れたアボットは安生をKOすることができないまま、1ラウンド12分が過ぎて、3分間の延長戦も終わった。

判定はアボットの3－0の勝利。安生は必死に戦ったが、チャンスらしいチャンスはなかった。

2カ月前に行われたPRIDE.1でヒクソン・グレイシーに完敗した髙田延彦に引き続いて、UWFのレスラーがMMAでは無力であることが、再び証明されてしまった。

「髙田さんの打撃はパワーもセンスも凄い。僕自身も打撃は好きです。ただ、それを立ち技と寝技の両方がある総合格闘技の中で出すことは難しい。脳ができ上がってしまっていて、新しいことに対応できないんでしょうね」（安生洋二）

続く第3試合に出場する桜庭和志の対戦相手はブラジリアン柔術の黒帯であり、この日がUFCデビューとなるマーカス・コナン・シウヴェイラ。191㎝110㎏という堂々たる体格で、180㎝83㎏の桜庭が小さく見える。

この時、桜庭和志の勝利を予想した観客は、ほとんどいなかったはずだ。

「安生さんが負けたことで、試合前はちょっと焦りましたね。ボーウィー（・チョーワイクン）と『ヤバいよ。これ、俺が負けたらキングダムにお客さんがこなくなる。会社がつぶれちゃうよ』って話してたんです」（桜庭和志）

試合が始まると、落ち着いた表情の桜庭は、まずテイクダウンに成功する。足関節に行こうとしたが失敗、逆に背後をとられて腕を狙われたが、桜庭が冷静に対処した結果、両者はスタンドに戻った。大学までレスリングを続けた賜物だろう。

コナンもまた、焦る様子もなく、桜庭を金網に押しつけた状態からパンチの連打を繰り出した。しかし、パンチのほとんどは頭部に当たっていたから、桜庭にさほどのダメージはなく、隙を見てコナンの左足にタックルした。

ところがどうしたことだろう。桜庭がコナンの足をとった次の瞬間、レフェリーのジョン・マッカーシーが試合をストップしてしまった。レフェリーからは桜庭がタックルに入ったところが見えず、桜庭が失神して崩れ落ちたと勘違いしたのだ。1分51秒、レフェリーストップでマーカス・コナン・シウヴェイラの勝利が宣告された。

桜庭がこの裁定に納得するはずもない。自分はダウンしていない。明らかにレフェリーの誤審だ。ビデオを見てほしい。

桜庭はセコンドについてくれた金原弘光の指示に従って「負けてないと思います！」とマイクを持って叫び、オクタゴンに居座った。もちろん抗議のためだ。

この異常事態を、のちにパンクラスやK－1で大活躍することになる須藤元気は観客席で見ていた。

「レフェリーが試合をストップした時には『止めるのが早いな！』と思いました。ただ、普通なら興行全体のことを考えて、たとえ不服であっても、オクタゴンを下りてしまうもの。でも、桜庭さんは30分近くリングを下りずに抗議して、再戦が認められた。あそこで桜庭さんの運命が大きく変わったんじゃないでしょうか。

もちろん桜庭さんは強いから、あそこで負けにされても、その後も活躍したはずですけど、キャリアの最初に黒星がつくのとつかないのとでは、全然印象が違う。あの時の粘りが、桜庭さんの強さ、諦めない気持ちを表していると思います」

桜庭の抗議は認められた。UFCサイドがビデオを再生してチェックした結果、レフェリーにミスジャッジがあったとアナウンスしたのだ。

さらに、安生に勝利したタンク・アボットは拳を負傷して、決勝戦には出場できないことが明らかになった。結局、桜庭とコナンの再戦がトーナメントの決勝戦となり、セミファイナルの第6試合で行われると発表された。

試合までには1時間近くあり、その間、桜庭はトレーナーからマッサージを受けた。

前日は夜遅くまで『ポケットモンスター』で遊んでいたから、すっかり眠くなってしまい、ウトウトしているうちに出番がやってきた。

「眠くて、身体が動かないっす」

オクタゴンに向かって歩きながら、桜庭がセコンドの金原弘光に言うと、金原は「それ、ヤバいよ、気合いを入れろ！」と返し、桜庭は「やっぱりマズいっすかね」と笑いながら答えた。

その時、テレビカメラが桜庭の笑顔をとらえた。オクタゴンは命がけの戦場である。笑顔で戦場に足を踏み入れるファイターなど、桜庭和志以外にはひとりもいない。アメリカでPPVを見ていた視聴者は、さぞかし仰天したことだろう。

「眠いから、力がいい感じに抜けていたのかもしれません。練習でも、1時間くらいスパーリングをやってると、力がだんだん抜けてきて、相手の攻撃をスイスイかわして、自分の技はバンバン極まることがあるんです」（桜庭和志）

試合が始まってからも、桜庭はリラックスしていた。スタンドの状態で金網に押しつけられても、オクタゴンの中央で膝立ちの状態でバックをとられても、スタンドでチョークを狙われても、決して慌てなかった。ハーフガードされた状態から見事に足を抜くと、サイドに回られることを嫌ってコナンが伸ばした左腕を取り、3分45秒、腕ひしぎ十字固め（アームバー）を極めて勝利した。

優勝インタビューの中で、桜庭が「プロレスラーは本当は強いんです」と語ったことはあまりにも有名だ。

「あれはアナウンサーに『プロレスラーは弱いと言われていますが』と言われたから、それを引っ繰り返しただけです。当時、『格闘技通信』は表紙にデカデカと『プロレスラーは弱い』と書いていた。

僕らも練習方法が変わって、エンセン井上さんとも練習していた。自分だけでなく、一緒に練習している人たちまで悪く言われたような気がしてイラッときていたので、思わず言っちゃいました」（桜庭和志）

「プロレスラーは本当は強いんです」

桜庭和志と日本のＭＭＡの快進撃は、このひとことから始まったのだ。

Susumu Nagao

第10章

新たなる舞台

1998年6月24日 日本武道館 桜庭和志×カーロス・ニュートン

桜庭和志がＵＦＣ ＪＡＰＡＮのヘビー級トーナメントに優勝してから数日後の夜、キングダムの忘年会が行われ、髙田延彦も参加した。１９９７年の暮れのことだった。

桜庭の記憶は鮮明だ。

「みんなで散々飲んで、次の店にタクシーで移動する時に、髙田さんが『アダッチー（レスリングコーチの安達巧）、サク、こっちに乗れ』と僕たちを呼んだ。タクシーの中で３人だけになると、髙田さんから『俺は道場をやるんだけど、こないか？』と誘われたんです。翌日に安達さんと話したら『俺は行くよ』と言っていたので、僕も髙田さんのところに行くことにしました」

早い話が引き抜きである。

当時のキングダムは興行団体としては完全に行きづまり、選手の給料も滞っていたが、ＵＦＣ ＪＡＰＡＮのトーナメントに桜庭が優勝したことは、キングダムにとって大きな希望だった。ＵＦＣはこれからも日本大会を定期的に開催していくというから、キングダムは選手供給機関として存続できるかもしれない。

安生洋二がそう考えていた矢先に、「プロレスラーは本当は強いんです！」というマイクパフォーマンスが雑誌やテレビで大きく扱われた希望の星を引き抜かれたのである。しかも、尊敬する髙田延彦に。

桜庭に続いて、佐野友飛（直喜）、豊永稔、松井大二郎が髙田道場に移った。

「僕自身に給料のことで強い不満があったわけではありません。大会にお客さんが入っ

ていなかった以上、会社にお金があるはずがない。練習場所があればいいや、くらいに思っていました」（桜庭和志）

この引き抜き事件がきっかけとなってキングダムは瓦解した。垣原賢人と高山善廣は全日本プロレスへ。金原弘光と山本喧一はリングスへ。安生洋二はフリーランスとなり、キングダム社長の鈴木健は莫大な借金を背負った。

さて、髙田延彦はなぜ、この時期に自分の道場を持とうと考えたのだろうか？

答えは簡単で、ＰＲＩＤＥがシリーズ化されることが決まり、日本人選手の供給機関が必要になったからだ。

「もともとＰＲＩＤＥ.1は髙田延彦対ヒクソン・グレイシーをやるための、1回こっきりのイベントでした」と語るのは水谷広保である。ＰＲＩＤＥでは主に外国人担当として、誕生から終焉までのすべてを見てきた。

「アンダーカード（前座試合）などどうでもいい、次の大会など考えてもいなかった。ところが、大会が大赤字になってしまい、僕たちは、借金を返済するためにＰＲＩＤＥを続けざるを得なくなった。

ＰＲＩＤＥの運営方法は、プロレスでもＵＷＦでもなくＫ－1。石井和義館長の発想を、そのまま総合格闘技に置き換えたんです。

ただ、ＰＲＩＤＥがＫ－1と違う点は、母体となる正道会館がないこと。Ｋ－1には佐竹雅昭や角田信朗、武蔵、さらに大和魂を持つアンディ・フグといった正道会館所属の空手家がいたから、彼らをピーター・アーツやスタン・ザ・マン、マイク・ベルナルドといった外国人ファイターにぶつけていけば、それだけで物語が成り立つ。

一方、PRIDEには正道会館のような日本人選手供給機関がなかった。だからこそ高田道場が必要だったんです。

高田対ヒクソンの再戦は、1年後に同じ東京ドームで行われることが決まっていました。それまでにいくつか大会を開催して、お客さんの興味を引っ張っておかないといけない。それがPRIDE.2とPRIDE.3です」

PRIDEを主催するKRSは「PRIDE.2を1998年3月15日に横浜アリーナで行う。メインイベントはホイス・グレイシー対〝リアル・アメリカン・ヒーロー〟マーク・ケアーである」と発表した。

のちに〝霊長類ヒト科最強〟というキャッチフレーズをつけられたマーク・ケアーは、身長185cm、体重115kgの巨漢だ。

シラキュース大学レスリング部時代には、オクラホマ州立大学のランディ・クートゥアを抑えて190ポンド（約86kg）級のNCAAディビジョン1のチャンピオンとなり、全米選手権のフリースタイルでも優勝を果たした。

1997年にはMMA＝総合格闘技に挑戦。いきなり「World Vale Tudo Championship 3」に優勝。UFC14、UFC15のヘビー級トーナメントでも立て続けに優勝して、世界最強ファイターとの呼び声も高かった。

ロープブレイクのない新たなる舞台

UFCのトーナメントを連覇した伝説の王者ホイス・グレイシーとマーク・ケアーの一戦は世界中の格闘技ファンの注目を集めたが、ホイスは負傷（脊椎のねじれにより手足が麻痺していると説明された）を理由にキャンセル。結局、K－1グランプリ初代王者のブランコ・シカティックがホイスの代理としてPRIDE.2に出場することになった。

カード変更と髙田延彦の不在が響いたのか、大会当日の横浜アリーナの観客席には空席が目立った。MMAに強い関心を抱く日本人は、まだ少数だったのだ。

メインイベントの試合内容も最悪だった。シカティックは、再三ロープをつかむ反則を繰り返し、さらにロープをつかんだ状態でケアーの脊椎にヒジ打ちを落としたから、わずか2分14秒で反則負けを宣せられてしまった。

我らが桜庭和志は第4試合に出場、長くパンクラスを主戦場としていたヴァーノン〝タイガー〟ホワイトと対戦した。ウェイン・シャムロックが主宰するライオンズ・デン出身のファイターだが、強豪とは呼べないだろう。戦前の予想は桜庭有利の声が圧倒的だった。

だが、桜庭は意外にも苦戦する。得意の関節技が、ことごとく失敗してしまった。

「ヴァーノン〝タイガー〟ホワイトはパンクラスで、こっちはUインターでしょう？

負けるわけにはいかない、と思いました。でも、あの頃はまだ髙田道場が完成していなくて、ほとんどランニングくらいしかできなかった。安達さんの伝手《つて》で日体大で練習させてもらったこともあったけど、スパーリングはレスリングだけで、関節技を極める感覚を完全に忘れてしまっていたから、ヤバいなあ、と思っていました。負ける心配は全然なかったんですけど、次に何をすればいいか、というアイディアが全然浮かばなかった。結局、腕十字を極めるまでに30分近くかかっちゃいましたね。

ＰＲＩＤＥのオープンフィンガーグローブも、ＵＦＣに比べて使いづらかった。新品だから合成皮革の張りが強すぎて、握りにくい。だから次回からは、試合前に、誰かにもみほぐしてもらって、柔らかくしてから使いました。

掌底と、オープンフィンガーグローブをつけて殴るのとでは、そもそも射程距離が全然違います。グローブを着ける方がこぶし1個分長いんです。掌底だと、まっすぐ来るヤツは威力があるけど、横はそれほどでもない。掌底のフックはただのビンタなので、痛いだけでダメージはありません。

オープンフィンガーグローブをつけた相手にしっかり構えられると威圧感も違うし、射程距離が長いので、タックルに入るのもより難しくなる。キングダムの頃まではシューズとレガースを着用していましたが、ＵＦＣ　ＪＡＰＡＮやPRIDEでは裸足です。シューズを履くと、踏ん張りが利くからタックルは間違いなく速くなる。でも、倒した後が続かない。グラウンドで相手の身体の隙間に足を入れようとしても、シューズやレガースがひっかかって、なかなか足が入っていかないんです。足関節を極めようとしても、シューズやレガースがずれてしまって、うまくかからないことが何度もあった。関節技のためには、やっぱり裸足の方がいい。スタンスも変わってきます。シューズを履いていれば、多少スタンスが広くても踏ん張れるけど、裸足だと結構滑るので、5㎝や10㎝くらいはすぐに外側に流れてしまう。だから必然的にスタンスが狭くなる。もし柔道家がシューズを履いたら、柔道が変わってくるでしょうね。内股とかは踏ん張りが利いていいかもしれないけど、小内刈りのような細かい足技はやりにくくなるはず。

でも、PRIDEがUインターやキングダムと一番違うのは、なんといってもロープエスケープがないこと。ロープエスケープがあると、お客さんからはひとつひとつの技が軽く見えてしまう。でも、僕らからすれば、そんなに軽いものじゃない。首を絞めれば失神するし、腕十字が極まればバリバリって靱帯が裂ける。ロープエスケープがなくなって一本勝負になった時に『これがホントだよな』と強く思いました」（桜庭和志）

プロレスラーには、ロープブレイクという考え方がしみついている。

相手を必死にテイクダウンしたところで、ロープに逃げられればブレイクがかかり、スタンドから再開されてしまう。逆に、テイクダウンされそうになればロープにしがみつけばいい。だからこそ、相手を倒して上になるテイクダウンの技術や、しがみつかれても簡単に倒されない技術、すなわちスタンドのレスリング技術が、UWFではおろそかにされてきた。

一番わかりやすい例が、有名な1995年の10・9東京ドーム、新日本プロレス対UWFインターナショナルの団体対抗戦の第1試合だ、と桜庭は言う。石沢常光&永田裕志（新日本プロレス）対金原弘光&桜庭和志（Uインター）のダブルバウト、いやタッグマッチである。石沢は早稲田大学レスリング部出身、永田裕志は日本体育大学レスリング部出身。ともに全日本選手権優勝という輝かしい経歴の持ち主だ。

「石沢さんは何度もタックルに行くけれど、金原さんはロープを腕で引っかけて倒されないようにしていた。自分のバランスが良くなったところで、石沢さんを離して蹴飛ばす。永田さんが金原さんの脇を差してテイクダウンしようとしても、金原さんはロープを抱えてしまう。あの試合は、ずっとその繰り返しだったと思います。

もしあの試合が（ロープをつかむことを禁止する）PRIDEルールで行われていれば、倒された金原さんは上からボコボコに殴られていたはずなんです。

倒されそうになればロープを使うという考え方がプロレスラーにはしみついている。だからこそ、PRIDE.1の時、髙田延彦はヒクソン・グレイシーとの試合の際に、ルールで禁じられているロープをつかんだし、『ヴァーリトゥード・ジャパン・オープン'95』の時の山本宜久も、長い間、ロープに腕を引っかけていた。」（桜庭和志）

だが、ロープエスケープを許せば、柔道やレスリングに見られるようなテイクダウンの攻防が意味をなさなくなり、関節技の重みが失われる。

すなわち競技とは呼べないものになってしまうのだ。

桜庭和志は、ロープエスケープのない新たなる舞台を、大いに気に入っていた。

危険なMMAを美しく芸術的なものに変えた桜庭

1998年4月中旬から約1カ月間、髙田延彦は桜庭和志を連れて、ロサンジェルス郊外にあるビバリーヒルズ柔術クラブに練習に出かけた。ヒクソン・グレイシーとの再戦に備えるためだ。

この時、ビバリーヒルズ柔術クラブでは、のちにパンクラスやHERO'Sのリングで大活躍することになる須藤元気が柔術を学んでいた。

「UFCの登場は衝撃的でした。最初は過激だったけど、ちゃんとルールが整備されていけば、必ず総合格闘技ブームがくると思いました。『格闘技通信』や『ゴング格闘技』も熱心に読んでいましたね。

僕はアマチュアレスリングをやっていましたが、体重が70kg少々と軽かったので、本来なら修斗の選手。でもパンクラスなら、『週刊プロレス』と『格闘技通信』の両方に出られるから露出が多くなる（笑）。まだ20歳くらいでヤマっ気もあったので、パンクラスに行こうと思いました。パンクラスに入るのなら、まず海外へ行って寝技を学ぶのがてっとり早い。まだ日本には寝技を学べるところが少なかったからです。

オーナーがお金持ちだったので、当時のビバリーヒルズ柔術クラブにはスター選手が集まっていました。

パンクラスとUFCのチャンピオンになったバス・ルッテン（オランダ）、サンボのオレッグ・タクタロフ（ロシア人。UFC6のトーナメントで優勝）や、マルコ・ファス（ブラジル人。UFC7のトーナメント優勝）、マーク・ケアーもあとから来ました。

そんな時に、髙田さんと桜庭さんが練習にやって来たんです。

髙田さんはヒクソンの柔術に対抗するために、ルタリーブリのマルコ・ファスに教えを乞うた。でも、じつはマルコ・ファスってガチしかできない人で、スパーなのに、キックもめちゃくちゃ強く蹴ってくる。スパーで相手を極める時も、普通はケガさせないようにゆっくり極めるんですけど、マルコ・ファスはグーって一気に極めてしまうから危なくてしょうがない。だから、マルコ・ファスのクラスには、直弟子と僕のふたりしかいなかった（笑）。僕も覚悟を決めてやっていました。

髙田さんも最初は驚いたと思いますね。実力差も大きかったし、ファスは天然で危ないタイプだから、髙田さんも結構強くやられて、かわいそうでしたね。

髙田さんはアメリカでも有名でしたから、周囲は髙田さんに注目していた。『ああ、意外に知らないんだ』って驚いていたと思います。それでも、髙田さんは練習にしっかりと取り組んでいましたよ。途中で下りるわけにもいかないし。

桜庭さんはインストラクターにイーサン・ミリアスといういい先生がいて、彼からいろいろ習っていましたね。三角絞めからの逃げ方を教わっていたことはよく覚えています。すでに桜庭さんはＵＦＣ　ＪＡＰＡＮでの活躍によって高い評価を得ていましたが、それでも、未知の技術はあったはずです」

桜庭自身は、ビバリーヒルズ柔術クラブでの体験を次のように語ってくれた。

「僕はマルコ・ファスさんとはスパーリングはしてませんね。柔術衣も着なかった。アマレスのメチャクチャ強い人がいたんです。ドラル・ゴラルっていう名前だったかなあ。グレコローマンのアメリカ代表で、世界でも結構いいところまで行った人ですけど、僕はその人に目をつけていて、一緒に練習したいなあと思っていたんです。スパーを１本か２本やるうちに、ちょうどその人が空いたんで、スパーをお願いしたら、向こうが疲れていたこともあって、僕の一本背負いがうまくかかった。それを見ていた人がびっくりして『お前、メチャクチャ強いな！』と言ってくれた。一本背負いのあとは何もできなかったような気がするし、心の中では『いや、彼も結構疲れていたからなあ』と思っていたんですけど（笑）」

６月24日に日本武道館で行われたＰＲＩＤＥ.３には髙田延彦がメインイベントに登場、カイル・ストゥージョンという無名選手にヒールホールドで勝利した。だが、試合のレベルは極めて低く、緊張感もなく、攻防に見るべきものはまったくなかったから、観客たちはビール瓶をリングに投げ込むなどして不満を表明した。

「ふざけるな、高いカネを払ったのに、こんなくだらない試合をやりやがって。八百長じゃないのか？」ということだ。

高田延彦自身も、この試合を苦く振り返っている。

《正直、やりたくなかったというのが本音でした。すでにヒクソンともう一回やることはこの時点で決定してましたから、負けることは絶対に許されない。かといって、ヴァーリトゥードに出場する日本人はまだまだ少なかったんで、僕が出ないと興行が成り立たないっていうのもわかる。仕方がないんで、このときは恥を忍んで、出場しなければならないのであれば確実に勝てる相手とやらせてくれってお願いしました。言い方は悪いですけど、小者相手ならいいですよ、と》（髙田延彦の証言より。金子達仁『泣き虫』）

桜庭和志は第3試合に登場、カーロス・ニュートンと対戦した。

〝褐色のサムライ〟と呼ばれたニュートンはイギリス領ヴァージン諸島出身。幼い頃から空手を習い、柔道やムエタイをミックスして独自のスタイルを築き上げた。修斗で大活躍したあと、98年5月のUFC17で行われた中量級トーナメントに参加。決勝でダン・ヘンダーソンに敗れて準優勝に終わったものの、現地で観戦した桜庭和志によれば、ホームタウン・ディシジョンによるものだという。体格は桜庭とほぼ同じ。打撃も持っているが、基本はサブミッションファイターである。

戦前の予想はニュートン有利。UFC JAPANで優勝したにもかかわらず、プロレスラー桜庭和志の実力を疑問視する声はまだ多かったのだ。しかし、桜庭は懐疑的なメディアを実力で黙らせた。『スポーツ・グラフィック ナンバー』で格闘技コラムを担当する布施鋼治は、カーロス・ニュートン戦について次のように書いている。

《まさに格闘七変化。6月24日、日本武道館で行なわれた桜庭和志（髙田道場）対カーロス・ニュートン（サムライクラブ）の一戦は、プロレスと格闘技を結ぶ虹の懸け橋となった。（中略）膠着が当たり前のヴァーリトゥードで、桜庭とニュートンはまるで球と球が激しくぶつかり合うかのような攻防を繰り広げる。〝角〟がないから、止まりようがない。カナディアン柔術王者のニュートンが投げられながらもじっと相手の動きを追い続ければ、桜庭は足関節を狙うフリしていつのまにか腕を極めにかかる。フェイントの掛け合いもここまでくれば、芸術の域。攻守が一体化したハイグレードな一戦になるのに時間はかからなかった。お互いマウントパンチを繰り出すことがなかったのは、関節技や絞め技などの極めに固執したから。こんなヴァーリトゥードならば、世間から「暴力」のレッテルを貼られることもあるまい。勝負を制したのは、相手の二手先まで読んでいた桜庭の方だった。試合後は「フ〜、疲れました」と、まるで草野球を終えたかのような爽やかな笑顔。そういえば入場直前にも桜庭はニヤニヤしていた。ほとんどプレッシャーのない証拠だ。桜庭の強さの秘密は、大方の日本人選手が敵にまわしているプレッシャーを味方につけていることにある。一見〝隣の気のいい兄ちゃん〟ながら、とんでもない才能の持ち主だ。究極の闘いの場に桜咲く。プロレスラーの逆襲が始まった。》（『スポーツ・グラフィック　ナンバー』449）

桜庭和志は、対戦相手を深く研究して緻密に作戦を練るタイプではない。

「大まかなイメージを入れておくだけです。どっちの足が前なのか。試合途中でスイッチするのかしないのか。あとは、ドンと寝た（グラウンドになった）ら、どの技を自然にかけてくるのか。一番わかりやすいのは、フルタイムドローの試合。10分、15分を戦えばだんだんバテてきて、自然に癖が出てくるので、その時の構えや技を見ます。だから、試合が決まるといつも、できるだけ長い試合映像を2、3試合下さい、と運営サイドに頼むんです」

レスリングや柔道では、相手を押さえ込めば勝てるが、MMAでは違う。

桜庭が相手を完全に制圧することはない。わざと隙を作っておいて、相手を自分が望む方向に動かすのだ。動いた相手に脱力しながらついていく。力を抜いておけば、グラウンドの絞めや関節に対応することも、スタンドで相手の打撃をかわすこともさほど難しくない、と桜庭は言う。スパーリングを重ねる中で、相手の圧力をかわしつつ、スタミナ消耗をいかに防ぐかを考えるうちに、脱力という考えに行き着いた。相手の身体の上を水のように流れる桜庭の美しい動きは、脱力の賜物だろう。

カーロス・ニュートンは身体も関節も柔らかく、極めにくかったと桜庭は振り返るが、結局2ラウンド5分19秒、膝十字固めで鮮やかな勝利を飾った。

日米で実績を残した本物の寝技師であるカーロス・ニュートンから文句なしの一本勝ちを収めたことで、桜庭和志はUFC JAPANでの勝利がフロックではなかったことを証明し、ついに世界の強豪の仲間入りを果たした。

それればかりではない。危険で暴力的と思われたMMAを、美しく、芸術的なものへと変えてしまったのだ。

日本のプロレスファンがアントニオ猪木やＵＷＦのレスラーたちに求め続け、ついに得られなかったリアルファイトのプロレス。

ＵＦＣが希求してやまない、優れたスペクテイタースポーツとしてのＭＭＡ。

桜庭和志はそのふたつを、魔法のようにひとつにしてしまった。

「これが、僕が本当にやりたかったことだ」

桜庭和志はそう感じていた。

Susumu Nagao

第11章

PRIDE.4

1998年10月11日　東京ドーム　桜庭和志×アラン・ゴエス

PRIDE.3で行われた桜庭和志とカーロス・ニュートンの一戦は、格闘技になじみのない観客にとってもスリリングでエキサイティングな名勝負となった。

観客は両者に惜しみない拍手を送ったが、その一方で、あまりにも鮮やかなフィニッシュを見た外国人ファイターたちが「あらかじめ結末が決められたプロレスではないか?」という疑惑を抱いたことも事実だった。

メインイベントで行われた髙田延彦対カイル・ストゥージョンの試合は、到底まともな試合には見えなかったし、桜庭和志は髙田道場の所属選手で、ついこの間までプロレスの試合を続けてきたのだから当然だろう。

桜庭和志がMMA=総合格闘技の試合においても、観客を視野に入れて戦い続けたことは確かだ。

「僕たちの仕事は、お客さんが観に来てくれることで成り立っています。グラウンドでグチャグチャもつれあったまま、長時間膠着した末に引き分け。そんなつまらない試合ばかりを観せられれば、お客さんは二度と会場に足を運んでくれません。

初めて格闘技を観る人でも、試合を楽しむことができて、次の試合もまた観にきてもらえる。僕たちはそんな試合をしなくてはいけないんです」(桜庭和志)

だが、桜庭和志がPRIDEのリング上で結末の決まった試合を行ったことは一度もない。桜庭和志は、リアルファイトの試合で勝利を目指しつつも、同時に、観客のために明るさ、楽しさ、面白さを試合の中に持ち込んだ。

なぜ、桜庭和志にはそんなことができるのだろうか？

高田延彦は、桜庭和志の強さは頭の回転の速さに起因する、と考えている。

《彼（桜庭）のファイトを、僕はＩＱレスリングって呼んでいるんですけど、普通の人では下せない判断を下す。正確な判断をすぐに実行に移す。それも非常に短い時間で。だから、すべての攻撃がピタッピタッとはまってくる。》（髙田延彦の証言より。ビデオ『桜庭和志　ＰＲＩＤＥの軌跡』）

桜庭自身が語る自らの戦い方は、まるで将棋の棋士のように理詰めだ。

「格闘技の選手は、誰でも自分の型を持っています。たとえば僕の場合なら、腕十字に行って、かわされたらアームロックへ、それもかわされたら手首へ、次は足首へという一連の流れがある。逆に相手がストライカーなら、左ジャブから右のローキック、ストレートを打ってから左ハイキックに続けるという得意な型を持っていて、そこに僕がハマってしまえばやられちゃいます。

大事なのは、どうやって相手の型を崩して、自分の流れに持ち込むか。試合では常にそこを考えます。一瞬で思いつく型はせいぜい３つ。その型も、完全に決まっているわけではなく、相手が予想外の反応をした時には、瞬時に別のパターンを持ってきます」

須藤元気は「桜庭さんのタックルはモハメッド・アリと戦った時の猪木さんと同じです」と意外な指摘をしてくれた。

「猪木さんは仰向けになることで、アリのパンチをもらうことなく蹴りにいけた。桜庭さんは逆に、うつぶせに近い状態で低くタックルに入るから、デカい相手のパンチをもらわないんです。タイミングも絶妙でした。

格闘技はディフェンスありき。まずは負けないことを考えます。相手の攻撃をもらわないように気をつけながら攻撃を組み立てていかないといけない。そのロジックを、桜庭さんは早い段階から理解していたと思います。

凄いタックルを持ち、極めの強さも兼ね備える。判定勝ちは一切考えず、即座に極めにいく。自分よりも大きな相手であっても、階級を超えてやっつけちゃう。桜庭さんみたいなファイターは、今もいないんじゃないでしょうか」

1998年10月11日のアラン・ゴエス戦

大田区池上の髙田道場が完成すると、桜庭和志はキングダム時代よりも熱心に練習に取り組むようになった。

「PRIDEになってからは練習はちゃんとやりましたよ。スパーリングは2時間半から3時間やったし、体重をキープするために、ウェイトトレーニングも夕方にやりました」（桜庭和志）

桜庭と一緒に髙田道場に移ったコーチの安達巧の証言も桜庭の言葉を裏づける。

「毎日午前中に、スパーリングを2時間くらいやってました。僕、桜庭、松井（大二郎）、豊永（稔）、佐野（友飛）、スケジュールがない限りは髙田（延彦）さんも参加しました。6人がどんどんスパーリングを回すんですから、そりゃあ強くなりますよ。小路晃や高瀬大樹が練習にやってきたこともあります」

Uインターとキングダムで一緒だった金原弘光がリングスに移籍すると、桜庭はリングスの道場に出稽古に行き、髙阪剛や山本宜久らとスパーリングを重ねた。

柔道というバックボーンを持ち、リングス、UFC、PRIDEで活躍した〝世界のTK〟髙阪剛の桜庭和志評は非常に興味深い。

《桜庭さんと試合やスパーリングをした人はみんな言いますよ。〝どうやってやられたのか分からない……〟って。体験した人にしか分からない、説明しにくい強さが桜庭さんにはあるんです。（中略）

技術的なことを言えば、桜庭さんは技を散らすのがとても巧いんです。例えば、いかにも〝腕十字に行くぞ〟という分かりやすく単調な攻撃ではなく、脇を差したり、首を狙ったり他のことをいろいろやってきて、最終的には腕十字にセットアップがされてしまう状況を作ってしまう。つまり、技にたどりつくまでの過程が、当時寝技の主流だった柔術とはちがったんです。柔術にはベーシックな部分があって絶対と言っていいほどセオリーどおりに攻めてくるけど、桜庭さんはそうじゃなかった。いわば、セオリーやパターンがないんです。（中略）

桜庭さんは、とにかく人の裏をかこうとする。対峙したイメージとしては、まとわりついてくるというか、気配として互いの距離が近くてとてもイヤな感じなんです。（中略）ガンガンッて激しく当たってくる感じではなく、常に触れられている雰囲気。まずこっちが間をおこうとすると不意にスッと入ってきて距離を詰めてくる。そこで気が抜けないからちゃんとやろうとすると急に殴ってきて、次に殴り返そうとすると今度はタックルされて後ろにまわられている……。気持ちを切り替えたり、リセットする時間をくれないんです。で、気づくと腕十字に入る準備をもうしている。（中略）もちろんベーシックな部分なしではこのような戦い方は不可能です。あの頃は、腕十字とか極めた最終的な形だけは分かっていたけど、技を極めるまでの途中経過なんて誰も教えてくれない時代だったはず。それを道場で仲間とスパーリングをしながら、〝腕十字は膝を絞めなきゃダメだ〟とか〝チョークスリーパーは腕じゃなく背中で絞めなきゃ極まらない〟とか実際に模索し、体感して地道に努力した上で学んでいった。そういった土台が桜庭さんからは感じられるんですよ。だからこそ桜庭さんは、〝スキップ〟ができるんです。〝スキップ〟というのは簡単に言えば、急に派手な技をやったり、プロセスが見えないまま関節技を極めたりすることです。（中略）桜庭さんが残した功績で一番大事なのは、総合格闘技で〝勝つ＋α〟ということができるのを世界に知らしめたことでしょうね。常に考えていたと思いますよ、どうやったら面白い試合ができるのか、腕十字ひとつ取るにも〝すごい〟と思わせるような攻め方ができないかって。》（『スポーツ・グラフィック　ナンバー』７０３）

ＰＲＩＤＥ.４は、髙田延彦対ヒクソン・グレイシーが行われたＰＲＩＤＥ.１からちょうど1年後にあたる１９９８年10月11日に、同じ東京ドームで開催された。

そもそもＰＲＩＤＥがシリーズ化されたのは、この日に髙田－ヒクソンの再戦を行い、超満員の観客を集めて億を超える借金を一挙に返済するためだったのだが、公式に発表されたＰＲＩＤＥ.４の観客数はＰＲＩＤＥ.１より約１万人減った約３万６４００人。実数は遥かに少なかったはずだ。

桜庭和志の試合は第4試合に組まれた。

対戦相手はブラジルのアラン・ゴエス。名伯楽カーウソン・グレイシーの下で5歳から柔術を習い始め、数々の大会で優勝した経験を持つ強豪だ。

パンクラスのリングでフランク・シャムロックと引き分けたあと、アメリカのＭＭＡの大会で3連勝。ＵＦＣではカーロス・ニュートンも出場したミドル級トーナメントに出場したもののダン・ヘンダーソンに判定負けを喫した。気性が荒く、タンク・アボットと乱闘になったことは広く知られている。身長１８３cm、体重93kgと、桜庭和志の85kgよりもずっと重い。

広い東京ドームに『SPEED TK RE－MIX』が鳴り響き、桜庭和志が入場してくると、観客は大声援を送った。

ＵＦＣ　ＪＡＰＡＮでの優勝と「プロレスラーは本当は強いんです！」発言、そしてカーロス・ニュートンとの素晴らしい戦いは、多くのファンの心をつかんでいたのだ。

「格闘家（28才）」としてキリンビールのコマーシャルにも登場。一般にも認知されつつあった。

しかし、10分3ラウンドで行われたアラン・ゴエスとの試合は、最初から最後までうまくいかなかった。ゴエスはスタンドでの攻防を避け、すぐに寝てしまったからだ。いったんゴエスの両足の間に入ってしまうと、桜庭はゴエスの見事なガードワークをなかなか攻略できない。

桜庭はもちろん勝利を目指している。だが同時に、観客のことも意識している。観客が動きのない膠着した試合を求めるはずがないから、プロフェッショナルである桜庭和志は、お互いが攻めあい、動き回る試合を提供しようとする。

一方、ゴエスが目指すのは勝利だけだ。観客など最初から眼中にないゴエスは、勝利のために桜庭をガードに引き込んでじっくりと攻める。

ならば、自分が攻めるしかない。そう考えた桜庭はゴエスのガードに入ったまま、打撃やアンクルロックなどで強引に攻め続けた。だが、かえってボディバランスを崩してポジションを失い、ゴエスのギロチンチョークが危うく極まりかけた。

ゴエスが寝て桜庭が立つという猪木－アリ状態になると、ゴエスは長い足を使って、テーピングで巻いた桜庭の右膝をキックで狙った。

桜庭は両膝に古傷を持つ。

「右膝は高1の時に後十字靱帯を切りました。僕は投げられるのがイヤなので、足を着くのが遅くなって、膝からドンと落ちちゃうんです。当時は、そんなの1週間もすれば治るよって言われてました。テーピングもなかったので、サポーターしてやってましたけど、結局、後十字靱帯が切れちゃいました。30年以上前だから治療とかも進んでなかった。テープを巻いているのは保護のためです。あとは左膝の左側の内側側副靱帯ですね、一番悪いのは」（桜庭和志）

ゴエスの座った状態からのキックは、見た目よりも遥かに危険な技だったのだ。

桜庭もまた、ゴエスのふくらはぎのあたりをキックして対抗する。

スタンドでゴエスに背中に回られ、テイクダウンされそうになったものの、桜庭は見事にボディバランスを保って下にならない。

桜庭が亀になった状態でゴエスに上に乗られ、首の下に腕を差し込まれてチョークスリーパー（リア・ネイキッド・チョーク）を狙われるという危機的な状況に陥っても、桜庭は素晴らしいボディコントロールで回避してしまう。

桜庭がガードポジションを余儀なくされると、ゴエスは桜庭に圧力をかけ、隙を見て顔面にパンチを入れ、桜庭に鼻血を出させた。桜庭はクローズドガード（相手の背中で足を組む）で守らざるを得ない。このあたりのディフェンスは、セルジオ・ペーニャおよびビバリーヒルズ柔術クラブで学んだことの成果なのだろう。

バックをとったゴエスがチョークに行こうとする瞬間に、身体を入れ替えて上になる桜庭の技術は素晴らしい。レスリングをベースに柔術のテクニックも採り入れる桜庭は、間違いなく世界最先端のＭＭＡファイターであったはずだ。だが、上になったところで、ゴエスのガードをなかなか攻略できないことに変わりはない。

３ラウンドに入ると、疲労の目立つ桜庭が下になり、亀の状態で守ることが多くなった。ゴエスが何度目かのチョークを狙い、桜庭が身体の中心軸を必死にずらして凌ぐという攻防はじつに見応えがあるが、攻撃する回数はゴエスの方が多かった。ゴエスの攻勢といっていい。

ふたりは10分３ラウンドの長い時間を戦った。

この試合に判定はなかったから、レフェリーはドロー（引き分け）をコールしたが、もし判定があれば、ゴエス優勢を支持するジャッジの方が多かったのではないか。

桜庭はゴエスのセコンドについたカーウソン・グレイシーに挨拶したあと、タオルで顔を隠しつつリングを去った。泣いていたのだ。

ゴエスとの試合を高く評価する専門家は多い。中井祐樹もそのひとりだ。

《すごいヒリヒリとした緊張があって、僕の中で良い試合だった。寝技の攻防が結構長かったと記憶しています。自分がブラジリアン柔術を志したのも、当時は日本の格闘技界にとって柔術が大きくクリアしなきゃいけない目標だったからなんですね。桜庭さんからすれば、不完全燃焼だと思うんですけど、その後の打倒グレイシーを果たしていく礎になった試合ではないかと思いました。》（『ゴング格闘技』２０１３年４月号）

アラン・ゴエス自身も、桜庭との試合に大いに満足し、桜庭のテクニックを称賛している。

《桜庭はすごく強く、頭のいい選手だと思うよ。彼にはとても敬意を持っている。ヴァーリトゥード界全体で見ても彼のテクニックは非常に優れているし、力も強いし、勝負師としても卓越している。（中略）ジャッジによる判定があれば俺が勝ったと思うが、あれは判定なしの試合だったからな。（中略）ブラジリアン柔術の技術のディテールを理解している人にとっては、あの試合はＮＨＢ（No Holds Barred＝総合格闘技）史上でもベストの試合のひとつだったと思うよ。ただパンチを打ち合うばかりでなく、非常に技術戦で、どちらもサブミッションを狙っていたしね。いかに相手を極めるかというのが柔術の勝負だから。だから柔術を知らないと、２人の男がゴロゴロ転がったりしてるのを見て、「何だ、こりゃ？」って思うかも知れないがね（笑）。（中略）俺とやった時は、俺が終始試合をコントロールしていたから一度も俺にとって危険なシチュエーションにはならなかったが、彼はすべての技術がバランスよくできるからね。非常にオールラウンドな選手だ。立ってよし、グラウンドでよし。しかもいつもリラックスしてて、頭脳的な戦い方をする。俺は彼の動きをいつも予測してたから、レッグロックもアームバーも極められかけすらしなかったが、彼がオールラウンドなファイターだということは認めるよ。》（『ゴング格闘技』１９９９年10月号）

それでも、桜庭は悔しかった。

自分のやりたいことができず、逆にゴエスのペースにはまってしまった。得意のフェイントも一切かからなかった。セコンドのカーウソン・グレイシーが、愛弟子が桜庭と引き分けたことに満足し、満面の笑みで桜庭に握手を求めてきたこともイヤだった。

何よりも、自分の試合を見てくれた観客たちが、30分間ずっと退屈そうな表情を浮かべていたことが情けなかった。

自分はプロでありながら、観客を楽しませることができなかったのだ。

アラン・ゴエスのような優れた柔術家がテイクダウンの攻防を避けて、すぐに寝てしまった場合、自分は目前にある2本の足をどのように攻略すればいいのか？

勝利と観客を楽しませることの両方をめざす桜庭にとって、大きな課題が残った試合だった。

髙田延彦の2度の敗北で経営が行き詰ったKRS

PRIDE.4のメインイベントは髙田延彦対ヒクソン・グレイシーの再戦だった。

髙田延彦は黒いショートパンツと紺色のニーパッド。

ヒクソン・グレイシーは白いパンツと白いニーパッド。

レフェリーの島田裕二に呼ばれて注意を受けたふたりが、コーナーに分かれた。

試合時間は1ラウンド10分の無制限ラウンド。完全決着ルールである。

試合開始のゴングが鳴ると、まずヒクソンが仕掛けた。両腕を髙田の脇に差し込み、相撲のように投げて倒そうとしたのだ。だが、髙田の強靱な足腰はそれを許さない。

スタンドで組みあい、髙田がヒクソンをコーナーに押しつける展開が続く。

オーロラビジョンに落ち着いた髙田の表情がアップで映し出されると、東京ドームに「タ・カ・ダ！」コールが響き渡った。

ヒクソンもまた、落ち着いた表情を見せる。

やがて髙田はヒクソンを投げ、自らヒクソンのガードの中に入った。ヴァーリトゥード・ジャパンでもPRIDE. 1でも、ヒクソンが下になってガードポジションをとることは一度もなかったから、観客は大いに沸いた。しかし、柔術家にとってガードポジションは、決して不利なポジションではない。むしろ上にいる髙田がヒクソンの三角絞めや腕ひしぎ十字固めを恐れて、顔を上げられない。

「それでも上にいるのは、髙田さんにとっては悪くない展開でした」と安達巧は言う。

「髙田さんとは、相手のガードに入っても、すぐに自分から関節を取りにいかず、ヒクソンを疲れさせてからパンチを出そう。一発当たれば何があるかわからないから、と話していました。ところが髙田さんは、自分からヒールホールドに行っちゃったんです（笑）」

UWFのレスラーたちは足関節に大きな自信を持っていた。安生洋二は「足関節の研究に関しては、UWFは世界的に見ても相当進んでいた」と胸を張る。だからこそ髙田延彦は足関節で勝負を賭けたのだ。

だが、結果は無残だった。高田が足関節に行こうと立ち上がった瞬間、ヒクソンは高田の両足首をつかみ、高田が後方に倒れる勢いを利用して高田の上になると、すかさずサイドポジション（横四方）を奪った。

ここからはヒクソンにとってイージーな展開だっただろう。残り時間が30秒に近づいた頃、ヒクソンは高田の右腕に腕ひしぎ十字固めを極め、あっさりとタップ（ギブアップ）を奪った。

高田延彦の2度の敗北によって、PRIDEを主催するKRSは完全に行き詰った。正道会館館長の石井和義によれば、負債は約6億円に及んだという。

「PRIDE.1をやる時に、ヒクソンのギャラの半金として僕が出した3600万円は、僕の後にPRIDEに出資した知り合いが律儀にチョコチョコ返してくれた。2000万円くらい返してもらったところで、『もうええですよ、充分誠意は見せてもらいました。あなたも大変やから』と僕が彼に言ってチャラにした。

でも、その出資者はその後もPRIDEに注ぎ込んだから、あっという間に6億円くらい損したんとちゃうかなあ。

進退窮まった出資者が僕のところにやってきて、PRIDEを買ってほしいと言った。『なんぼですか？』と僕が聞いたら6億だと言う。『なんで赤字のものに6億も出さんといかんの？　僕が手伝ってあげますよ、それで黒字化すればいいじゃないですか』と提案したけれど断られた。

結局、森下（直人）さんという人がＰＲＩＤＥにお金を集めてきたらしい」

ＫＲＳは消滅し、ＰＲＩＤＥは森下直人を社長とするドリームステージエンターテインメント（ＤＳＥ）によって運営されることになった。

桜庭和志が世界一の格闘技イベントの主役となるまでには、まだしばらくの時間が必要だった。

Susumu Nagao

第12章

DSE

1999年4月29日　名古屋レインボーホール　桜庭和志×ヴィトー・ベウフォート

PRIDEを運営するKRSは、格闘技イベントをイチから作り上げた経験がなく、外国人ファイターに法外なギャランティを支払った。待遇も破格だった。ひとつだけ例を挙げれば、ヒクソン・グレイシーの家族の宿泊先は超高級ホテルのフォーシーズンズ・ホテルだったのだ。しかも1カ月間もの長期にわたって。

スタッフはMMAの知識に乏しく、ルールも大会ごとに変わった。

会場は満員にはほど遠く、地上波テレビの全国放送もなかった。莫大な赤字が積み上がっていったのは当然だろう。

KRSの希望はただひとつ。1998年10月11日に東京ドームで行われるPRIDE.4に超満員の観客を集め、髙田延彦にヒクソン・グレイシーを倒してもらうことだった。

だが、そんなかすかな希望もあっけなく霧散した。東京ドームの観客席が閑散とする中、髙田延彦はまたもやヒクソンに敗れてしまったのだ。

完全に行きづまったKRSに手を差し伸べたのは、森下直人という男だった。

森下は名古屋を拠点とする家電量販店エイデン（現・エディオン）に入社。店頭販売で抜群の成績を収めたことから、34歳の若さで広告宣伝部門を子会社化したハドックの代表取締役に就任。さらに、衛星放送のパーフェクTV！（現・スカパー！）の設立にも関わった。

コンテンツとしての総合格闘技に大きな可能性を感じとっていた森下は、PRIDE.1をパーフェクTV！のPPV番組で放送することを決めた。WOWOWが新生UWF

や前田日明のリングスに目をつけたのと同じだ。

《そもそもコンテンツ企業というのを手がけたい。していくべきだという気持ちが僕の中にありました。パーフェクTV！に関わったり、放送局の開局を手がけたりした経験から、メディアはどんどん増えてくる。コンテンツは不足してくる、あとはそこにキラーコンテンツが存在すれば、そのメディアの利用価値も上がってくる……ということを考えていたわけです。そのコンテンツがアニメなのか音楽なのか格闘技なのかを研究したところ、一番ビジネスになりそうなものが格闘技だったんですね》（森下直人の発言より。

『PRIDE 最強の証明』）

東京ドームでの興行が二度失敗したこともあってKRSの負債は約6億円にまで膨らんだが、スカパー！（元・パーフェクTV！）の内部には、PRIDEというコンテンツを残したいという意向がなお存在した。

森下は自ら新会社ドリームステージエンターテインメント（DSE）の社長に就任して、コンテンツビジネスとしてのPRIDEの成功を目指すことになる。何よりも重要なことは、DSEを普通の会社組織にすることだった。信頼できる経理事務所に入ってもらい、エイデンを含む名古屋の企業に出資を頼んだ。

スカパー！のほかに、東海テレビの中継も獲得した。PRIDEを軌道に乗せるためには、全国ネットの地上波テレビ（具体的には東海テレビを系列局とするフジテレビ）の莫大な中継料がどうしても必要であり、東海テレビの中継はそのための第一歩だった。

東海テレビ事業の社員である榊原信行にとっては、自分の仕事が親会社から公式に認められたことになる。

だが、勝敗がわかりやすい立ち技のK－1に比べると、時にグラウンドで地味な展開が続くPRIDEは視聴者には退屈で、地上波テレビの全国放送には不向きと考えられていた。地上波テレビの全国放送を獲得するためには、初めて見る人間にもわかりやすく、明るく楽しく華やかで、見る者をワクワクさせ、興奮させ、かつ残酷さのないMMAを提供しなければならない。

それができる日本人ファイターは、桜庭和志ただひとりだった。

DSEは、新体制で臨む初めての大会であるPRIDE.5に、両面作戦で臨んだ。

ひとつは、桜庭和志をPRIDEの新たなるスターにすること。

もうひとつは、ヒクソン・グレイシーに二度敗れた髙田延彦の再売り出しを図ることだ。

「文句を言っても、試合はやらなきゃいけない」

1999年4月29日、PRIDE.5は名古屋レインボーホール（現・日本ガイシホール）で開催された。

ヒクソン・グレイシー対ホイラー・グレイシーの柔術ルールによる5分1ラウンドの

エキシビションマッチが終わり、桜庭和志がセミファイナル（第5試合）のリングに上がった。

対戦相手はヴィトー・ベウフォート（ブラジル）である。

子供の頃からカーウソン・グレイシーにブラジリアン柔術を学び、ボクシングではアマチュアのチャンピオンにもなったハードパンチャーは、わずか19歳でＵＦＣ12のヘビー級トーナメントに優勝して〝ザ・フェノム（天才）〟の異名をとった。ＵＦＣ15ではランディ・クートゥアにＴＫＯ負けを喫したものの、１９９８年10月にブラジル・サンパウロで行われたＵＦＣブラジル大会ではヴァンダレイ・シウバからわずか44秒でＴＫＯ勝利を収めている。筋骨隆々の肉体には常に薬物疑惑がつきまとったが、ヴィトー・ベウフォートは22歳にして、すでに世界的な強豪だった。

ヴィトーはホイス・グレイシーやヘンゾ・グレイシーより明らかに強い。ボクシングができる分、ヒクソン・グレイシーをも上回る難敵ではないか？　29歳の桜庭が勝利するのは難しい。そんな悲観的な見方をする専門家も多かった。

だが、桜庭自身はヴィトー・ベウフォートの映像を冷静に分析していた。

「対戦相手のビデオはちょっとだけ見ます。イメージを入れる程度に。ヴィトーの場合は、パンチは強力だけど、スタミナがなさそうだな、と思っていました。しかもグラウンドはそんなにうまくない。一瞬のパワーを出させてしまえば、あとはスタミナが切れるだろう、と。

あの時は試合前に体重で揉めていた。僕は84kgか85kgしかない。だから対戦相手には、せめて90kg以下に落としてほしいと、PRIDE側にずっとお願いしていたんです。ところがヴィトーは97kgから98kgもあって、その上、ケーキを食いながら計量して『体重が落ちない』というから、試合前からムカついていたんです」（桜庭和志）

DSEの取締役で、PRIDEではずっと外国人担当だった水谷広保は、「そもそもヴィトーとの契約書に体重は書かれていなかった」と語る。

「初期のPRIDEは、体重差のことは全然考えていなかった。当たり前のように体重無差別のプロレスを踏襲していたんです。でも、やる側からすればこんなにキツいことはない。向こうの体重が5kg重ければ、こっちは10kgくらいの重荷を背負って戦うのと同じくらい疲れるんです。3分もスパーリングすれば、完全に息が上がってしまいます。

本来なら、契約書には契約体重が明記されていないといけない。93kg契約とか90kg契約とか。違反したらこれこれのペナルティがありますよ、と。ところが、初期のPRIDEではカード決定がいつもギリギリだったので、とりあえず契約して、体重に関しては来日してから交渉していたんです。

ヴィトーの場合は、高田道場から93kg以下にしてほしいという要望がありました。体重が拮抗していた方が、いい試合になるからです。だから僕もヴィトーに『体重を落とせ』というわけですけど、人間なので、落とせない部分もありますよね。『俺のベストは98kgだ。別にブクブク太っているわけじゃない。動ける身体で来ているんだから、それでやらせろ。ダメならやめてもいいんだぞ』という話にもなるし。結局、ヴィトーは93kgに落とせず、数kgオーバーのまま試合に臨みました」

体格が同じ者同士がやっても面白くない。小さいヤツがデカくて強い相手を倒すからお客さんが沸く、というプロレス的な価値観が、ＰＲＩＤＥの運営スタッフの中にあったことは間違いない。すべての矛盾はリングで戦う桜庭に押しつけられ、桜庭は10kg以上違う相手と戦う羽目に陥った。

「結局、僕がブツブツ文句を言っても、試合はやらなきゃいけない。重い相手とやるのはイヤだと断れば、ギャラをもらえなくなって、別の仕事を探さなきゃいけなくなるし。毎回『ふざけんな！』とアタマにきてましたけど、いざ試合になると負けたくないんで」（桜庭和志）

試合は1ラウンド10分の2ラウンド制。

ゴングが鳴ると早々にラッシュをかけたのはヴィトーだった。コーナー付近で桜庭のタックルをがぶると、膝立ち状態の桜庭を殴り続けた。

無数のパンチが桜庭の頭部に放たれ、このまま桜庭はＫＯされてしまうのではないか？　と誰もが思った次の瞬間、桜庭がヴィトーの右足にタックルを決めた。

桜庭が上、ハーフガードをとったヴィトーが下になって、ようやくふたりの動きが止まった。桜庭の顔は紅潮しているが、思ったよりも腫れていない。パンチが当たっていたのは顔面ではなく、頭部だったのだ。

桜庭が立ち、ヴィトーが寝るというスクートポジション（猪木－アリ状態）になった。PRIDE.4の時の桜庭は、この状態からアラン・ゴエスの両足を越えることができなかった。

ヴィトーは下からのキック（ペダラーダ）で、桜庭の顎を蹴ろうとする。一見、威力がないように見えるが、1996年11月にアメリカ・バーミンガムで行われた〝Martial Arts Reality Super fighting〟ではヘンゾ・グレイシーがUFC6の優勝者であるオレッグ・タクタロフをペダラーダでKOしている。見た目以上に危険な技なのだ。

だが桜庭は、ヴィトーの左腿に照準を絞り、右足の強烈なキックを何発も叩き込んだ。ヴィトーの太腿が、みるみる紫色に変色していく。

「たとえば、猪木－アリ状態の時に蹴るじゃないですか。他の人を見ていると、軸足のつま先の向きを変えずに蹴っている。僕は蹴る方向につま先を向けて、サッカーボールを蹴るように蹴るんです。その方が力が入るから。上にいる僕が動くと、下になった相手は回って正面を向こうとするわけですけど、どうしても足をつく瞬間が出てくるので、そのタイミングで蹴ると入りやすい」（桜庭和志）

第2ラウンドが始まると、ヴィトーは半身になり、左足をやや後ろに引いた形で桜庭と向かい合った。蹴られた左腿のダメージが深く、桜庭の右ローを受けたくないのだ。

ヴィトーのバランスがおかしいと見るや、桜庭は自分よりも10kg以上重いボクサーの顔面を平然と殴りにいく。この冷静さにはいつも驚かされる。

右ストレートが当たる。続けてタックルに行くとみせかけて、右左とワンツー。左が当たる。

ヴィトーは右足を前に出したサウスポー・スタイル。

一方の桜庭は左足を前に出した構え。ボクシングでいうところのオーソドックス・スタイルだが、レスリングでは左構えと呼ぶから少々ややこしい。

だが、桜庭和志はさりげなくスイッチする。右足を前に出したのだ。次の瞬間、桜庭は右足を軸に時計回りにすばやく回転し、左足をヴィトーの腹部に蹴り込んだ。タイガーマスクの得意技・ローリングソバット（バックスピンキック）である。リアルファイトのＭＭＡにローリングソバットを持ち込んだのは、おそらく桜庭が初めてだろう。異次元の攻撃に、館内は騒然となった。

「試合の2、3日前、（豊永）稔に、ヴィトーの構えをしてもらったんです。僕が構えを変えて（スイッチして）ローリングソバットをやったらズバッと入っちゃった。試合が進み、ヴィトーがバテてるのがわかったので、試しにやってみたらうまく入りました。ビビりながらやったんですけどね（笑）。見ているお客さんは、普通に殴って蹴ってでは面白くないでしょうから、常に派手な技を入れることを心がけています」（桜庭和志）

ローリングソバットをまともに食らったヴィトーのダメージは深く、自ら寝転んでしまった。攻撃のためではなく、時間稼ぎであることは明らかだったから、レフェリーの島田裕二がスタンドを命じる。

いったん立ち上がったヴィトーだったが、すぐに寝転んでしまう。なりふり構ってはいられない。だが、腹筋に力が入らないために足を使ったディフェンスができず、桜庭にいいように右腿を蹴られてしまう。

島田レフェリーにスタンドを命じられて、ヴィトーは嫌々立ち上がったが、再開直後、桜庭はまたもやローリングソバットを放った。さらにもう一発。

試合後に明らかになったことだが、桜庭の堅い頭蓋骨を殴った際に、ヴィトーの右拳は骨折していたのだ。その上、腹部にも右腿にも大きなダメージを負っていた。ヴィトーはもうボロボロだったが、KO負けを回避するためには、まだ7分以上ある残り時間を、ひたすら耐え続けるほかなかった。

桜庭はまるでストライカーのように、キックとパンチで攻めたてる。ヴィトーが自分から寝て、桜庭が蹴る、レフェリーがスタンドを命じるという展開が繰り返された。このまま何もしなくても、判定が桜庭に上がることは誰の目にも明らかだったが、それでも桜庭は、最後までハードパンチャーのヴィトーを恐れずに殴りにいく。

ヴィトーがまたもや寝ると、桜庭は数歩後ろに下がり、助走をつけてジャンプ。ヴィトーの両足を飛び越えて、そのまま顔面を踏みつけた。プロレスのフットスタンプである。誰も見たことのない、まさに異次元のMMAだった。

試合終了のゴングが鳴った。判定を待つまでもない。桜庭和志がヴィトー・ベウフォートに完勝したのだ。
試合後、マイクを渡された桜庭は、「もうちょっと強いヤツとやってみたいと思います」とアピール。ヴィトーを貶めるつもりは毛頭なく、観客に喜んでもらおうと思っただけだ。
「セコンドについてくれた金原弘光さんに、『もっと強いヤツとやりたいと言え！　アピールしろ！』とけしかけられて言いました。マジメに言ったら相手をバカにしているみたいなので、わざとヘラヘラしながら言ったんです」（桜庭和志）
ヴィトーのセコンド陣は激怒したが、観客は大いに沸き、続くメインイベントにも大いに期待した。

「すまない、この試合はフェイクなんだ」とコールマンは言った

ＰＲＩＤＥ.５のメインイベントに登場したのは、この一戦に再起を期す髙田延彦。対戦相手は世界的な強豪、マーク・コールマンである。

オハイオ州立大学ではＮＣＡＡディビジョン１で優勝。１９９１年のブルガリア・ヴァルナで行われた世界選手権ではフリースタイル１００kg級で準優勝。１９９２年バルセロナオリンピックではフリースタイルで７位という成績を収めた。

だが、アメリカにはオリンピックに出場したレスラーなど掃いて捨てるほどいる。ご

く少数のエリート以外は、生活のために働き口を見つけなくてはならない。コールマンが選んだ職業は、MMAファイターだった。

コールマンはレスラーならではのテイクダウン、そしてパウンドと頭突きを武器にUFC10とUFC11のトーナメントを連覇。さらに1997年2月に行われたUFCヘビー級王座決定戦でもダン・スバーンをネックロックで破って優勝を果たした。UFC14ではモーリス・スミスに判定で敗れて王座を明け渡したものの、正真正銘の強豪であることに変わりはない。

戦前の予想はコールマン有利。実際に、第1ラウンドはコールマンが高田を圧倒した。ところが、第2ラウンドに入ると、コールマンの勢いは急速に衰え、結局1分44秒、高田がヒールホールドで一本勝ちを収めた。

世界的な強豪から見事な逆転勝利を収めたことで、高田延彦はヒクソン・グレイシーに連敗したショックをついに脱し、MMAの最前線に躍り出た――わけではまったくなかった。

高田とコールマンの試合は、あらかじめ結末が決められた試合だったからである。

PRIDE.5の1カ月半ほど前にあたる1999年3月12日、アメリカの格闘技紙『フルコンタクト・ファイター』のウェブサイトには次のような記事が掲載された。

《マーク・コールマンの荒稼ぎ――コールマンを5月に行われる、次のUFCで探してはならない。コールマンは4月29日のPRIDEでタカダと対戦するからだ。

「この試合は、現時点では最高の条件なんだ」とコールマンは日本から答えてくれた。

この試合が「ワーク（八百長）」になるのかを訊ねたところ、コールマンはコメントせず、代わりに「もうすぐ、２人目の子供が産まれるんだ。そして、このオファーは最高の条件なんだ」とだけ答えた。

コールマンは、彼の子供ケリーの母親でもある長年のガールフレンドと、まもなく結婚する予定だ。》

大会前に東京プリンスホテルで行われた記者会見で髙田と同席したコールマンは、会見終了直後に、記者席にいた高島学のところにまっすぐやってきた。

当時『格闘技通信』の若手記者だった高島にはアメリカでコールマンを取材した経験があり、コールマンにとっては意思疎通ができる数少ない日本人記者だった。

大会に出場する選手が、会見直後に記者席にやってくることなど通常はあり得ないから、周囲の記者たちは驚いた。その中にはＰＲＩＤＥのテレビ解説をつとめる谷川貞治もいたのだが、コールマンは委細構わず、苦しい胸の内を高島に伝えた。

「マナブ、すまない。この試合はフェイク（インチキ）なんだ。でも、女房が病気だからやるしかない。俺にはマネーが必要なんだ」

『ジョー・ローガン・エクスペリエンス』はＵＦＣの専属インタビュアー兼コメンテーターをつとめるジョー・ローガンがホストをつとめる人気ポッドキャスト番組だ。

２０１７年１月11日のゲストは、バス・ルッテンとマウロ・ラナーロのふたり。ＰＲ

IDEの北米PPV中継の解説者とアナウンサーのコンビである。

ルッテンは番組の中で、20年近く前のPRIDE.5で起こった出来事を、次のように振り返った。

《最高に面白い話を思い出したよ。コールマンとタカダの試合は、タカダが6分でヒールフック（ヒールホールド）で勝つことが決まっていたんだ。

俺のところに記者がやってきて、試合予想のコメントを求められたから、俺は答えてやった。「簡単だよ。タカダが6分でヒールフックで勝つ」ってね。周囲の全員が固まってしまった。試合が始まる前だったからだろう（笑）。

それで、彼ら（注・DSEのこと）はギミックを変えなくてはならなかった。第2ラウンドの1分半にね。》（The Joe Rogan Experience #898）

ブラジルの格闘技雑誌『TATAME』はPRIDE.5のメインイベントの試合結果を短く報じた。

《皆も知っているように、コールマンは第2ラウンドの始めに「弱いタカダ」にアンクルロックで敗れることによって、4万ドルを勝ち取った。》

セミファイナルで桜庭と戦ったヴィトー・ベウフォートは『TATAME』に次のようなコメントを寄せている。

《――タカダのことをどう思いますか？

ヴィトー　タカダというファイターは存在しない。ヤツは我々格闘家の恥だ。八百長

しかやらないんだ。》

ＰＲＩＤＥ.５は、桜庭和志が真の実力を証明した大会であると同時に、ＰＲＩＤＥが純粋な格闘技イベントではないことを、日本を除く世界中の格闘技ファンに知らしめた大会でもあった。

Susumu Nagao

第13章

悪役登場

1999年7月4日 横浜アリーナ 桜庭和志×エベンゼール・フォンテス・ブラガ

1999年4月29日、名古屋レインボーホール。

桜庭和志がヴィトー・ベウフォートを圧倒した直後に行われたPRIDE.5のメインイベントでは、髙田延彦が世界的な強豪のマーク・コールマンを2ラウンド1分44秒にヒールホールドで下した。

だが、この歴史的快挙を『格闘技通信』は大きく扱わなかった。掲載されたのは髙田がコールマンをキックしている小さな写真が1点。それも背中から撮られたものだった。理由は明らかで、「この試合の結末はあらかじめ決められている」と編集部が認定したからだ。

当時『格闘技通信』の若手ライターだった高島学は、PRIDE.5の前に行われた記者会見直後にコールマンから直接聞いた「すまない。この試合はフェイクなんだ」という言葉を、『格闘技通信』編集部の先輩たちに伝えた。

「自分はキャリア4年めの新人ライター。重要な情報を先輩方に伝えるのは当然だと思っていました。

マーク・コールマンは本当にいいヤツ。スマートではないし、気が小さいけど、義理堅くて真っ直ぐな男なんです。彼の地元であるオハイオ州コロンバスで取材をした時には『日本から来たのか、スシを食おう』と地元のスシバーに連れて行ってくれましたよ。UFCでチャンピオンになったのに、乗っている車はアキュラ（ホンダ）のアコードでした。

八百長試合をやることは、コールマンにとって相当心苦しいことだったはず。高田延彦戦が決まるとすぐに、親しいアメリカの記者に打ち明けたくらいです。だから、記者会見で僕を見つけて、いたたまれない気持ちになって詫びにきたのでしょう。いい人間だから。八百長はもちろんダメですよ。でも、コールマンの奥さんは妊娠感染症だった。死んでしまうかもしれない奥さんを助けるためなら、そりゃあ八百長だってやりますよ。この時の僕は、コールマンの弱みにつけ込んで八百長をやらせる人間の方を憎みました。

僕が『格通』の先輩方に『高田－コールマン戦は八百長になる』と伝えた一件は、PRIDEを運営する人間の耳に入ったようです。PRIDE.5の直前、アメリカで取材中だった僕のところにコールマンの奥さんから電話がかかってきましたから。『マナブ、あなたはあの試合はフェイクだと触れ回っているそうだけど、本当にやめてちょうだい。私たちにはお金が必要なのよ』って。

僕は触れ回ってなんかいません。会見直後にエレベーターの中で『八百長かよ！』と捨てゼリフを吐きましたが、あとは編集部に伝えたくらいです」（高島学）

まもなく、高田道場が『格闘技通信』の取材を拒否した。当時、編集長に就任したばかりの朝岡秀樹が、取材拒否に至るまでの事情を説明してくれた。

「90年代の半ばになると、『週刊プロレス』の売り上げが落ちてきた。一方、『格闘技通信』は、UFCやグレイシー柔術、さらにK－1が爆発的なブームになったことで、売り上げを大きく伸ばしていました。

両誌を束ねる立場にあったターザン山本さんは、『週刊プロレス』の売り上げを守るために『リングスなどのU系団体は「格闘技通信」には載せるな』と言い出した。U系は格闘技じゃないとか、そんな立派な理由ではなく、単なる社内事情です。いびつだったのは、パンクラスだけは『格通』に載っていたこと。確か、旗揚げから全部ガチでやっているから、という理由だったと思います。

末端の編集部員だった僕からすると、すごく中途半端な線引きに見えた。リングスにもUインターにも、僕の目には格闘技にしか見えない試合があったし、逆にパンクラスの試合にも、結末が決められていると感じた試合が存在したからです。もうちょっと公平な線を引くべきじゃないかな、と思っていた1999年5月に僕が『格通』の編集長になり、その直後に高田道場から取材拒否を食らった。

高田道場の関係者は別の理由を言ってましたけど、結局のところ、高田さんとコールマンの試合写真をひとコマしか掲載しなかったからでしょうね。それ以外には考えられない。謝罪に行くことも考えましたが、結局はやめました。理由はふたつあります。ひとつは、ここで謝ってしまえば、言ったもの勝ちになってしまうから。先方は気に入らないことがあればすぐに取材拒否で、こちらは非がなくとも謝罪。これではなめられてしまう。今後のためにもよくないと思った。

もうひとつは、桜庭の強さが、僕にはよく理解できていなかったから。桜庭の強さはインビジブル（見えない）だった。ルックスも地味だったし、このまま勝ち続けても人気が出るとは到底思えなかった。だったら、ここで慌てて頭を下げることはない。そのうちに向こうから折れてくるだろうと。

おかしな話ですが、ＤＳＥと髙田道場は『週刊プロレス』には記事を掲載してほしいんです。だから、ベースボール・マガジン社のカメラマンは会場に行って試合写真を撮っている。つまり写真は僕らの目の前にある。それを載せるか載せないか、という問題なんです。本来ならば、ＤＳＥから取材許可が出ている以上、桜庭の試合写真を『格闘技通信』に掲載しても問題はないはず。でも、それをやってしまえば、さらに事態は悪くなると思った。

ある時、ＰＲＩＤＥの大会に『格闘技通信』の記者が行くと、インタビューエリアにすごく怖そうな人がいて、『格通のヤツはいるか？　いたら出て行け！』と怒鳴られて追い出されたそうです。その時は僕も会場にいましたが、『危ないからインタビューエリアには近寄らない方がいいですよ。行ったら何をされるかわからない』と注意されました」

ＰＲＩＤＥがファイターに求めたもの

ＤＳＥおよび髙田道場と『格闘技通信』との緊張関係が続く一方で、桜庭和志は快進撃を続けていた。

1999年7月4日に行われたPRIDE.6では、桜庭はエベンゼール・フォンテス・ブラガと対戦した。ブラガの異名は〝ピットブル〟。ムエタイとルタリーブリを学び、相手のテイクダウンを警戒しつつ打撃で勝負するストライカーだ。

桜庭と戦う3カ月前にはパンクラスで船木誠勝と対戦している。結果は時間切れ引き分け（判定なし）に終わったが、ブラガは船木を終始圧倒し、試合終了のゴングが鳴った時点で、殴られ続けた船木の顔面はひどく腫れ上がり、目はふさがっていた。

船木を散々痛めつけたブラガは強い。桜庭がブラガに勝つのは難しいのではないか、というのが、大方の格闘技ファンの予想だった。PRIDEの外国人担当だった水谷広保もまた、来日したブラガの練習を見て「強い！」と感じた。

「PRIDE.6が行われたのは横浜アリーナだったので、僕はブラガに付き添って毎日横浜の体育館まで練習に通いました。ブラガは打撃もグラウンドもできるオールラウンダー。手足も長い。桜庭は組みにいかなきゃいけないけど、ブラガはパンチもキックもうまいから心配でした」

ところが、中央大学レスリング部で桜庭和志の2年後輩にあたる金井憲二は、まったく違う見方をしていた。

「僕は、船木と桜庭先輩がやれば間違いなく先輩が勝つと思っていました。船木はプロレスラーだからアマチュアレスリングをやっていない。基礎がないということです。ブラガは体重が重く、手足も長く、身長も高いけど、ヴィトー・ベウフォートに続いてブラガに勝てば、桜庭先輩の評価は確かなものになる。先輩は、試合の1週間前とか、記者会見や計量が終わったあとに、よく電話をくれます。これから命がけのリングに上がるというのに、いつも自然体なんです。『勝つ時は勝つし、負ける時は負ける。なるようにしかならないでしょ』って感じ。レスリングの土台があるのが大きいのと、冷静で視野が広いから、試合の流れに順応できるんでしょうね」

MMA＝総合格闘技が、まだ一般から認知されていなかったこの時代、PRIDEはファイターに勝利以外のもの、すなわちエンターテインメントを求めた。

「ルールミーティングの時に、島田裕二レフェリーから『判定は望まない』という言葉が出たことがあります。

ギャラの基準も、ボクシングやUFCとはまるで違う。PRIDEでは、選手が一本勝ちをすると、ギャラのほかにボーナスが出ますが、判定勝ちでは出ません。面白いのは、一本負けしてもボーナスが出る場合があること。リスクを承知で一本を取りにいけば、お客さんが喜びますから。

ゲーリー・グッドリッジが常に使われたのもその部分。勝っても負けてもわかりやすく、見ていて気持ちがスカッとするからです。特に初期のPRIDEでは、わかりやすさが強く求められたと思います」（水谷広保）

プロフェッショナルである桜庭和志は、わかりやすく、観客の心をスカッとさせるような一本勝ちを求め続けた。そしてエベンゼール・フォンテス・ブラガとの一戦は、桜庭が観客の期待に完璧に応えた試合となったのである。

桜庭は180cm85kg。

ブラガは190cm90kg。

5kgも体重が違えば、パンチ一発、キック一発の重みがまるで違う。テイクダウンも格段に難しくなる。そのことは、ほんの少しでも格闘技を経験したものであればすぐにわかることだ。

しかし桜庭は、自分よりも大きく重い相手に敢然と立ち向かっていく。

「ブラガは、どこからくるのかわからないようなグラウンドの打撃があるというイメージ。たとえチョコチョコした打撃であっても、自分の顔が腫れて見た目が悪くなれば、判定負けを食らうかもしれない、と思っていました。ただ、向こうは打撃を狙ってきたので、タックルには入りやすかったですね。打撃をやろうとすると、どうしても腰が高くなるので」（桜庭和志）

スタンドにおける桜庭は、手足が長く、当然射程距離も長いブラガとの打撃戦を恐れない。ブラガのハイキックを目前で避け、時にはカウンターのパンチも放つ。桜庭の打撃センスはかなりのものだ。

相手の意識を上に向けておいてから、低いタックルを狙うのが桜庭流。しかし、ブラガは基本的に打撃の選手にもかかわらず、桜庭のタックルにもしっかりと対応する。UFCの誕生からすでに6年。世界各国のファイターたちは、MMAでの戦い方を深く学んでいた。

それでも桜庭の片足タックルは鋭く、船木戦ではほとんど下にならなかったブラガが、ガードポジションを余儀なくされる。このあたりが桜庭と船木の決定的な違いだろう。

ブラガはグラウンドでもしぶとい。ガードポジションから三角絞めを狙い、身体がやや離れて猪木－アリ状態になると、桜庭がフェイントのジャンプを入れたわずかな間にすばやく立ち上がってしまう。寝た状態のままでは桜庭に蹴られ続け、ダメージが蓄積して危険だと判断したからだ。ヴィトー・ベウフォートに完勝した桜庭の戦い方は、たちまち世界中の格闘家から研究されていた。

桜庭の低いタックルを食らってサイドマウント（横四方）を奪われても、さらにバックマウントを奪われても、ブラガは長い手足を巧みに使ってピンチを回避してしまう。

試合が決着したのは、第1ラウンドの残り時間が1分を切ったあたりだった。

完璧なサイドマウントを奪った桜庭は、ブラガの顔面に3発のパンチを入れると、9分23秒、ひねりを入れた腕ひしぎ十字固めで鮮やかにフィニッシュした。

「殴っている時から、もしブラガが腕を伸ばしてディフェンスしてきたら、腕ひしぎ十字固めに移行しようと考えていました」と桜庭は振り返る。

ブラガの左側面についた桜庭には、パンチでKOするつもりなど最初からなかった。上から打ち下ろすように右手でブラガの顔面を殴れば、ブラガはディフェンスのために左腕を伸ばしてくるだろう。ブラガが伸ばした左腕を、自分の右腕でそのまますくい取れば、スムーズに腕十字に移行できるはずだ――。

桜庭が数秒前に計算した通りにブラガは動き、楽々と腕十字の体勢に入った桜庭は、ブラガが息を吸い込んだ瞬間にクラッチを切り、苦し紛れに顔面を蹴ってきたタイミングでひねりを入れて完璧に極めた。会心の勝利である。

桜庭和志は、相手が次に何をしてくるかを常に予測し、次の展開を考えながら戦っている。IQレスラーとは、まったくよく名づけたものだ。

PRIDE.8のメインに用意された桜庭和志vsホイラー・グレイシー

ヴィトー・ベウフォートに引き続いて、エベンゼール・フォンテス・ブラガも打ち破った桜庭和志の強さは、もはや誰の目にも明らかとなった。

強豪との試合が続いたことから、1999年9月12日に行われたPRIDE.7では、比較的楽な相手を用意された。

アメリカのアンソニー・マシアスである。

ムエタイをベースとするストライカーだが、身長175cm、体重72kgと桜庭よりもかなり小さく、脅威となる選手ではまったくなかったから、桜庭はファンサービスに徹した。

試合前には「ビル・ロビンソンの必殺技であるダブルアームスープレックスでマシアスを投げる！」と宣言し、実際に狙いに行った。

ＵＷＦのレスラーがよく使う逆片エビ固めを試み、相手のガードの中に入った状態からモンゴリアンチョップを連発してプロレスファンの喝采を浴びた。

「モンゴリアンチョップは、最初のうちは冗談だったんですけど、実際にやってみるとホントにフェイントになった（笑）。モンゴリアンチョップをやるふりをして、手を重ねたまま振り下ろすのは、手と手のシワを合わせるので〝しあわせチョップ〟っていうんですけど、ガツンと入れれば効くと思います。要はストレートかフックか。フックを打つと見せかけておいて、ストレートを打つって感じですね」（桜庭和志）

猪木－アリ状態から、ジャンプに行くとみせかけておいて、スライディングしながらキックを放つと、ものの見事にマシアスの顔面に入った。

「野球を見ている時に思いついたんですけど、スライディングすれば相手のアゴを蹴れるなあ、と思って」

さらに桜庭は、寝ているマシアスの足をつかんで引きずり回した。摩擦熱で背中が熱くなり、たまらず自分からうつぶせになってしまうという奇想天外なこの技を、桜庭は〝炎のコマ〟と名づけた。

「あれが何で痛いんだろう？　って、お客さんにはわからなかったんですけど、試合が終わったあと、桜庭が解説してくれました。あれをやると背中がヒリヒリするって。ＰＲＩＤＥのリングに敷かれているマットは、Ｋ－１やプロレスのリングとは全然違う。裸足でも滑らないように、鮫肌でザリザリになっているから、引きずられると背中がす

ごく痛いんです」（水谷広保）

桜庭和志は総合格闘技の伝道師だ。

ＵＷＦのレスラーたちが使っていた関節技が、リアルファイトのＭＭＡでも有効であることを伝え、一度関節技が極まってしまえば、バタバタ暴れてロープに逃げることなど絶対に不可能であることを示し、ストライカーとグラップラーの異種格闘技戦の醍醐味を教え、打撃だけでも組み技だけでもＭＭＡでは勝てないことを明らかにした。

ついこの間まで、マウントポジションとガードポジションの区別さえつかなかった日本の観客たちは、桜庭和志によって、リアルファイトのＭＭＡの魅力を、ひとつひとつ学んでいったのだ。

かつてのプロレスファン、ＵＷＦファンが多数を占める観客たちは、やがて次のような考えを持つようになった。

強敵を次々に倒し、自らの実力を証明し続ける桜庭和志を、４００戦無敗の最強戦士ヒクソン・グレイシーにぶつけたい。ヒクソン・グレイシーを倒すことのできる日本人は桜庭和志しかいない。桜庭和志ならばヒクソンに勝てる。桜庭に勝ってほしい。桜庭がヒクソンに勝てば、プロレスラーが本当に強いことが証明されるから。

ＰＲＩＤＥを運営するＤＳＥは、そんな観客たちの期待に応えようとした。

ヒクソン・グレイシーは桜庭和志との対戦になかなか応じなかったが、交渉を進めるうちに、弟ホイラー・グレイシーとの戦いが浮上してきた。

桜庭vsホイラー戦を言い出したのはヒクソンの妻のキムだった、とホイラーがサンディエゴの自宅で振り返ってくれた。

「ヒクソンの妻であり、マネージメントを担当していたキムは、僕のマネージャーでもあった。ある日、キムが僕に『あなたとサクラバが戦えば、メインイベントになるでしょう。ファイトマネーもいいし、次にもつながるから、ぜひやるべきよ』と言った。

当時の僕は33歳で、すでにファイターとしてのピークは過ぎていたし、メインイベントの割には、たいして大きなマネーはもらえなかったけど、戦うことは好きだったから、試合を引き受けたんだ。

もしサクラバがホイラーに勝てば次は俺が戦うとヒクソンが約束したって？　いやいや、ヒクソンが僕をダシに使うような約束をするはずがないよ。もしかしたら、キムが裏で何かを言っていた可能性はあるかもしれないけど」

桜庭和志が聞いている話は、ホイラーとは少し異なる。

「DSEが連れてくるのはヴィトーにしてもブラガにしても、僕よりも大きくて重いヤツばっかり（笑）。僕がいつも言ってたのは、90kg以下だったら誰でもいいってことだったんですけどね。そうしたら今度は小さすぎるヤツ（ホイラー）を連れてきた（笑）。僕の中にはレスリングの発想がある。小さなヤツには勝って当たり前、という考えがあるんです。軽いヤツ（注・ホイラーは69kg）に勝っても面白くない。だからやりたくなかった。ただ、ヒクソンが『ホイラーが負けたら俺が出るから』と言ったから、渋々引

き受けたんです」（桜庭和志）

ホイラー・グレイシーとの試合は、桜庭和志にとっても髙田道場にとっても、そしてPRIDEを主催するDSEにとっても大きな転機となった。

桜庭和志の活躍によって、PRIDEの人気は徐々に高まってきていたが、その勢いが加速し、ビジネスとして完全に軌道に乗ったのは、桜庭vsホイラー戦をメインイベントとするPRIDE.8以降だからだ。

ホイラーは、自分が桜庭よりもかなり小さいことを理由に、特別ルールを要求した。通常の10分2ラウンドではなく、15分2ラウンドと試合時間を長くし、さらに判定決着なし、レフェリーストップもなしというものだった。ホイラー戦をヒクソン戦へのステップと考えるDSEはもちろん了承した。

自分の都合に合わせてルールを改変しようとするホイラー・グレイシーの要求は理不尽極まりないものだとして、スポーツ紙が連日のように報じたから、観客は大いにヒートアップした。

自分にとって都合のいいルールの下で戦おうとする卑怯なブラジル人柔術家と、正義の味方である日本人プロレスラーの対決。

このようにわかりやすいプロレス的な構図があったからこそ、桜庭和志とホイラー・グレイシーの試合は注目を集めたのだ。

グレイシー一族は、エリオ・グレイシーが木村政彦に負けて以来、約50年にわたって一度も敗れていないという伝説も、大いに話題を呼んだ。

スポーツは、統一ルールの下で争われるのが常識だ。サッカーもバスケットボールも陸上競技も水泳も体操も、世界中で同じルールが使われている。

だが、格闘技は必ずしもそうではない。空手には寸止めと顔面なしのフルコンタクトとスーパーセーフを着用して顔面を殴るルールがあり、ブラジリアン柔術にもポイントあり、サブミッションオンリー、柔術衣を着用しないノーギなど、様々なルールが並列している。

グレイシーの一族が、スポーツとは異なる考え方を持っていることは確かだ。

彼らの考え方を理解するためには、柔術の起源とブラジルに渡った経緯、そして、無数のヴァーリトゥードについて知っておく必要がある。

1900年に渡英し柔術を広めた谷幸雄（1950年没）

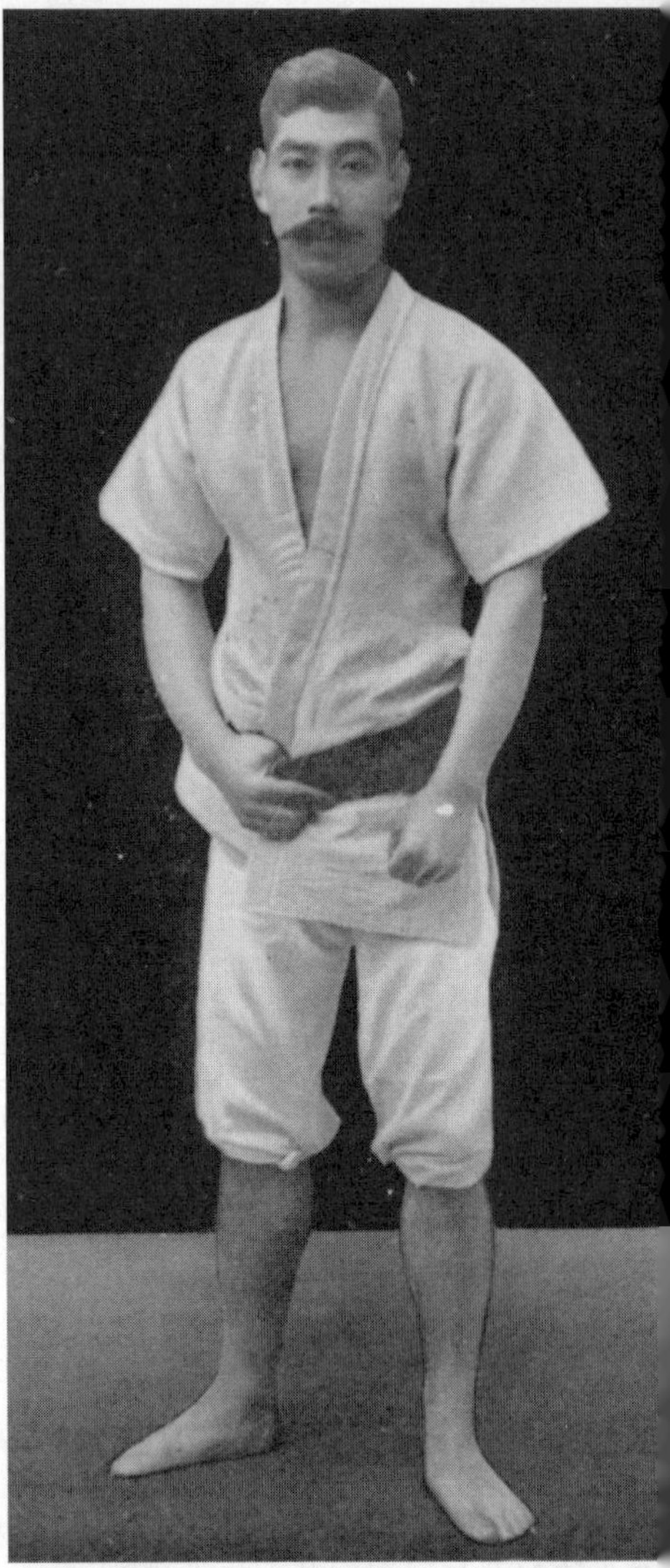

第14章

柔術と異種格闘技戦

柔術を「柔道」として確立した教育者の嘉納治五郎（1938年没）

ブラジリアン柔術の父といわれる〝コンデ・コマ〟こと前田光世（1941年没）

Bungeishunju

柔術の起源は、遠く源平時代の騎馬武者の組み討ちに求められる。

『源平盛衰記』には次のような記述がある。

《西七郎と富部三郎と寄合せて、引組んで、どうど落て、上になり下になり、弓手《ゆんで》（注・左手のこと）へころび妻手《めて》（注・右手）へころび、遥《はるか》に勝負ぞなかりける。富部三郎は（中略）疲たりければ、終《つひ》には西七郎に被討《うたれ》けり。》（『源平盛衰記』巻二七）

ふたりの騎馬武者が馬を並べ、鞍上で組み合い、そのまま地上に落ちる。上になり下になり、左右に転がって消耗戦となったあげく、疲れ果てた武者はついに殺されてしまったというのだ。

『保元物語』には、さらに興味深い記述が登場する。

《高間四郎、陣内を壱段ばかり馳抜きて、押し並べて、組んで落つ。高間は三十余の大男。したたか者なり。金子（十郎家忠）は十九になりけるが、未だ若き者なり。されども、しばらくは組み合ひけるが、いかがしたりけん、高間、おめおめと下になる。金子、上に乗り居て、左右の袖をむずとふまへて動かさず、頸を取らんとす。》（『保元物語』白河殿攻め落す事）

保元の乱の最中、源為朝の陣に単騎で駆け込んできた敵の若武者がいた。弓の名手である為朝が射殺すのは簡単だが、それでは面白くない。為朝は家来に「誰か、あいつを捕らえてこい」と命じ、腕自慢の大男が名乗りを上げた。

19歳の細身の若武者と30歳前後の大男は馬を並べ、鞍上で組み合い、そのまま地上に落ちた。組み討ちでは体重の重い者が圧倒的に有利なはずだが、どうしたことか、大男は若武者の下になってしまった。

若武者はマウントポジションを奪ったばかりでなく、両膝で大男の袖を踏みつけて、腕の自由まで奪った。圧倒的に有利なポジションを確保した上で、初めて若武者は腰の短刀を抜き、大男の首を刺して決着をつけた――。

柔術の本質は、絞めでも関節技でもなく、ポジショニングにこそ存在するのだ。最古の柔術流派といわれる岡山の竹内《たけのうち》流は小具足腰廻《こぐそくこしのまわり》、もしくは単に腰の廻りと称した。素手ではなく、脇差（短刀）を用いたからだ。

天下泰平の世が実現した江戸中期には、素手で行う柔術が一般化し、流派の数は100を超えた。柔術には投げによる一本も、30秒の押さえ込みも存在しない。時間制限も判定もない。絞め技や関節技を使い、相手を戦闘不能状態に追い込むことで決着する。

柔術を学んだのは侍ばかりではなかった。都市では町人が、地方では農民が学んだ。柔術では目つぶしや金的への攻撃、当て身（打撃）も教えたが、乱取り（スパーリング）ではそれらの危険な技は禁止された。

甲冑を身につけ、大小の刀を携えて戦う実戦とは異なり、トレーニングとして行われる柔術は襦袢、すなわち下着姿で行われた。私たちが知る柔道衣、柔術衣、空手衣は「丈夫な襦袢」を模したものだ。

明治維新によって武士階級が消滅すると、剣術や柔術は時代遅れのものとみなされて衰微した。一流の剣術家や柔術家は生活のために木戸銭を取って試合を見せ、大きな人気を呼んだ。プロ興行である。

しかし、まもなく剣術興行や柔術興行は、新政府によって禁じられてしまう。国民皆兵の時代、〝武〟は私的なものであってはならなかったのだ。

灘の酒造家として代々続く名家に生まれた嘉納治五郎は、学業では常に優秀な成績を収めたものの、身体が弱く、しばしばいじめられたことから腕力の必要性を感じた。

東京大学文学部に入学すると、天神真楊流と起倒流を熱心に学び、ついに自らの流派・日本伝講道館柔道を創始した。1882（明治15）年5月のことだ。

講道館設立当時の嘉納治五郎は学習院で理財学（現在の経済学）を教え、私塾「弘文館」では英語を教えた。約10年後、嘉納は第一高等中学校（現在の東京大学教養学部）と東京高等師範学校（現在の筑波大学）の両校の校長であり、さらに文部省参事官まで兼務していた。講道館の興隆期は、嘉納が教育界の大ボスへと上りつめる過程でもあったのだ。

講道館の理念は「精力善用」と「自他共栄」。柔道の〝道〟に教育的、道徳的な意味が込められたことは間違いない。

絞めたり折ったりの柔術を教育に使うために嘉納治五郎が持ち込んだものが、「投げて勢いよく相手の背中をつければ勝利」「30秒間押さえ込めば勝利」というふたつの新ルールであった、と言ってもいいのではないか。

柔術界を制覇していく講道館柔道

1894（明治27）年から翌年にかけて行われた日清戦争以後、にわかに尚武の機運が高まった。

旧制高校で柔道および剣道の対抗戦が行われるようになり、文部省は柔道を中学、高校の正課として、つまり体育の授業の中で教えることを認めた。

首を絞め、関節の逆をとるような寝技は教育的とはいえない。一高や学習院、東京高等師範に通う良家の子女たちにケガをされては普及の妨げになる。俊敏さやバランス感覚を必要とする立ち技、投げ技こそが学校体育たる柔道にふさわしい。「投勝負に重きをおき、固業（寝技）の方を軽く取り扱うがよい」とは嘉納治五郎の言葉だ。

安全かつ教育的、道徳的で、レスリングを知る西洋人にとっても理解可能な柔術。それこそが教育者であり、高級官僚であり、明治期有数のインテリゲンチャであり、バイリンガルの国際人である嘉納治五郎が考案した「柔道」なのである。

体育の授業で柔道を教えるためには、多くの柔道教師が必要になる。教育界の大ボスにして講道館長でもある嘉納は、優秀な門弟を柔道師範として各学校に送り込んだ。講道館とは何よりもまず、柔道教師養成機関なのだ。

一方、柔術家にとっては、柔術に奇妙なルール（投げによる一本と押さえ込み）を付け加えようとする嘉納の考えは、納得のいかないものだった。学校教育と関係のない人間にとって、柔術は改変する必要のないものだからだ。

ふたりの男が畳の上に上がり、目つぶしや金的、当て身の禁止など、最小限のルールの下で戦いが始まる。どちらかが参った（ギブアップ）するか戦闘不能状態に陥って戦いが終わる。それこそが柔術であり、それ以外のものではありえなかった。

しかし、明治政府と深く結びついた高級官僚の嘉納治五郎に逆らう人間はごくわずかだった。講道館柔道を学んで強くなれば、嘉納治五郎の推薦を受けて学校に赴任し、柔道教師として一生食べていける。一方、古流柔術でいくら強くなっても、地元で町道場を経営するか、接骨医になるくらいしか生活の糧を得る道はない。ならば講道館柔道を学んだ方が得だ。若者たちがそう考えたのは当然だろう。

講道館が人を集めた理由は、強さでも、合理的なコーチングメソッドがあったからでもなく、柔道教師として食っていける道が開かれていたことに尽きる。

衰退する古流各派の中には、道場を存続させるために講道館から師範を招いて道場の跡取りになってもらおうと考える者も現れた。時代に抗することはできない。長い物には巻かれろ、ということだ。

かくして講道館柔道は柔術界を制覇していく。

しかし、意外にも柔術が滅びることはなかった。

柔術は、日本よりもむしろ海外で広まっていったのである。

シャーロック・ホームズとアルセーヌ・ルパンのことはご存じだろう。いずれも1900年前後に人気を呼んだ探偵小説シリーズだ。

じつはホームズもルパンも柔術の使い手だった。

1903年にコナン・ドイルが発表した『空き家の冒険』は、宿敵モリアーティ教授とともにスイスのライヘンバッハの滝に落ちて死んだはずのホームズがベーカー街に生きて戻ってきて「自分は日本の格闘技〝バリツ〟を使って危地を脱したのだが、モリアーティ教授の手下に復讐されることを恐れてしばらく潜伏していた」と、親友ワトソン博士に説明するシーンから始まる。

《道の行き止まりまでくると、そこはもう崖っぷちだった。モリアーティは武器を出さず、僕に体当たりをして長い腕を巻きつけてきた。もう自分は終わりだ、と教授は覚悟していた。ただひとつの望みは、僕に復讐することだったのだ。僕とモリアーティは崖っぷちでもつれあった。だが、僕には〝バリツ〟という日本の格闘技の心得があり、これまでに何度も命を救われてきた。

僕がしがみつくモリアーティの手をすり抜けると、教授は恐ろしい悲鳴を上げ、数秒間、両手で虚空をかきむしった。だが、どれほどがんばってもバランスを保つことはできず、滝壺に向かって落ちていった。》（『空き家の冒険』）

後述するが、バリツとは柔術のことだ。

1906年にモーリス・ルブランが発表した『アルセーヌ・ルパンの脱獄』には、逮捕しようと襲いかかってきたガニマール警部を、ルパンが柔術の技を使って撃退するシーンが登場する。

《アルセーヌ・ルパンに抵抗する様子は見えなかった。にもかかわらず、襲いかかったガニマールはすぐにルパンから手を離した。警部の右腕は力なく垂れ下がっていた。

「もし君が、オルフェーブル川岸でジウジツを習っていれば」と、ルパンは言った。「いまの技を日本語で『ウデヒシギ』と呼ぶことがわかるはずさ」》（『アルセーヌ・ルパンの脱獄』）

当時、世界最強国であったイギリスとフランスの超人気小説シリーズに「ジウジツ＝柔術」が登場するのはなぜだろうか？

ひとりの日本人柔術家が異種格闘技戦を行い、大評判を呼んでいたからだ。

その男の名は谷幸雄《ゆきお》。天神真楊流の柔術家だが、嘉納治五郎とは無関係だ。19歳の谷幸雄が兄の鑛馬《こうま》とともにロンドンに到着したのは1900年。いまから120年以上前のことだった。

ふたりをロンドンに連れてきたのはイギリス人のウィリアム・バートン＝ライトである。バートン＝ライトはインド生まれ。格闘技に深い関心を寄せ、鉱山技術者として世界中を回るうちに、ボクシング、レスリング、フェンシング、サバット、スティレット（短剣）などの修行を積み、日本では神伝不動流柔術に出会って感銘を受けた。

バートン＝ライトは、さらに深く柔術を学ぼうと、大阪江戸堀に大東文武館を構える半田弥太郎の客人だった谷幸雄の父・虎雄に「ロンドンで柔術を教えて欲しい」と声をかけ、承知した谷虎雄はふたりの息子、鐮馬と幸雄をロンドンへ送った。高給が保証されたことは言うまでもなかろう。

兄の鐮馬はすぐに帰国したが、弟の幸雄はロンドンに残り、同じ天神真楊流の上西貞一《うえにしさだかず》とともにロンドンっ子に教え始めた。ただし、彼らはジウジツという名前を使ったわけではなかった。

日本人柔術家たちが教えたのは「バーティツ（Bartitsu）」だった。

バーティツとはバートン＝ライトの「Barton」と「Jiu-Jitsu（柔術）」を組み合わせた造語である。グレイシー柔術というネーミングの発想と同じだ。

バートン＝ライトは「私はまったく新しい護身術バーティツを創始した。タニ親子はそのインストラクターである」と説明したが、内実は柔術と変わらないものだった。

バートン＝ライトは護身術バーティツの紹介記事を雑誌『Pearson's Magazine』に出していた。『Pearson's Magazine』ではコナン・ドイルが『Tales of the High Seas』という連載を持っていたから、ドイルがバーティツの記事を読んだ可能性は極めて高い。

シャーロック・ホームズの命を救ったバリツ（Baritsu）とは、バーティツ（Bartitsu）の誤記であったというのは、シャーロッキアンたちの間で最有力の説となっている。

しかし、残念ながら新しい護身術バーティツの生徒は一向に増えず、経営困難に陥ったバートン＝ライトは教室を閉めた。

職を失った谷幸雄が帰国することはなく、生計を立てるために演芸場＝ミュージックホールの舞台に立った。ラジオもない時代、イギリスの大衆の娯楽といえば演劇と演芸だけだった。

谷幸雄はステージに上がってこう宣言した。

「誰の挑戦でも受ける。私を打ち破った方には大金を差し上げる。ただし、柔術衣《ジャケット》を着ていただきたい」

谷幸雄の身長は１６０㎝に届かず、体重は60kgに満たない。黄色い顔をした東洋人の小男の挑戦にロンドンっ子は大笑いして、次々に名乗りを上げた。

だが、谷幸雄を打ち負かした者はひとりもいなかった。

谷幸雄と戦ったイギリス人レスラーは、自分の体験を次のように回想している。

「私がタニのジャケット（柔術衣）をつかんだ時、彼は後ろに倒れ、同時に彼の足が私の腹部に置かれた。タニの背中がフロアに着いた時、私は空中を漂っていた。まもなく筋張った両足が私の首に巻きつき、いかなる男の腕力よりも強い力で絞めてきた。私はできる限り早くマットを叩いた。試合が始まってから、まだ15秒しか経っていなかった」

小さな日本人が雲をつくような大男を巴投げで投げ飛ばし、絞め技でギブアップさせ、もしくは失神ＫＯに追い込んだこと。さらに失神した相手に活を入れて蘇らせたことは「日本人は一度死んだ人間を生き返らせることができるのか！」とイギリス人を仰天させた。

谷幸雄は「100年前のホイス・グレイシー」だったのである。

スモール・タニと活殺自在の格闘技〝ジウジツ〟の名声は英国中に轟き、たちまちドーバー海峡を越えてルパンの作者モーリス・ルブランにまで届いた。

明治期に、異種格闘技戦に挑んだ多くの柔術家、柔道家たちがいた

同じ頃、日露戦争で日本がロシアに勝利したことは、欧米諸国で大きな話題を呼んだ。東洋の島国の神秘的な強さは、不思議な格闘技ジウジツと結びつけられた。

バルチック艦隊を打ち破ったアドミラル・トーゴー（連合艦隊司令長官の東郷平八郎）と並んで、イギリスで最も有名な日本人となっていたスモール・タニのところにアメリカから大西洋を渡ってきた前田光世《みつよ》が訪ねてきたのは、1907年2月のことだった。

前田栄世《ひでよ》、のちの前田光世は1878（明治11）年11月、青森県中津軽郡船沢村（現在の弘前市）生まれ。

幼い頃から相撲で抜群の強さを示し、県下の秀才を集めて弘前市に作られた青森県尋常中学校に入学すると、津軽藩のお家流でもあった本覚克己流柔術の齋藤茂兵衛を師範に招いて柔術部を新設した。

だが、このまま本州最北の僻村で生涯を終えたくない、という強烈な思いを留めることはできず、前田は家出同然で故郷を離れ、上京して早稲田中学に入学した。

入学後しばらくは相撲や野球に熱中したが、東京専門学校（現在の早稲田大学）に柔道場が新設されたのをきっかけに柔道を始め、1897年には講道館に入門した。初段の昇段審査の際に15人を抜いたことは語り草となっている。

四段となっていた1904年、前田栄世は実力を買われ、富田常次郎六段に随行してアメリカに渡ることになった。富田は嘉納の書生上がりで、講道館の一番弟子。学業優秀な俊才ではあったが、柔道の実力者とはいえない。蛇足だが、次男の常雄は『姿三四郎』の著者。

富田と前田の渡米目的は柔道の普及である。ふたりはまず、ニューヨークからほど近いウエストポイント陸軍士官学校に招かれた。

ふたりは講道館柔道の型を披露したが、それだけでは何もわからないと、士官学校のレスリングチャンピオンに柔道衣を着せて、スパーリングを行うことになった。

前田は雲をつくような大男と立ち合い、数回投げたものの、レスリングのルールでは、肩をマットにつけなければ勝ちにならない。ならばと押さえ込んだものの体格差は大きく、たちまち跳ね返されてしまった。

のしかかられた前田が下から絞めていると、まもなく学生たちが騒ぎ出した。前田のフォール負けだというのだ。結局、前田は負けを宣告されてしまった。

勢い込んだ学生たちは、今度は富田常次郎に勝負を挑んだ。型の披露では富田が前田を投げ飛ばしていたから、富田の方が強いと考えたのだ。

富田はすでに40歳を超えていたが、敢然として挑戦に応じた。

しかし、結果は無残だった。富田の対戦相手に選ばれたのは115kgのフットボール選手。いきなり胴タックルを食らった富田は、相撲のサバ折りのような形で締めつけられて、早々にギブアップしてしまった。

こうしてニューヨークでの柔道普及は最初からつまずき、失意の富田は西海岸のシアトルへと去った。持参した資金はすでに底を突き、英語もおぼつかない。東海岸にひとり残された前田にできることはひとつしかなかった。

前田栄世は前田光世と改名し、さらにリングネーム〝マエダ・ヤマト〟を名乗って、生きていくためにプロレスラーのブッチャーボーイと他流試合を行うことにしたのだ。

ルールは両者が柔道衣を着用し、打撃と急所攻撃は禁止、決着はフォール、ギブアップ、および失神KOで決まるというもの。

相手に柔道衣さえ着せてしまえば、柔道家、柔術家の優位は明らかだった。前田はプロレスラーを体落としや巴投げ、裏投げ、釣り込み腰で散々投げ飛ばし、さらにスタンドの状態で腕を極めにいくと、ブッチャーボーイは慌てて間違った方向に動いて脱臼してしまった。完勝である。

以後、前田光世はアメリカからイギリスに渡り、谷幸雄のいるロンドン以外の都市でレスラーやボクサーと無数の異種格闘技戦を戦い、レスリングのトーナメントにも出場した。

明治期に外国に出てレスラーやボクサーとの異種格闘技戦を戦ったのは、谷幸雄や前田光世ばかりではない。数多くの柔術家や柔道家が、日露戦争をきっかけとしてにわかに巻き起こった柔術ブームに乗って、リアルファイトの異種格闘技戦に挑んだ。

堤宝山流の東勝熊《ひがしかつくま》はニューヨークでジョージ・ボスナーというレスラーに敗れた。

不遷流の伝説的な柔術家・田辺又右衛門の弟子である三宅多留次は、ロンドンで谷幸雄と戦って完勝したのちにアメリカに渡り、〝タロー・ミヤケ〟を名乗ってプロレスラーになった。有名なフランク・ゴッチなど多くのレスラーと戦い、ハワイでは沖識名をトレーニングした。沖識名は力道山を教えたから、力道山は三宅多留次の孫弟子、田辺又右衛門の曾孫弟子ということになる。

タロー・ミヤケや神道六合流柔術の野口清、講道館の坂井大輔らを次々に破ったプロレスラーのアド・サンテルが〝ワールド・ジウジツ・チャンピオン〟を名乗ってサンフランシスコのプロレスの興行に出場する一方、1921（大正10）年に太平洋を渡って講道館柔道に挑戦してきた話は有名だ。日本のアマチュアレスリングが、このアド・サンテルの来日から始まることについては、拙著『日本レスリングの物語』（岩波書店）をご参照いただきたい。

ほかにも多くの柔術家や柔道家が、多くの異種格闘技戦で血と汗と涙を流してきた。

前田光世とは早稲田の同窓で、キューバ、中南米を中心に活躍した佐竹信四郎。巨漢ゆえに〝ダイブツ〟と呼ばれ、イギリス、メキシコ、キューバなどで活躍、晩年はヨーロッパでプロレスラーとなり〝大黒柱〟スタニスラウス・ズビスコらと戦った大野秋太郎。アメリカで前田光世とともに異種格闘技興行に参加、その後、ヨーロッパでサーカス団に加わり、さらに北米から中米を経てアルゼンチン、パラグアイに渡った福岡庄太郎など——。

話を前田光世に戻そう。英国を離れた前田はコンデ・コマ（コマ伯爵）を名乗ってベルギー、フランス、スペイン、さらにキューバ、メキシコなどの中南米諸国で無数の異種格闘技戦を戦ったのちに、ブラジル北部、アマゾン川の河口南岸に位置するベレンという街に住み着いた。「アカデミア・デ・コンデ・コマ」を開設すると、海軍、警察、大学、スポーツクラブでも柔術を教え、街にやってくる各国のレスラーの挑戦に応じて連戦連勝、ベレンの市民たちを狂喜させた。

街の名士となった前田光世は、当然のように州知事やベレン市の要人とも親交を深めていく。

そのうちのひとりに、ガスタオン・グレイシーという男がいた。

Susumu Nagao

第15章

グレイシー柔術

グレイシー一家。左からホイラー（五男）、ホリオン（長男）、エリオ、ヘウソン（次男）

コンデ・コマ（コマ伯爵）を名乗り、アメリカ、ヨーロッパ、中南米を旅して、レスラーやボクサーとの無数の異種格闘技戦を戦ってきた前田光世が、ブラジル北部の街ベレンに住み着いたのは1915（大正4）年のこと。すでに37歳になっていた。

ベレンは赤道直下に位置するが、スコールや南風もあり、意外なほど過ごしやすい。中心部にはオペラハウスや蒸気機関車、リバプール行きの蒸気船まであり、ヨーロッパの香りが漂っていた。

何よりも好ましかったのは、日本人への差別意識がなかったことだ。わずか10年前、日本は大国ロシアに勝利した奇跡の国、ジウジツ（柔術）の国と称えられたが、国力が伸張するにつれて欧米諸国から警戒され、黄禍論（黄色人種脅威論）が声高に叫ばれるようになっていた。

「アカデミア・デ・コンデ・コマ」（コンデ・コマ道場）を開いた前田光世は、海軍、警察、大学、スポーツクラブなどで柔術を教えつつ、これまでと同様に異種格闘技戦を戦った。

講道館出身の前田光世が、ジュードーではなくジウジツという言葉を使った理由は、大きく分けて3つ考えられる。

ひとつめは、ジウジツの方が圧倒的にメジャーだったからだ。谷幸雄ら日本の柔術家たちの活躍が日露戦争の勝利と結びつけられたことで、ジウジツは世界的に有名になったが、ジュードーのことは誰も知らなかった。欧米における講道館柔道の本格的な普及は、1930年以降のことだ。

ふたつめは、これまでに前田光世がやってきた戦いが、講道館柔道からほど遠いものだったことだ。レスラーやボクサーとの異種格闘技戦で有効だったのは講道館の投げ技ではなく、柔術の寝技だった。

3つめは外国暮らしが長い前田光世から、講道館への忠誠心が失われていたことだ。富田常次郎六段の惨敗が示すように、講道館の段位はしばしば強さとは関係なく与えられる。一歩日本の外に出れば、モノをいうのは自らの実力だけだ。講道館の段位など、何の役にも立たない。

ベレンに入った翌年、前田光世＝コンデ・コマは地元の名士であるガスタオン・グレイシーから「長男のカーロスに柔術を教えてやってほしい」と頼まれた。当時14歳だったカーロス・グレイシーは身長160㎝と小柄だが、素行不良でケンカに明け暮れていたからだ。カーロスは父に命じられて「アカデミア・デ・コンデ・コマ」に通い始めたが、コンデ・コマ自身は道場を留守にすることが多く、実際に指導をしたのはブラジル人インストラクターであったらしい。さらに、グレイシーの一家は1920年にリオ・デ・ジャネイロに移住したから、カーロスがコンデ・コマのアカデミーにいたのは14歳から18歳までのわずか4年間ということになる。

それでも、この時期に柔術一族グレイシーの基礎が形づくられたことは確かだ。

世界中で戦いに明け暮れたファイターが金持ちの息子に教えたのは、護身術だった。

首を絞められたらどうするか。手首をつかまれたらどうするか。後ろから羽交い締めにされたら? ナイフを持つ相手なら?

「アカデミア・デ・コンデ・コマ」が教えたものは、あらゆる危険から身を守る護身術=セルフディフェンスだったのである。

ヴァーリトゥードにも対応できる技術体系と合理的なティーチングメソッド

UFC1の第1試合で行われたジェラルド・ゴルドー対テイラ・トゥリ戦については、第3章ですでに触れた。倒れた状態から立ち上がろうとしたトゥリは、顔面をゴルドーに蹴られて前歯をすべて折られてしまった。元・大相撲力士のトゥリは、起き上がるときに蹴られることを想定していなかった、ということだ。相撲には寝技もキックも存在しない。

一方、護身術=セルフディフェンスを本質とする柔術では、日常生活で起こりうるあらゆる危険を想定している。

たとえば、フロアに座っている自分に向かって、まっすぐ歩いてくる大男がいたとする。社会のルールを守るつもりなど最初からなく、自分に危害を加えようとしているように見える。

最善の策は逃げることだ。相手の攻撃を警戒しつつすばやく立ち上がり、大男から遠ざかるのが一番いい。だが、相手との距離が近ければ、立ち上がる際にトゥリのように顔面を蹴られて大ケガを負うかもしれない。

ならば、どうすればいいのか。

グレイシー柔術アカデミーでは、入門初日に〝座った状態からの立ち上がり方〟を、極めて論理的に教えてくれる。もちろん100％危険を避ける方法などあるはずもないが、「暴力から身を守るためにはどうすればいいか？」という発想を持ち、ほんのわずかでも実践してみれば、リスクを大きく減らせることは確かだ。

柔術はスポーツではない。

たとえばボクシングならば、同じ体重の人間同士が戦うと決まっている。ライト級のボクサーはライト級と、ヘビー級はヘビー級としか戦わない。頭突きもキックも馬乗りになって殴られることも決してない。

だが、リングを離れた現実社会では、自分よりも遥かに大きい人間の暴力に対処しなくてはならない。現実社会には体重別の階級制も時間制限もなく、もちろんレフェリーもいない。相手が何をやってくるかもわからない。殴ってくるか、蹴ってくるか、胸ぐらをつかまれるか、タックルされるか。ナイフや拳銃を持っているかもしれない。考え得る限りの攻撃を想定しておかなくてはならない。自分よりも強く、大きな相手と対峙しても、自らの身を守り、危機的な状況から脱する技術。それこそが柔術なのだ。

UFC1のホイス・グレイシーが誰も傷つけず、誰からも傷つけられなかったことは、セルフディフェンスを本質とする柔術の勝利でもあった。

1920年にグレイシー一家がリオ・デ・ジャネイロに移住すると、カーロス・グレイシーはコンデ・コマの高弟だったピレス・ドス・レイスの指導を受けた。そして1925年、カーロスは富裕層への柔術指導をグレイシー一族のファミリービジネスにするべく、「アカデミア・グレイシー・デ・ジウジツ（グレイシー柔術アカデミー）」を設立する。

アカデミーの名前を上げるためには他流試合、すなわちヴァーリトゥード（何でもあり）や柔術マッチを行って勝つしかない。

コンデ・コマの弟子であるカーロスがそう考えたのは当然だが、勝利するためには技術が不足していた。

カーロスが観客の前で戦った最初の柔術マッチは1929年のゲオ・オオモリ（大森英男）戦。だが、カーロスはコンデ・コマと同様にブラジルで名声を築き上げたオオモリに敗れてしまう。まもなく、カーロスはオオモリを自らのアカデミーに招いて指導を受けた。初期のグレイシー一族は、日本の柔術家や柔道家に学びつつ、あるいは技術を盗みつつ、自らの柔術を作り上げていったのだ。

11歳年下の五男エリオはカーロスよりも才能があり、一族を代表して、四半世紀以上の長きにわたって戦い続けた。

2005年9月、筆者は生前のエリオ・グレイシーにインタビューするという幸運を得た。高級避暑地として有名なペトロポリスにある広大な牧場内の自宅で、91歳の伝説の戦士は次のように語ってくれた。

「私の柔術はセルフディフェンス、力の弱い者が強い者から身を守るために存在する。テコの原理を使えば筋肉の強さに頼る必要はない。相手の弱い部分を衝く。それが私の柔術なのだ。

いまの若い柔術家がやっているのはコンペティションに勝つためのものだ。ルールに守られ、ポイントがあり、時間制限も存在する。いわばスポーツだ。スポーツとは結局は遊びだ。私の柔術は遊びではない。ルールもポイントも時間制限もない。

私は数多くのヴァーリトゥードを戦ってきたが、私は柔術家で、ヴァーリトゥードのファイターではなかった。柔術が最も優れた格闘技であることを示そうとしただけだ。

兄カーロスたちの柔術は、コンデ・コマが教えたそのままだった。つまり、パワーが必要なのだ。カーロスの柔術を学んだだけでは、パワーのない私が勝つことはできない。だから私は新しいテクニックを考案し、自分にふさわしい柔術、パワーがなくともできる柔術を編み出した。たとえば、ガードポジションは私が考案したものだ」

ガードポジションをご存じの方は多いはずだ。

グラウンド状態では、どちらかが上になり、どちらかが下になる。仮に上に乗っている者をA、下をBと呼ぼう。

一見、上にいるAが有利だが、もしBの両足の間に入っていれば、下にいるBを攻撃することは簡単ではない。これをガードポジションと呼ぶ。

ガードポジションをとったBは、両足をAの背中で組み、Aを引き寄せて密着することができる。これをクローズドガードと呼ぶ。

クローズドガードをとったBがAと密着し、さらにAの腕や首を抱えてしまえば、AがBを殴ることは極めて難しくなる。さらにBは、上にいるAのバランスを崩して体勢を入れ替える（スウィープ）ことも可能だ。

もちろん、上にいるAは背中を立ててBに密着されることを避けようとする。さらにAがBの両足を越えて（パスガード）馬乗りになれば、もはやBは自分の両足を防御や攻撃に使うことはできない。

これをマウントポジションと呼ぶ。

打撃を使うことができれば、マウントポジションは最高のポジションである。AはBの顔面を殴ることができるが、Bの拳は、肩の上にあるAの顔面には届かない。

ガードポジションを巡る攻防はヴァーリトゥードの基本技術なのだ。

「自分がガードポジションを作った」というエリオの言葉は少しオーバーかもしれない。谷幸雄やコンデ・コマら日本の柔術家たちは、相手の下になれば必ずや両足を使ってディフェンスしたはずだからだ。

だが、これだけは言える。上になればパスガードしてマウントポジションへと移行する。下になればガードポジションで打撃から身を守りつつ、下から絞めるか、関節技を狙うか、スウィープを試みる。このようなヴァーリトゥードにも対応できる技術体系と合理的なティーチングメソッドを作り上げたのはエリオ・グレイシーその人なのだ。

エリオ・グレイシー初のヴァーリトゥード（当時はまだヴァーリトゥードという言葉はなく、ルタリーブリ・アメリカーナ＝アメリカのフリーファイトと呼ばれていた）は193２年。まだ18歳だったエリオは、プロボクサーのアントニオ・ポーチュガルをわずか40秒、アームロックで倒してしまう。

同年11月にプロレスラーのフレッド・エバートと戦った柔術マッチは有名だ。エリオは自分より30kgも重い相手と2時間近く戦い、結局、警察によって試合は中止されたが、エリオはまったくの無傷だったからだ。「私は何事もなく帰宅したが、エバートは病院に行かなくてはならなかったんだよ」とエリオは私に笑った。

１９３０年代、エリオは何人もの日本人柔道家と戦っている。並木某、矢野武雄三段（プロレスラーでもあった）、富川富興三段を次々に絞め落とし、三角絞めをブラジルに伝えた小野安一とは二度引き分けた。

エリオ・グレイシーの一番有名な試合は木村政彦戦だ。「木村の前に木村なし、木村の後に木村なし」と称えられた伝説の柔道家は、立ち技重視の講道館ルールでも、寝技重視の高専柔道ルールでも凄まじく強かった。おそらく史上最強の柔道家だろう。

当時のエリオは38歳。体重は60kg少々。一方の木村は34歳。体重は85kg。若さでも体格でも大きな差があった。

１９５１年10月23日にマラカナンスタジアムで行われたこの試合は10分3ラウンド。打撃なし。勝敗はタップ（ギブアップ）もしくは失神KOのみで決まる柔術ルールで行われた。

パワーで上回り、技術でもエリオを圧倒した木村政彦は、2ラウンド3分20秒、腕がらみ（＝ダブルリストロック）を完璧に極めた。エリオがタップを拒否したために、兄のカーロスがリングに入り、木村の身体を叩いて試合は終わった。「俺はエリオの腕を折った」と木村政彦は自伝に書いているが、実際には折れていなかったようだ。

１９５１年10月24日付の『オ・グローボ』紙は次のように書いている。

《カーロス・グレイシーは自身の行為（注・木村の身体を叩いてギブアップしたことを指す）をこう説明した。「ああするしかなかった。弟はタップしないし、腕が折れてもいい覚悟でいた。だから私がエリオの代わりにタップしたんだよ」（中略）技が極まった時の状況に関しては、エリオが詳しく語ってくれた。

「はっきりいって、私の身体はもうボロボロだった。気持ちだけで持ちこたえていたんだ。何か奇跡でも起きて技から逃れられればと考えていた。もちろん、骨折する前にタップするつもりはあった。しかし、兄カーロスの方が客観的な判断ができたと思っている。だから彼が試合を終了させたことについて異議はない」》

この時に木村政彦がエリオに極めた腕がらみは人々に強烈な印象を与え、以後、柔術家たちは腕がらみを〝キムラ〟と呼ぶようになった。

偉大なるエリオ・グレイシーが一線を退いてからも、グレイシー一族は、ヴァーリトゥードや柔術マッチを戦い続けた。

1960年代以降、柔術は世界最強の格闘技へと成長した

1959年は、柔術人気が大いに高まった年だ。『ヘロイズ・ジ・リンギ（リングのヒーローたち）』というテレビ番組で、アカデミア・グレイシーの柔術家たちが他流派の代表選手を次々に倒していたからだ。ヴァーリトゥードという競技名が一般化したのも、この番組からだ。

1959年は力道山がワールドリーグ戦を始めた年であり、ジャイアント馬場とアントニオ猪木が日本プロレスに入門する前年にあたる。そんな昔から、ブラジルではリアルファイトの統一ルールによる異種格闘技戦が毎週のように行われていたのだ。彼我の差は大きい。

番組を企画したのはカーロスとエリオのふたり。UFCの原点はこの番組にあると言っていいかもしれない。

リオ・デ・ジャネイロのフラメンゴ体育館にリングを組み、毎週月曜日に5、6人の柔術家がボクシングやカポエイラ、ルタリーブリ、空手など、他のスタイルの格闘家と

戦った。試合時間が5分3ラウンドと短いのは、もちろんテレビのためだ。

メインイベンターは当時の主力であるジョアン・アルベルト・バヘット。パンチではなく関節技で決着をつけるテクニカルなスタイルが人気を呼び、『ヘロイズ・ジ・リンギ』は放送開始から半年後には、有名なマラカナンスタジアムに併設されるマラカナンジーニョ体育館に進出した。

ところが、マラカナンジーニョで行われた初めての試合で大事件が起こった。

バヘットがガードポジションからキムラを極めたところ、相手が間違った方向に逃げたことで腕が折れてしまったのだ。放送は夜10時台。ブラジル人にとってはまだ宵の口だから、多くの人々がテレビを見ていた。生中継で腕折りを目撃した視聴者は「残酷だ!」とバヘットを非難、スポンサーも去り、結局、番組は打ち切られてしまった。

1960年代以降、ヴァーリトゥード興行は、新聞の支持とスポンサーを失って縮小した。それでも、ブラジル北東部では大きな興行が行われていた。主役となったのは、カーロスの長男カーウソン・グレイシーだ。3時間45分もの死闘の果てにエリオをサッカーボールキックでKOしたヴァルデマール・サンタナに完勝して、一族の名誉を回復したファイターである。

のちにミュンヘンオリンピックの金メダリストのウィリエム・ルスカと流血戦を演じたイワン・ゴメスもまた、ヴァーリトゥードの有名なファイターだった。

早稲田大学柔道部に所属し、1964年の東京オリンピックへの出場を目指していたものの、中量級の予選で岡野功に敗れてブラジルに渡った石井千秋は、グレイシーの高弟であり、カーロスに命じられてサンパウロにアカデミーを開いていたペドロ・エメテリオと兄弟分になった。

1960年代後半のある日、エメテリオに誘われてサンパウロのイビラプエラ体育館に出かけた石井は、柔術対空手の団体対抗戦を目撃している。

《当時、流行していた空手が「柔術なんて一発だ」などと豪語していたために、エリオたちがヴァーリトゥードの戦いを挑むのだという。

マイクを持ったエリオがリングに上がり、空手に挑戦すると宣言した。すでにエリオの髪は白く、60歳を超えているように見えた。4試合か5試合あった弟子同士の前座試合は、立っているうちはエキサイティングなシーンもあったが、いったん寝技に引き込まれると空手家はまったく意気地がなく、ある者は絞め落とされ、ある者はヒジ関節をとられて即座にギブアップした。

メインイベントでエリオと戦うはずだった空手の先生は、結局エリオと戦うことなく逃げ出し、エリオはこう宣言した。

「見たか！　柔術は世界最強の格闘技だ。空手など問題にならない」

私は一瞬、目の前が真っ赤になるほど興奮したことを覚えている。柔術の完勝だった。》（石井千秋の証言より。『ゴンググラップル』ｖｏｌ．００３）

1974年にカーウソン・グレイシーが引退すると、ヴァーリトゥード熱はすっかり冷め、80年代までリオで興行が行われることはほとんどなかった。

数少ない例外が、史上最強の柔術家との呼び声も高いホーウス・グレイシーが1976年に行ったヴァーリトゥードだ。

《1976年、ブルース・リー人気で勢いづいたあるカラテのマスターが、エリオとホリオンのデモンストレーションを見て、「あんなの、すぐに真っ二つにしてやるよ」と挑発。のちにUFCを作り上げたホリオンがクルービ・オリンピコで、グレイシーvsカラテをプロモートし、そのメインにホーウスが用いられた。

この試合、25歳のホーウスは1分も費やすことなくチョークでカラテ家に快勝、その後31歳で亡くなるまで、人前で行われたヴァーリトゥードにはついぞ出場していない。》（高島学「ブラジル、ヴァーリトゥード、モノクロームな日々」より。『ガチ！』）

1980年代にヒクソン・グレイシーがレイ・ズールやウゴ・デュアルチと戦ったヴァーリトゥードについては、第4章で触れた通りだ。

1991年9月26日には柔術対ルタリーブリの5対5の対抗戦が行われ、ブラジル最大手のテレビ局『ヘジ・グローボ』によって全国放送された。

ヴァリッジ・イズマイウ、ムリーロ・ブスタマンチ（以上柔術）、ウゴ・デュアルチ、マルコ・ファス（以上ルタリーブリ）など、日本の格闘技ファンにもおなじみの顔ぶれも参加したが、結果は柔術の完勝。会場のカラジャウ・テニス・クルービには「ジ・ウ・ジッツ！」コールが自然発生的に沸き起こった。

しかし、凄惨な試合の連続に『ヘジ・グローボ』は以後、ヴァーリトゥードの中継から手を引いた。

それから2年2カ月後にあたる1993年11月12日にUFCがアメリカでスタートする。

以後、ヴァーリトゥードは世界的にはMMA（Mixed Martial Arts）と呼ばれるようになり、以前とは比較にならないファイトマネーが選手たちに入ってきた。柔術人口は爆発的に増え、柔術のアカデミーも世界中で増え続けた。

トップレベルの選手たちが高いギャラを支払ってくれるプロモーションに集まるのは当然だろう。1999年の段階で、日本のPRIDEは、UFCの何倍ものギャラを支払う世界一のプロモーションだった。

かくして、世界最高のファイターたちが続々とPRIDEに集まってきた。

その中のひとりに、ホイラー・グレイシーがいた。エリオの五男であり、ヒクソンの弟、ホイスの兄にあたる。

1999年11月21日の有明コロシアムで桜庭和志がホイラー・グレイシーとメインイベントで対戦することが決まった。

グレイシーは初めて、桜庭和志と相まみえることになったのである。

Susumu Nagao

第16章

ホイラー・グレイシー

1999年11月21日 有明コロシアム 桜庭和志×ホイラー・グレイシー

２０１８年暮れ、アメリカ西海岸のサンディエゴで家族と暮らすホイラー・グレイシーを訪ねた。瀟洒な自宅は、ビーチから少し離れた高台に位置する高級住宅街の一角にある。

「サンディエゴに移ってきたのは10年ほど前だけど、とても気に入っている。ロサンジェルスの人たちはスノビッシュだけど、サンディエゴは親切で気どらない人が多いんだ。僕は『グレイシー・ウマイタ』を兄のホウケウと共同で主宰している。南米担当はホウケウ。それ以外が僕。サンディエゴ周辺には6つのアカデミーがあって、オーストラリア、ニュージーランド、カナダにもアカデミーがある。

柔術は素晴らしいよ。誰もがファイターになる必要はない。トレーニングをしていれば、悩みもビル（支払い）も忘れられる。マットの上で誰かと転がってさえいれば、次の24時間のためのエネルギーをチャージすることができるんだ。

この25年で、柔術のアカデミーが世界中に誕生した。想像を超えるスピードでね。とても現実のこととは思えない。伯父カーロスと父エリオがやり遂げたことの大きさを感じるよ。グレイシーが偉大なんじゃない。あのふたりが偉大なのさ。

エリオが初めてヴァーリトゥードをやったって？　昔の話はよく知らないけど、そんなはずはない。カーロスだってやったに違いない。コンデ・コマだってやっていたんだから。カーロスは僕の父エリオよりも11歳年上だから、カーロスはエリオにすべてを教えた。エリオの試合の準備もしたし、ゲームプランも練った。エリオのすべてを支えていたのはカーロスなんだ」
　1965生まれのホイラーは大勢の従兄弟たちと一緒に、リオ・デ・ジャネイロ郊外の街テレゾポリスの大きな家で育った。いつ柔術衣を着たかは覚えていない。ホイラーの周囲には常に柔術があり、まるで呼吸をするように、水を飲むように、柔術は身体にしみこんでいった。
「僕は幼い頃から、もっぱらファミリーの中だけでスパーリングをしていた。父からは『ファイターになってはいけない。重要なのはセルフディフェンス、自分の身を守ることだ』と常に教えられてきた。
　初めて大会に出たのは6歳の時。1970年代の初めだ。従兄弟たちのほとんどが金メダルをもらったけど、僕だけが負けたんだ（笑）。
　みんなで家に帰ると父が言った。『勝った子には10ドルあげよう』
　僕がションボリしていると、再び父が言ったんだ。『負けた子には20ドルあげよう』
　おもしろい父親だろう？（笑）
　でも、エリオは僕たちが柔術の大会に出ることを勧めなかった。大会に出たい人間は出てもいいけど、出なくてもいいって。僕は戦うことが好きだったから出たけどね。
『コンペティションはフェイクだ』と父が言ったこともあった。ビーチやストリートで戦えば、相手はパンチもキックも頭突きもヒジ打ちも使う。ストリートファイトには時間制限も体重別の階級もポイントもない。柔術家はあらゆる攻撃手段に対応する必要があるんだ。

でも、柔術のコンペティションに打撃はなく、階級や時間制限やポイントがあるから、タップを狙わずにポイントを積み重ねて勝とうとする選手も多い。

父は繰り返し僕たちに教えた。

『ポイント制に合わせて自分の柔術を変えてはいけない。柔術はマーシャルアーツであり、マーシャルアーツはどのようにふるまい、どのように身を守り、どのように人々をリスペクトするかを教えるものだ』

僕がトーランスにあるホリオンのアカデミーにいたのは1990年から91年にかけてのわずか1年ちょっと。UFCがスタートした93年の時点ではブラジルに戻っていた。

UFCはホリオンが『ファミリーのために』と言って始めたイベントだったから、ファミリー全員でサポートした。みんなが『自分がUFCで戦いたい』と名乗りを上げたけど、結局、ホリオンが選んだのはホイスだった。ホイスがホリオンのすぐ近くにいたことが大きかった。

ヒクソンを出して優勝すれば、ホリオンのコントロールが利かなくなるからだろうって？　ハハハ。君の指摘は正しいよ。でも100%じゃない。ホイスが負けた時のバックアップという面も確かにあったんだ。

ホイスは体重が軽く、多くの経験を持っているわけでもなかった。だから、大きな相手にやられてしまう危険性があった。その場合には、ヒクソンが出場することになっていた。ヒクソンは切り札さ。もしヒクソンが負ければ、ほかには誰もいない。UFCは大成功して、オーナーのホリオンは大金をつかんだけど、サポートした我々には何も渡されなかった。その上、ホイスはみんなの予想以上に立派に戦ったから、ヒクソンの出番もなくなってしまったんだ。

それからまもなく、ヒクソンからリオにいる僕のところに電話があった。『俺はファイトがしたい。だから日本に行くつもりだ。ホイラー、君にサポートしてもらいたいんだ』って。僕はヒクソンを助けたかったから、父に相談した。エリオは、ファミリー全員がホリオンをサポートすることを望んでいたけれど、ヒクソンがひとりぼっちになってしまったことにも心を痛めていたから、僕にOKを出してくれたんだ。僕がヒクソンと行動をともにするようになったのはそれからさ」（ホイラー・グレイシー）

こうしてホイラーはヒクソンおよびヒクソンの妻キムのマネージメントの下で、日本の格闘技イベントに出場することになった。

１９９６年７月７日に東京ベイＮＫホールで行われた「ヴァーリトゥード・ジャパン'96」のメインイベントに出場したホイラーは、修斗ライト級王者として６年間無敗を続けてきた朝日昇に完勝した。

１９９８年３月15日に行われたＰＲＩＤＥ．２では佐野友飛（直喜）と戦っている。この試合はフリーウェイト契約、時間無制限で行われたが、30kgも重い相手を、ホイラーはグラウンドで翻弄した。相手の腰に両足裏を当てるバタフライガードを駆使して、下になっても殴られることなく、時間をかけてヘビー級レスラーの体力を消耗させていく。チャンスと見るや下からのパンチやキックで大きな佐野を流血に追い込み、33分14秒、腕ひしぎ十字固めで完璧なフィニッシュを決めた。

ホイラーは、数々の柔術トーナメントで優勝しているが、最も有名なのがムンジアル（世界柔術選手権）での4連覇（67kg未満級。1996年〜99年）と、柔術衣を脱ぎ、ラッシュガードとショーツを着用して戦うADCCサブミッション・ファイティング世界選手権（通称アブダビコンバット）での3連覇（66kg未満級。1999年〜2001年）だろう。ホイラーは一族の誰よりも数多くコンペティションに出場し、柔術の試合でも、ノーギのサブミッションレスリングでも、ヴァーリトゥード＝MMAにおいても卓越した技量の持ち主であることを証明し続けた。技術レベルではヒクソンをも上回っているのではないか？　という声すらある。

なぜ、いまさら特別ルールを？

桜庭和志との一戦は、ホイラーにとって大きなチャレンジだった。桜庭はホイラーより16kg重い上に、卓越したテクニックの持ち主だからだ。

「サクラバとの試合前に僕が求めたのは次の3点だった。

①　試合時間は15分2ラウンド。

②　KOもしくはタップがなければ判定はなく、ドロー。
③　レフェリーが試合を止めるのは、タップした時と失神した時のみ。
僕が出した条件に、彼ら（DSE）はただちに同意してくれて、アグリーメント（同意書）もきちんと作成された。にもかかわらず、試合はあらかじめ決められたルール通りにはならなかったんだ」

前述の通り、ホイラーはPRIDE.2で自分よりも30kg以上重い佐野友飛と30分以上戦い、見事な勝利を収めている。

いま映像を見直してみれば、ホイラー対佐野は、体格差の大きい相手との戦い方の見本のような試合であり、ホイラーの素晴らしいテクニックを存分に味わえる。だが、技術を知らない観客からは動きの少ない退屈な試合と映って不評だった。

だからこそホイラーは15分2ラウンドという試合時間を設定した。15分2ラウンドならば観客を飽きさせることなく、決着をつけることができるだろう。双方にとって、ちょうどいい時間ではないか？

だが、桜庭和志はホイラーの提案が面白くなかった。PRIDEは試行錯誤を重ねた末に、ようやく10分2ラウンドの試合時間に落ち着いたところだ。なぜ、いまさら特別ルールを設定しなければならないのか。

腹を立てた桜庭はルールミーティングの際に「どうせ特別ルールでやるのであれば、頭突きとヒジありにしてはどうか？」と提案した。

ホイラーは桜庭の提案にこう返した。「頭突きとヒジありのルールは、体格の大きな選手に明らかに有利だ。もしそのルールで試合をするのであれば、時間切れの場合には体重の軽い側の勝ちにしてもらいたい」

結局、15分2ラウンド。判定もレフェリーストップもなしというホイラーの主張が通った。

桜庭和志とホイラー・グレイシーの試合が行われたのは、1999年11月21日のPRIDE.8。会場は有明コロシアムだった。桜庭和志がPRIDEで初めてのメインイベントをつとめた記念すべき試合を『週刊プロレス』（『格闘技通信』ではないことに注意）は次のように伝えている。

《初めて大トリを務めた桜庭は、ファンの大歓声に迎えられて入場。観客動員力に疑問が持たれていた桜庭であるが、今大会では立派なメインイベンター。そこに高田延彦がいなくても、会場は超満員の観衆で埋め尽くされていた。

この日の桜庭は、ちょっぴりムカついていた。対戦相手のホイラー・グレイシーは、自分から「桜庭と戦いたい」と言ってきたにもかかわらず、主催者サイドにルールの変更を要求。

よって試合は、15分2ラウンドの判定決着なしという特別ルールで行われることになった。つまり、ホイラーは時間切れ引き分けに持ち込めさえすれば、グレイシーの不敗神話を守ることができる。桜庭の目的は、ワガママなホイラーをとっちめてやること。

桜庭は、真っ正面からホイラーの挑戦を受けてみせた。

ホイラーは、軽量ながらグレイシー一族でナンバーワンと言われる実力者。ところが、結果からいえば、ホイラーは桜庭に手も足も出せなかった。

1ラウンド、はやくもゴロンと寝転んだホイラーに対し、桜庭はビシビシとローキックを浴びせていく。赤く腫れ上がっていくホイラーの太股。そして、謎の「あい〜ん！」でホイラーに精神的なダメージを負わすことを試みる。

とにかく、桜庭は全身から不気味なほどの強さを発揮していた。まず、試合中に表情をまったく変えることがない。そして、決してホイラーの間合いには入らず、つねに有利な距離を保ちながら、自分のペースで闘いを進めていた。

2ラウンドになると、ホイラーをローリングソバットで吹っ飛ばすという、プロレスファンが夢にまで見たシーンを披露。また、ふたたびマット上で横になったホイラーに「立ってこい！」。この場面には現在の桜庭とグレイシー一族の関係が凝縮されていた。

最後は、ホイラーの腕を、木村政彦が48年まえにエリオ・グレイシーを下した技、チキンウイングアームロックで捕獲。桜庭は、ギブアップしないホイラーの腕を、骨が折れるか折れないかのギリギリのラインまで絞り上げた。

折らなかった理由として、桜庭は「あれ以上やったら、彼らの嫌うバイオレンスな試合になってしまう」と発言。桜庭は、やっぱり相手の土俵でホイラーを懲らしめることを狙っていた。

結局は、これ以上は危険と判断したレフェリーが試合をストップ。案の定、ホイラーはレフェリーや高田に猛抗議。しかし、あの体勢からホイラーはどうやって逃げるというのか。スポーツマンであるならば、ああいう場面では潔く〝まいった〟をすべきである。事実として、ホイラーは桜庭に何もできなかったのだ。この試合は、桜庭の文句なしの快勝である。

時間切れ寸前でホイラーを仕留めた桜庭の勇姿に、観客は酔いしれた。桜庭はメインイベンターとして、ファンに感動的なフィナーレをプレゼントしてみせた。

試合後には、桜庭はホイラーのセコンドについていたヒクソンに向かって、「つぎはお兄さん、ぼくと勝負してください」と劇的なマイクアピールをおこなった。リングサイドで絶句してしまっていたヒクソンは、この試合を見て、いったい何を感じたのだろうか。》(『週刊プロレス』1999年12月7日号)

「レフェリーに、『このままいったら折れますよ』と僕は言った」

ヒクソンはこの試合を見て、いったい何を感じたのだろうか。

ヒクソンは激怒していた。サブミッションにレフェリーストップなどあり得ないからだ。タップ(ギブアップ)するかどうかはファイター自身が決めることで、レフェリーの介在は必要ない。

当事者であるホイラーの怒りは、さらに大きかった。

「あの試合で、サクラバがアドバンテージを握っていたことは認める。もし判定があれば、ジャッジはサクラバの勝利に票を入れていただろう。

だが、重要なのは、あの試合のアグリーメントに、『レフェリーストップはなし』と明確に書かれていたことだ。

僕は、負けた試合については率直に認める。サクラバとやる数カ月前にやった柔術の試合で、僕はマルコス・バルボーザという選手に敗れている。ずっと昔のことだが、同じ階級の選手に敗れたことも二度ある。1998年に行われたムンジアルのアブソリュート（無差別）で、僕はマリオ・スペーヒーにクロックチョークをかけられてタップしている。

僕は、勝利がすべてだとは考えていない。勝つことも負けることもゲームの一部だ。重要なのは勝つことではなく、身を守ることなんだ。コンペティションに勝つことよりも、人生で勝つことの方がずっと大事だ。負けたらまた練習すればいいし、負けた経験は、柔術の指導にも役立つのだから。

名誉は壁に掛かっているメダルの中にあるものではなく、自分の心の中にあるもの。だから僕は負けを認める。サクラバとの試合のあと、僕はゲンキ・スドーにもヤマモト・キッドにも負けた。何の不満もない。

でも、サクラバ戦は全然違う。負けたことがイヤなんじゃない。負けていない試合を負けにされたのがイヤなんだ。

サクラバとの試合で、僕はスタンドでは距離を保ち、隙を見てグラウンドに持ち込もうとしていた。父が教えてくれた柔術が、自分よりも大きく強い相手にどれだけ通用するかを試したかったんだ。

『お前もレスラーならグラウンドにこい！』と僕は誘ったけど、サクラバはとてもスマートなファイターで、グレートなファイトをした。各ラウンドの終わり近くまで、決してグラウンドにはいかなかった。その代わりにサクラバは僕の足を蹴った。ひどく痛くて、腫れ上がったよ。

僕がよくなかったのは、最初の15分間、ずっとグラウンドで戦ってしまったことだ。もっと早くスタンドで戦えばよかった。

第2ラウンドに入る前のインターバルで、僕はヒクソンに『足が痛いから、グラウンドではやりたくない』と言った。だから第2ラウンドはスタンドで戦ったんだ。

ひとつ言っておきたいのは、サクラバが僕にキムラを極めた時、僕が全然痛くなかったということだ。あの角度では極まらないよ。僕の身体が硬ければ極まったかもしれないけど、あいにく僕はすごく柔らかいんだ。ヒクソンと『残り時間は30秒？　全然問題ない』と話をしていたくらいさ。

そうしたら、サクラバがレフェリーと何やら日本語で話し始めて、レフェリーが試合を止めてしまった。

『どうして止めるんだ！　僕はタップしていないじゃないか！』

僕はレフェリーにそう詰め寄ったけど、まったく受け容れてもらえなかった。『レフェリーストップはタップした時と失神した時のみ』というアグリーメントが存在するのにもかかわらず、どうして彼らはそれを守らないのだろう？　僕はタップしていないし、もちろん意識もあった。あのストップはフェアじゃない。

試合後、サクラバは僕の控え室にきて、『ごめんなさい』と言ったけど、僕は冗談じゃないと追い返した。

結局のところ、彼ら（ＤＳＥ）はサクラバをウィナーにしたかったんだ。『ホイラーに勝った！　次はヒクソンだ！』というのは、かなりいいストーリーだからね。でも僕はとてもイヤな気持ちになった。日本人がみんなこんなことをするはずがない。そのことはよく知ってるけど、まったくひどい経験だったんだ。だから僕はヒクソンに『もうＰＲＩＤＥで試合をするつもりはない』と言った。

ヒクソンもその後、ＰＲＩＤＥのリングに上がらなかったよね。一番大きな理由は、ホクソン（ヒクソンの長男）が亡くなったことだろうけど、僕とサクラバの試合も、判断材料のひとつになったとは思う」（ホイラー・グレイシー）

ロサンジェルスで「10thプラネット柔術」を主宰するエディ・ブラボーは、２００３年のアブダビコンバットで、ホイラー・グレイシーを三角絞めでタップさせて一躍世界に名を馳せた柔術家だ。世界の柔術の最先端にいるエディに、桜庭和志がホイラーに極めたキムラについて聞いた。

「サクラバはレジェンドだ。これまでのグラップラーで最も偉大な存在のひとりだろう。パスガードはうまくないけど（笑）。サクラバはホイラーに何もさせなかったんだからたいしたものだ。ただ、ホイラーにかけたキムラは極まってはいない。ホイラーとホイスは腕がめちゃくちゃ柔らかいんだ。腕を後ろに回して、自分の耳に触れるくらいさ。だから、彼らにキムラを極めるのはとても難しいのさ」（エディ・ブラボー）

試合終了直後、マイクを持った桜庭は「あそこからどうやって逃げたのか知りたいです！」と言い、満員の観客席から大きな喝采を浴びた。

確かに、ホイラーがあのキムラから逃れることはできなかっただろう。だが、問題は別のところにあるのだ。

桜庭和志自身が、あのフィニッシュについて、次のように語ってくれた。

「あの時、僕がキムラを極めたら、ホイラーがバタバタと暴れた。だから僕は、引っ繰り返されない程度にちょっとゆるめた。『やべえな、このままいったらドローにされちゃうよ』。そう考えていたら、レフェリーの島田（裕二）さんの顔が見えたから、『このままいったら折れますよ』と僕は言った。島田さんを煽った部分はあります。ヒクソンは『ホイラーが負けたら俺が出る』と言っていた。だから、このままドローなら出てこないな、と思って、ちょっとワルい知恵が働いたんです（笑）」

レフェリーである島田裕二は、ルールという神だけに従わなくてはならない立場にある。スポーツとはそういうものだ。そして、この試合のルールにレフェリーストップは存在しなかった。

にもかかわらず、島田レフェリーは桜庭が声をかけた次の瞬間に試合を止めた。桜庭に従ったわけではない。ここで勝敗がつかなければ、桜庭対ヒクソン戦につながらず、観客に喜んでもらえないと感じたからこそストップしたのだ。

レフェリーがルール以外のものに従うならば、それはもうスポーツではない。

ＰＲＩＤＥは総合格闘技などではなく、リアルファイトを見せるエンターテインメントだったのである。

Susumu Nagao

第17章

対立する価値観

2000年1月30日 東京ドーム 桜庭和志×ガイ・メッツァー

ホイラー・グレイシーとの試合中ずっと、桜庭和志は苛立ちを覚えていた。

「タックルを僕に切られると、ホイラーは自分から寝転んで『(寝技に)来い、来い』って言うから、『それは違うだろう!』とイラッときていました。

僕はアマチュアレスリング出身だから、テイクダウンができなければ、そもそもグラウンドには移行できないでしょ? というアタマがある。たとえばカーロス・ニュートンはちゃんとテイクダウンにきてくれたから、僕もグラウンドにいった。

でも、向こう(ホイラー)に僕をテイクダウンする気がないのであれば、僕だって寝技につきあう理由はない。テイクダウンもできないくせに何が『来い、来い』だ、この野郎! と思いながらバチバチ蹴ってましたね」(桜庭和志)

真のプロフェッショナルである桜庭和志は、常に観客のことを考えている。

柔術家だろうがレスラーだろうがボクサーだろうが、報酬を受け取ってPRIDEのリングに上がる以上はプロフェッショナル・ファイター以外の何者でもない。プロフェッショナル・ファイターは、リング上で戦い、観客を楽しませることで生活の糧を得ている。常に面白い試合を見せ続けなければ、お客さんは会場に足を運んでくれない。

PRIDE誕生からすでに2年が経過している。その間、試合時間も多くの試行錯誤を重ねた末に、ようやく10分2ラウンドに落ち着いたところだった。にもかかわらず、ホイラーは自分の試合に限って15分2ラウンド、決着がつかない場合には、判定はなく引き分けという特別ルールを主張した。試合時間がクルクル変われば、お客さんを混乱させてしまうし、そもそもファイターが自分に有利なルールを提案すること自体がおかしい。

決着がついたあとの猛抗議も見苦しい。ホイラーはレフェリーを非難する以前に、完全に試合を支配されてしまった自分の力不足を反省するべきではないか。

桜庭はそのように感じた。

一方、ホイラーのセコンドについたヒクソン・グレイシーは、桜庭とはまったく異なる感想を抱いていた。

試合の2日後にあたる1999年11月23日、ヒクソンとホイラーは台東リバーサイドスポーツセンターで柔術セミナーを開いている。この時、参加者の質問に答えてヒクソンは次のように発言した。

「サクラバはホイラーの寝技を恐れた」

「サクラバがホイラーに立てと言えばホイラーは応じて立った。しかし、下からホイラーが寝技にこいと呼んでも、サクラバは決して寝技で戦おうとはしなかった」

「私はサクラバをウォーリアー（戦士）だとは思っていない」

「腕を折りたくないと思うほどの優しさがあるのなら、なぜ相手の足が紫色になるまで蹴ったり、顔を蹴ったりするんだ？」

「サクラバは寝技に行った時に、たまたま有利な体勢になっただけだ」

「サクラバには武士道精神が足りない」

右の暴言は、日本人がヒクソンおよびグレイシー一族に抱いていた尊敬の念を大いに傷つけた、と筆者は思う。ヒクソンはそれだけホイラー戦のレフェリーストップに怒り、同時に、桜庭和志に脅威を感じていたのだろう。

桜庭とホイラーの試合は、グレイシーが纏ってきた神秘のヴェールを剝《は》ぎ取り、むき出しの本音を引き出してしまったのだ。

グレイシー・ハンター

「桜庭人気はホイラー戦で完全に火がついた。異なる価値観がぶつかりあったからでしょうね」と証言するのは、当時『ゴング格闘技』編集長で、現『Fight&Life』編集長の宮地克二だ。

「ホイラーは『自分は関節が柔らかいから、あのキムラロックは極まっていない』と主張する。一方、桜庭は『じゃあ、あそこからどうやって逃げられるのか教えてほしい』と反論する。寝技の達人であるホイラーを極めてしまう桜庭も凄いし、あそこまでやられておいて『極まっていない！』と言い張るホイラーも凄い。

桜庭は一徹な職人タイプの頑固者です。一代で技術を集約して蓄積した。

グレイシーも、何代にも渡る頑固な一族。

両者の価値観は相容れず、お互いに譲れないままどこまでも言い争い、一歩も退くつもりがない。そういう対立関係って、じつは世の中にはあんまりない。内心はいくら悔しくても、表面上はスポーツマンらしく爽やかに握手して、観客も『立派だ！』と拍手を送る。それをよしとする文化がグローバルスタンダードじゃないですか。

僕は、グレイシーのああいうこだわりが大好きです。ファンはよく言いますよね。『グレイシーはいつも自分たちが勝ちやすいルールを主張してばかりでずるい』とか。

でも、路上の戦いには判定も時間制限もないじゃないか、というグレイシーの考え方は武道的で、あながち否定できない。

『タップしてないのに、どうして負けにされるんだ？』というホイラーの言い分には、単なる意地っ張りではない奥深さを感じました。グレイシーは絶対に譲れないものを持っている。それは一体何なんだろう？

桜庭vsホイラー戦をきっかけに、僕はグレイシーの考え方、スポーツとは異なる柔術家の考え方に俄然興味を持ちました。そこから『ゴン格（ゴング格闘技）』の謎解きの旅が始まったんです。

まず最初にやったのは、国際武道大学の柏崎克彦先生（柔道界きっての寝技の達人）に桜庭vsホイラー戦について聞きに行ったこと。

中井祐樹と戦ったレオジーニョを国際武道大学まで連れて行ったこともありましたね。武道大は外房にあるので、東京からクルマで4時間かかるんですよ（笑）。

（ウィリエム・）ルスカを教えた岡野功先生に（アントニオ・ホドリゴ・）ノゲイラのス

ピニングチョークやオモプラッタについて聞いたこともありました。

MMAという舞台では、寝技の専門家、パンチの専門家、キックの専門家が自分の得意技を披露します。イゴール・ボブチャンチンのロシアンフックとはどんな技か？　ペケーニョ（アレッシャンドリ・フランカ・ノゲイラ）のギロチンはなぜ極まるか？　ミルコ・クロコップの左ハイはなぜ当たるのか？　そんな素朴な疑問を専門家に次々にぶつけていきました。

技術ばかりではなく歴史でも、『なぜ？』と思ったことを解き明かそうとした。柳澤さんには、柔術と高専柔道の関係について連載してもらい（「金光弥一兵衛と旧制六高柔道部」）、三角絞めがブラジルに伝わった経緯をリオ・デ・ジャネイロとサンパウロで調べてもらいましたよね（「小野安一という男」）。

『ゴング格闘技』が純粋な格闘技雑誌として成長するスタート地点が、桜庭とホイラーの試合だったと思います」

「エリオ一家の歴史が、ホイラーに『俺はタップしていない！』と言わせるんです」と語るのは増沢マックス慶介だ。カリフォルニア州トーランスのグレイシー柔術アカデミーでホイス・グレイシーの教えを受け、現在は東京の錦糸町で「ホイス・グレイシー柔術アカデミー東京」を運営している。

「いま行われているブラジリアン柔術は、殴られない、蹴られない、嚙みつかれない、頭突きされない、スラム（バスター）されないことを前提とする純粋なスポーツです。

競技として整備され、体重別の階級が存在するからこそ技術革新が進み、毎年のようにスターが現れ、新しいテクニックを披露して、鮮やかな勝利を積み重ねている。ただし、セルフディフェンスという考えは、現在のブラジリアン柔術にはありません。

一方、『柔術はセルフディフェンスなんだ』と主張するのがグレイシー柔術。相手をやっつけることよりも、まずは自分がやられないことを考える。社会のルールを守らない人間や身体の大きな人間の暴力から、テコの原理を使って身を守る。

エリオは年を取ってからも、生徒や孫によく言っていたそうです。『俺をやっつけてみろ。お前は俺からマウントをとることも、バックをとることもできるだろう。でも、俺はタップ（ギブアップ）はしない。タップをしなければ、負けではない』と。

桜庭に〝キムラ〟を極められたホイラーが『俺はタップしていない！』と強く主張したのは、単なる言い訳ではなく、グレイシーの信条、いやエリオの信条なんです。エリオと息子たちの歴史が、ホイラーにそう言わせる。そんなホイラーがかっこいいか悪いか。僕はかっこいいと思います」

ホイラー・グレイシーに勝利した桜庭和志には〝IQレスラー〟のほかにもうひとつ〝グレイシー・ハンター〟という異名がつけ加えられた。

PRIDEを運営するDSE（ドリームステージエンターテインメント）は、是が非でも桜庭和志をヒクソン・グレイシーと戦わせようとしていた。ホイラー戦はそのための大きなステップになるはずだった。試合終了後、マイクを握った桜庭が「次はお兄さん、僕と勝負してください」と発言したのも、そんな流れがあったからだ。

だが、ホイラー戦におけるレフェリーストップとDSEの態度に激怒したヒクソンは、DSEからのオファーを拒否。結局、コロシアム２０００というイベントで船木誠勝と戦うことを選択した。２０００年5月26日に東京ドームで行われたこの試合で、ヒクソンに支払われたファイトマネーは２００万ドル、約２億５０００万円といわれる。

ヒクソンを諦めきれないDSEは、ヒクソンを引きずり出すためのステップとして、ホイス・グレイシーに「PRIDE GRANDPRIX ２０００」出場のオファーを出した。16名の選手による無差別のトーナメントを行い、PRIDE初代王者を決めようとするビッグイベントである。

ワンデートーナメントではなく、２日間に分けて行う。２０００年1月30日に「開幕戦」が、5月1日に「決勝戦」が、いずれも東京ドームで開催されることが決定していた。

DSEからのオファーが届いた頃、長兄ホリオン・グレイシーはホイス・グレイシーの再売り出しを図っており、専門誌には「グレイシーがすべてのナショナルチャンピオンに挑戦する！」という記事が掲載された。

１９９９年12月17日、ホイスは真夏のリオ・デ・ジャネイロでカーウソン・グレイシーの弟子ヴァリッジ・イズマイウと柔術マッチを戦った。

だが、結果は無残だった。ホイスは失神KO負けを喫したのである。

「ホイスのテクニックは15年遅れている」という辛らつな批評も出た。ホイスが柔術の試合に出たのは15年ぶりであり、その間、柔術はスポーツとして、競技として発展を続けてきた。だから、ホイスの敗北は当然だというのだ。

グレイシー一族が要求したルール変更

大きな逆風が吹く中、ホイスとマネージャーのホリオンは、「PRIDE GRAND PRIX 2000」への出場依頼を了承する。

ホイスは1月30日の「PRIDE GP2000開幕戦」のメインイベントに出場した。対戦相手は髙田延彦である。

試合はとても奇妙なものになった。ゴングが鳴ってまもなくホイスのガードに捕獲された髙田は、以後まったく動かなくなってしまったのだ。ガードに入った状態からでも、ある程度は殴ることもできたはずだが、髙田は何もせず、ただじっとしたままだった。ホイスから下から絞められたり関節をとられたり、バランスを失ってスウィープされることが、よほど恐ろしかったのだろう。

上にいる髙田が動かなければ、下にいるホイスの攻撃手段は限定される。ガードポジションは文字通り自分を守るためのポジションであり、上にいる相手が動いてこそ、反撃が可能となるのだ。

結局、そのまま15分が過ぎ、判定の結果、レフェリーがホイスの手を上げた。

この奇妙な勝利についてホイス・グレイシーが筆者に語ってくれた内容は、じつに意外なものだった。

「タカダと戦った時、僕は1ラウンド15分の無制限ラウンド、判定なし、レフェリーストップなしというルールの下で行われているとばかり思っていた。アグリーメント（合意書）も作ったしね。

だから、1ラウンドが終わった時に突然試合終了を告げられ、僕の判定勝ちと言われた時にはとても困惑した。試合終了？　タカダが試合放棄したのか？　判定？　判定はなかったはずなのにどうして？　と、いくつもの疑問が頭に浮かんだよ。タップか失神KO以外で決着がつくことはないと思っていたからね。

僕たちはPRIDEを信じたかった。でも、とにかくヘンなことだらけだった。

僕がヨシダ（吉田秀彦）と最初に戦った試合のことは覚えているだろう？（注・2002年8月28日に国立競技場で行われた『Dynamite!』のこと）僕の上になっていたヨシダが『レフェリー、ホイスは失神した』と言ったんだ。レフェリーはすぐに試合を止めて、僕の失神KO負けが宣告された。僕は失神なんかしていないのに！

ホイラーとサクラバの試合の時も同じだけど、どうしてファイターがレフェリーに向かって『試合を止めろ！』なんて言えるんだろう？　勘弁してくれよ。ホイラーはすごくフレキシブル（柔軟）なんだ。僕も同じだけど。ホイラーはレフェリーに『全然問題ない』と言っていたのに、レフェリーは試合を止めてしまった。ダメージなんか全然なかった。ホイラーは桜庭より先に立ち上がったんだぜ（笑）。あり得ない話だ。僕たちはタップの仕方くらい知っているさ。僕たちを騙すんじゃない、と言いたいよ」（ホイス・グレイシー）

一方、第4試合に登場した桜庭和志はガイ・メッツァーと対戦した。ケン・シャムロックが主宰するライオンズ・デン所属のストライカーである。

桜庭の調子は最悪だった。

「メッツァー戦は練習しすぎてオーバーワークでしたね。さらに東京ドームに向かう時に渋滞にハマって、思い切り遅刻してしまった。ウォーミングアップしたらすぐ試合って感じです。試合中は、身体とアタマの両方が全然動かなかった。大失敗です」（桜庭和志）

桜庭のサブミッションを警戒するメッツァーは、グラウンドを避けてスタンドで戦おうと決めていた。

コンディション不良の桜庭のタックルは遅く、せっかくタックルに入っても次の展開が思い浮かばず、すぐにメッツァーに立たれてしまう。IQレスラーの脳内コンピュータがうまく働かなければ、有利な展開を作り出すことはできない。

メッツァーは桜庭のテイクダウンを切り続け、スタンドで試合を優勢に進めていく。そのまま15分が過ぎた。試合終了である。判定の結果はドロー。15分間の延長戦が行われると発表された。

ところが次の瞬間、ガイ・メッツァーとセコンド陣は激怒して、さっさと控え室に引き揚げてしまった。DSEが約束を破ったからだ。

そもそもメッツァーは、ケビン・ランデルマンの代役として桜庭戦のオファーを受けた。だが、急なオファーということもあってコンディションを整える時間がない。

そこでケン・シャムロックが「ドロー判定なし、延長戦なしのルールではどうか?」と提案したところ、DSEは即座にOKした。桜庭ならば、必ずやメッツァーから15分以内にタップを奪えると確信していたからだ。

ところが、桜庭の調子は悪く、試合はメッツァーやや優勢のまま時間切れとなり、何も事情を知らない審判団はドロー判定を下して、リングアナウンサーは当然のように延長戦をコールした。「約束が違う!」とメッツァーおよびシャムロックが激怒するのは当然だった。

メッツァーの試合放棄をいぶかる観客に向かって、桜庭はマイクを持って謝罪した。

「問題ある試合をしてしまって申し訳ありません。トーナメントに優勝したいと思いますので、今日は勘弁して下さい」

メッツァーが試合を放棄し、ホイスが高田延彦に勝利したことで、5月1日の「PRIDE GP2000決勝戦」で行われるトーナメント2回戦で、桜庭和志とホイス・グレイシーが対戦することが決まった。〝グレイシー・ハンター〟桜庭和志は、ついにUFCで世界中を驚愕させた伝説のヒーローと戦うのだ。

プロレスファン、格闘技ファンばかりでなく、一般層までもがPRIDEに注目し始める中、またしても異常事態が起こった。3月13日に来日したホイスとホリオンのグレイシー兄弟が緊急記者会見を開き、「PRIDE GP2000決勝戦」のルール変更を要求してきたのだ。

ホイスおよびホリオンの要求とは、おおよそ次のようなものだった。

・判定なし。

・レフェリーストップおよびドクターストップなし。

・2回戦および準決勝は1ラウンド15分の無制限ラウンド、決勝は1ラウンド20分の無制限ラウンドで行う。

ホリオンはルール変更要求の理由を次のように述べた。

「この要求が認められなければ、PRIDEからの撤退も辞さない。路上でストリートファイトが始まればレフェリーは不要だ。時間制限がないのも凄くいいルールだと思わないか？　正にケンカと同じなのだから。体重制限も不要だ。ホイスの体重が重かろうが軽かろうが関係ない。もし公平にというのなら、ホイスより軽い選手を集めてこういうトーナメントを開いてみてはどうか。サクラバがこの要求を受け容れることを望む。いつまでもレフェリーやジャッジの陰に隠れていないで、この要求を吞んで出てきてほしい」

ホイスとホリオンには、DSEへの不信感が蓄積されていた。もはやPRIDEが用意するレフェリーやジャッジは信用できない。すべてのルールを一般にも完全にオープンにした上で、レフェリーやジャッジの介在を排除したい。そのためには、時間無制限の完全決着ルールで戦うほかはない。

ホイスとホリオンはそう考えたのだ。

「PRIDE GPのルールは僕にはアンフェアだ。参加選手は全員僕よりも体重が重く、デカいヤツばかりだ。僕は78kgだけど、勝ち進めば120kgの相手とも戦うことになる。彼らが僕をテイクダウンして、そのまま15分間僕の上をキープし続ければ勝ちになるのかい？　それはフェアじゃないだろう？　僕の父（エリオ）はよく言ったものさ。『君には体重のアドバンテージがある。だったら時間のアドバンテージを僕にくれ。それが公正な取引というものじゃないか』と」（ホイス・グレイシー）

トーナメントの途中でルール変更を言い立てるグレイシーに、桜庭はもちろん腹を立てた。桜庭がメディアの前に姿を現したのは、ホイスとホリオンの緊急記者会見の翌日だった。

「腹立ちますね。PRIDEのトーナメントに出ているのに、なんでルールを変えようとするのか。15分のフリーラウンドでやるんだったら、1週間くらい引っ張ってやりますよ。どっちが先にトイレに行きたくなるかですね（笑）。タイツの下におむつをつけて出ますよ。きったない試合になるでしょうね」

記者たちを笑わせつつ、ジャージの上に紙おむつをつけた姿で写真に収まった。

結局、DSEは桜庭和志のみならず、トーナメントに残った7名全員の了解をとった上で、ホイスとホリオンの要求を受け容れるという声明文を出した。

《今回のグレイシーの要求は、まさにPRIDEというジャンルの根幹を問われる問題です。PRIDEが競技である限り、ルールによる規制は必要でしょう。しかし、ヴァーリトゥードの本質はルールを最大限排除した男と男の〝決闘〟である、というのがグレイシー側の主張。（中略）グレイシーが掲げる〝決闘〟の概念を追求すべきなのか、それともルールをより整備し、〝競技〟として大衆化すべきなのか、それを決めるのはファンの方々です。5月1日には〝闘いの本質〟に対する何らかの答えが出るものと確信しております。》

トーナメントの途中でのルール変更など、スポーツでは絶対にあり得ないことだ。

桜庭和志対ホイス・グレイシーはいつのまにか、スポーツを逸脱した何かに変貌していた。

だからこそ、かつてないほどの注目を集めたのだ。

Susumu Nagao

第18章

107分の死闘①

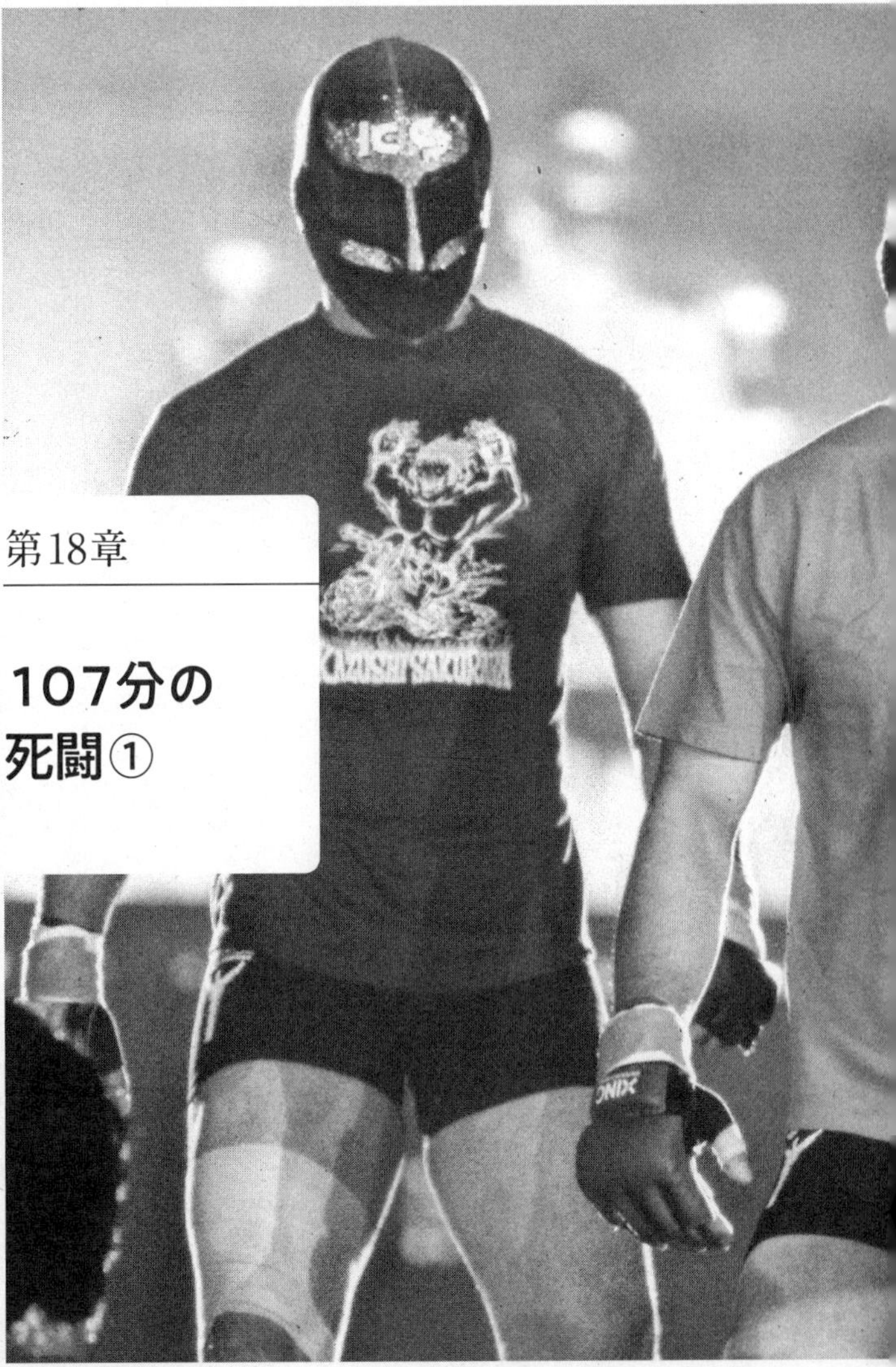

2000年5月1日　東京ドーム

照明が落とされた東京ドームに映画『ラスト・オブ・モヒカン』のメインテーマが流れ出すと、入場ゲートから有名なグレイシー・トレインが姿を現した。十数人が一列を作り、それぞれが前を歩く者の肩に両手を置きつつリングへと向かう。列の中央でピンスポットを浴びるホイス・グレイシーだけが柔術衣姿。あとは全員が揃いのジャージを着用している。ホイスの前には長兄のホリオン。ホリオンの前には86歳の父親エリオが歩く。

もし、エリオ・グレイシーが1930年代から1950年代にかけて、数多くのヴァーリトゥードを戦わなかったら。もし、エリオの長男ホリオン・グレイシーがアメリカに渡り、1993年にUFCをスタートさせなかったら。そしてもし、六男ホイス・グレイシーがUFCで魔術のように鮮やかな勝利を積み重ねなかったとしたら。MMA＝総合格闘技と柔術が世界中に普及することは決してなかっただろう。

2000年5月1日、「PRIDE GP2000決勝戦」で初めてグレイシー・トレインを見た観客たちは、まるで自分が歴史の目撃者になったかのような興奮を覚えていた。

ホイスがリングに上がると、音楽がハイテンポでリズミカルなものに変わった。『SPEED TK RE－MIX』。桜庭和志の入場曲である。

オレンジのTシャツを着た男が入場ゲートに現れた。プロレスラーのスーパー・ストロング・マシンに似たマスクをかぶっている。色はオレンジのラメ。額にはKSのイニシャルが入っている。

次の瞬間、観客席から大きな歓声が上がった。桜庭の背後には、なんと同じマスクをかぶったふたりの男がいたからだ。

増殖するマシン軍団！　これほどプロレス的な表現がほかにあるだろうか？　桜庭和志はなんと頭がいいのだろう。ホイスが格闘技に生きる誇り高き一族の一員であることをアピールするのなら、自分はプロレスラーであることをアピールしてやろう。そんな桜庭の遊び心に、観客は大喝采を送った。

〝増殖するマシン軍団〟のアイディアを出したのは、中央大学レスリング部で2年後輩の金井憲二だった。

「ホイスはどうせグレイシー・トレインをやってくるんですから、先輩も何かやりましょうよ、プロレスラーなんだし。そう言って僕がそそのかしたんです。桜庭先輩と話をするうちに、マシン軍団のアイディアが出てきた（笑）。

試合の1週間前か10日前くらいに、完成したマスクを先輩に見せてもらいました。豊永（稔）さんと松井（大二郎）さんと3人で入場するって。

どういう感じがいいかな？　と相談されたので、僕はいろいろお願いしました。

全員同じ格好をして下さい。オープンフィンガーグローブもつけて下さい。ヒザのテーピングもきっちり巻いて下さい。見ているお客さんが、誰が桜庭なのかわからない方が面白いから。選手コールがあるまでマスクを脱いじゃダメですよ、とも言いましたね。

お客さんはすごく喜んでくれてよかったんですけど、ただひとつ残念だったのは、Tシャツの色が揃っていなかったこと。先輩だけがオレンジで、豊永さんと松井さんは紺と臙脂だった。『オレンジが1枚しかなかったんだよねー』って、先輩は笑ってました（笑）。でも、入場する時はすごく気持ち良かった。マスクをつけると緊張しなくていいって」

覆面レスラーの集団を見て、ホイスはどんな感想を抱いたのだろうか？

「ナッシング。何も考えない。フドーシン（不動心）だ。戦いにはムシン（無心）、ザンシン（残心）、フドーシン（不動心）が重要なのさ。サクラバと僕のフィロソフィー（哲学）は違う。観客を楽しませることではなく、テクニックを見せて勝利することだけを考えるんだ」（ホイス・グレイシー）

DSEの思惑

サクマシン軍団は3人でリングに入り、アントニオ猪木からの花束贈呈も3人一緒に受け取った。

リングアナウンサーがホイスと桜庭を紹介する。

「ただいまより第2試合、ラウンド無制限を行います。青コーナー、185㎝、80・7kg。ホイス・グレイシー！」

歓声も大きいが、ブーイングの方がさらに大きい。ホイスは完全に悪役になっていた。言うまでもなく、柔術は日本発祥のものだ。

「インドに起源を持ち、モンゴル、中国を渡って日本に伝わったものが柔術となって、ブラジルにやってきた。自分たちの柔術もその大河の一部だ。僕たちは父からそう教えられた」（ホイス・グレイシー）

グレイシーの一族は地球の裏側で、日本人が半ば見捨てた柔術を守り続けてくれた。その上、世界各国で異種格闘技戦を戦ってきた日本人柔道家、柔術家たちの伝統を受け継いで、多くのヴァーリトゥードを戦ってきた。グレイシーがいなければ、UFCもPRIDEも存在しない。

日本人は彼らに感謝こそすれ、非難を浴びせる理由はないはずだ。にもかかわらず、多くの日本人は柔術衣を着たブラジル人に、猛烈なブーイングを浴びせた。

理由はひとつしか考えられない。アントニオ猪木の「プロレスは最強の格闘技である」という呪縛は、それほど強かった、ということだ。

東京スポーツ新聞社が毎年12月に発表するプロレス大賞は、その年に活躍したプロレスラーを顕彰するものだが、桜庭和志は1999年度のプロレス大賞殊勲賞に選ばれている。受賞理由は、ホイラー・グレイシーに勝利して、プロレスラーの強さを改めて示したからだという。

1993年11月のUFC1から、すでに6年半が経過していた。さらに桜庭和志がP

RIDEのリングで、プロレスとはまったく異なる総合格闘技の技術と面白さを多くの人々に伝え続けていた。それでもなお、日本のファンもメディアもDSEも、プロレスと格闘技の間に明確な一線を引くつもりはなかった。

アントニオ猪木の新日本プロレスからユニバーサル（旧UWF）と新生UWFを経て分裂してUWFインターナショナル、リングス、藤原組、パンクラスとなったU系団体のレスラーに、プロレスファンは〝プロレス最強の夢〟を託した。

だが、安生洋二と髙田延彦はヒクソン・グレイシーに惨敗し、前田日明はリアルファイトを一度も行うことなく引退した。

「プロレスラーは本当は強いんです！」と言ってプロレスファンの喝采を浴び、ブラジル人柔術家を次々に倒し、ホイラー・グレイシーをも破った桜庭和志こそは、新日本プロレスおよびUWFファンの希望の星だったのである。

日本におけるプロレスと総合格闘技の微妙な関係について須藤元気が語ってくれた。

「日本では、プロレスというマーケットがあまりにも大きかった。新日本プロレスとUWFが作ったマーケットが、そのまま格闘技のPRIDEに流れてきた。日本のお客さんは、総合格闘技を競技ではなく、むしろエンターテインメントとして見ていたんです。

そこがアメリカとは全然違う日本独特の土壌。日本のものは常にサブカルチャーだから、西洋人の目から見るとユニークに見える。海外で、日本がメインストリームで勝負しようとしても無理。逆にサブカルチャーこそが、海外から見ると『クールだ！』となる。遠隔対称性。遠くにある物はよく見えるんです。日本人はお祭りというか、大会に飛び道具が出てくるのが大好き。たとえば、僕とバタービーン（超巨漢ボクサー）の試合なんて、アメリカでは絶対に組みません。アメリカは多民族国家なので、ルールがきちんと決まっていないといけない。エンターテインメントも大事だけど、それ以前に競技としてちゃんとしていないと、そもそも存在が許されない。ＵＦＣは日本では流行らないけど、アメリカではボクシングと同じようにメジャースポーツの仲間入りをしている。ギャンブルができることも、マーケットが大きくなる要因です。

一方、日本の格闘技イベントは賭けの対象にならない。実際のところはガチなのかガチじゃないのか、全面的には信じられない。良くも悪くもプロレスの延長線上にあるということです」

ＰＲＩＤＥは単なる格闘技イベントではなく、アントニオ猪木からＵＷＦへと続くプロレス最強の夢を実現する舞台でなければならない。

そう考えるＤＳＥは、アントニオ猪木にＰＲＩＤＥへの協力を求めた。猪木を味方につけることで、新日本プロレスおよびＵＷＦを愛するプロレスファンを、根こそぎＰＲＩＤＥに連れてこようとしたのだ。

「総合格闘技の原点は１９７６年のモハメッド・アリとアントニオ猪木の戦いにある」と主張したい猪木はＤＳＥの要請を快諾。新日本プロレスの藤田和之を引き抜いて猪木事務所預かりとし、PRIDEのリングに上げた。

アントニオ猪木を引き入れたことで、これまで総合格闘技を敵と見なしていたプロレスファンも、安心してPRIDEの大会に足を運べるようになった。

DSEは、格闘技であるPRIDEを、まるでプロレスのように見せた。

プロレスには悪役が必要だ。

DSEは、ホイラー戦のレフェリングに関するホリオンのクレームや、ルールに関する主張を、わざと表に出した。「自分たちに都合のいいルールを押しつけようとするわがままなグレイシー」というイメージを、プロレスファンに与えようとしたのだ。

ホイス・グレイシーにヒール（悪役）というレッテルを貼れば、桜庭和志は自然とベビーフェイス（正義の味方）のポジションに収まる。

DSEの思惑どおりプロレスファンはヒールのホイス・グレイシーにブーイングを浴びせ、ベビーフェイスの桜庭和志に大声援を送った。

だが、リング上にはヒールもベビーフェイスももちろんない。ホイス・グレイシーはDSEに不信感を抱く一方で、桜庭和志が強敵であることを充分に理解していた。

「サクラバは素晴らしいファイターだ。タフでスピーディーで、テクニックもパワーもあって、アタマもいい。パンチもキックもできるし、圧力も凄いし、忍耐力もある。すべてを持ち合わせている上に、負けることを恐れない。その点が一番デンジャラスなところだね。リスクを恐れずにクレイジーなムーブをやってくるんだ。

ホイラー戦のフィニッシュには大いに疑問があるけど、あのホイラーを圧倒しつつ30分戦ったことは事実。スタミナがあることの証明さ。試合前から、難しい試合になることはわかっていた。だからこそ、万全の準備をしたつもりだったんだけどね（笑）」（ホイス・グレイシー）

桜庭戦の前、ホイスは大磯プリンスホテルで合宿を組んでいる。費用はすべてDSEが負担した。

「3月の終わりか4月の初めから3週間くらい、ホイスはずっと大磯プリンスにいました。一緒だったのはエリオと、ホリオンの息子のヒーロン（当時18歳）とヘナー（当時16歳）。宴会場にマットを敷きっぱなしにして、毎日練習です。ボクシングのコーチはいません。基本は柔術。エリオも一生懸命に教えていましたね。

僕の役目は、週に一度大磯に行って、ちゃんと練習してるかどうかを確かめること。マスコミも連れていって、ホイスにインタビューしてもらったり公開練習を見せる。それがプロモーションにもなるわけです。

フードマネー（食費）も渡します。みんなで一緒に近くの回転寿司に行くんですけど、彼らはマグロは食べずに、エビばっかり食べてる。あとは白身魚。ヘルシーなんです。

大磯プリンスから新宿のヒルトン東京に移ったのは試合の10日ほど前でした。ヒルトンでは朝食の時、コックが希望した卵料理を作ってくれるんですけど、ホイスは黄身を抜いた真っ白なオムレツをオーダーして食べてましたね。グレイシーダイエットかどうか知らないけど。そんなので大丈夫かな？　と思っていました。

ヘルシーなホイスからすると、桜庭が酒を飲んだり煙草を吸うことが信じられない。『あり得ない！』ってビックリしてましたね」（PRIDEの外国人担当だった水谷広保）

「無制限ラウンドと言われたから最初からダラダラいこうと思った」

ホイス・グレイシーに送られた歓声とブーイングが静まるのを待ってから、リングアナが再びコールした。

「赤コーナー、180cm、85kg。桜庭和志！」

オレンジのTシャツを着た桜庭和志がマスクを脱ぎ、観客席に放り投げると、歓声とも、悲鳴とも、どよめきともつかない地鳴りのような声が湧き上がった。これから何が起こるのか、誰にもわからなかった。わかっているのは、桜庭とホイスの試合がとてつもなく異常なものになることだけだ。

そもそも試合前から、異常なことばかりが続いた。

ホイスとホリオンによる、トーナメントの途中でのルール変更要求。スポーツを逸脱した要求をDSEが受け容れたことによって失われたトーナメントの公平性。トーナメントの公平性を失ってまでもDSEが欲したホイス・グレイシーというネームバリュー。要求がすべて受け容れられた以上、勝つことしか許されなくなったホイス。グレイシーの要求にすべて応じた上で、ホイスを倒すことを求められた桜庭和志。

その結果生まれた体重無差別、時間無制限、レフェリーの不介在、判定なしという、まるで初期UFCのような恐るべき空間。

日本生まれの柔術をブラジル人が背負い、アメリカ生まれのプロレスやレスリングを日本人が背負って戦うという、ねじれた異種格闘技戦。

グレイシー・ハンターの称号を得た桜庭和志は、ケン・シャムロックやジェラルド・ゴルドー、市原海樹らを次々に倒した伝説の王者に勝てるのか？

ホイラーはあそこまで追い込まれてもタップ（ギブアップ）しなかった。かつて「グレイシー柔術のためなら死ねる」と言い放ったホイスは、桜庭のサブミッションにタップするのか？　もしホイスがタップしなければ、桜庭はホイスの腕を折ってしまうのだろうか？

そしてもし、桜庭がホイスに負けたら、ＰＲＩＤＥはどうなるのか？

多くのキーワードや疑問が観客の脳内で膨れ上がる中、試合開始のゴングが鳴った。

先に動いたのはホイスだった。

桜庭に組みつき、寝技に持ち込もうとするが、桜庭はテイクダウンを許さない。ホイスのガードに入ることなく、立ち上がりつつ太股を蹴る。

ホイスもすぐに立ち上がって胴タックルに行くが、桜庭はホイスの両脇を差し、スタンドの状態でロープを背負う。

桜庭の両腕をかんぬきに固めたホイスは数発のヒザ蹴りを放つと、桜庭の右腕を抱えたまま後ろに反り返り、グラウンドに持ち込もうとするが、桜庭の腕がすっぽ抜けてしまい失敗。起き上がって組みつきにいくホイスの顔面に桜庭の右ストレート！　だが惜しくも顔面には当たらず、ボディに当たった。ホイスは桜庭のバックを取ったが、桜庭はホイスの右腕をキムラロックの体勢で固める。そのままスタンドからグラウンドへ、そして再びスタンドへ。両者の動きはすばやく、一瞬も目が離せない。

「スローな、待ちの姿勢の試合なんて僕にはできないよ（笑）。僕はスタミナがあるから、最初からプッシュして戦えるんだ」（ホイス・グレイシー）

一方の桜庭は、長期戦を考えていたという。

「僕は最初からダラダラいこうと思っていましたよ。無制限ラウンドと言われたので。陸上とか水泳みたいにずっと動いているわけじゃないし、ちょっと休憩して、息を整えられる機会もある。組み技だけだとキツいけど、適当にローキックを打っておけば、それほどでもないんです。バチバチ、バン、ってやっておいてから、くっついて休む。いかに僕が力を使わず、逆に相手に力を使わせてバテさせるか。相手がバテれば『はい、ありがとう』って感じで関節をとる（笑）。僕は酒も飲むし煙草も吸いますけど、当時はちゃんと練習してましたからね。５分とか10分に分けてですけど、毎日２時間以上スパーリングをしていたんです。１ラウンド15分なら８ラウンドまでは行けるだろうな、と思っていました」（桜庭和志）

スタンドの状態でニュートラルコーナーに押しつけられた桜庭は、ホイスの右腕をキムラロックの状態で抱えながら、トップロープとセカンドロープの間に頭と肩を出していた。

右腕をとられたまま、テーピングをしている桜庭の右膝裏をヒザで蹴りにいくホイス。だが桜庭は、ヒザ蹴りをしようとホイスの重心がやや上がった瞬間をとらえてキムラロックの体勢に入る。

会場が大きく沸く。

だが、極めることはできず、ホイスにさらに押された桜庭は、再びホイスの右手を抱えた状態で上半身を大きくロープの外に出した。

右腕をとられた不自由な体勢のまま、ホイスはトップロープの上から左手で桜庭の頭部を殴りにいく。ルール上、後頭部への打撃は許されていないが、側頭部であれば問題ない。バランスを崩せば桜庭に右手を極められてしまうから、さほど強くは殴れない。

桜庭はこの時の状況を次のように回想している。

《初めは極まりそうだったんですけど、手が長くてやりづらかったんですよ。あと、道衣があるからポイントがずれちゃって、初めのうちはいけそうかなって思ったんですけど、向こうがコーナーんとこに押し付けてきたんで、どうしてもロープ際とかになっちゃって、あれが真ん中だったら引っ繰り返すことができたんですけど、あそこじゃ、ロープとかコーナーとかが壁になるんで。無理矢理やろうとすると、ボクが下になっちゃいますからね。》（桜庭和志の発言より。『さくぼん』）

ルール上、セコンドは、自分のコーナーから離れることを許されていないが、ホリオンはルールを無視してニュートラルコーナーに移動し、至近距離で弟にアドバイスを送っていた。見たこともない光景に、観客は声援とも驚きともつかない声を上げている。

桜庭和志がニヤリと笑ったのは、そんな時だった。

「ああっ、桜庭が笑った！」と中継の三宅正治アナウンサー（フジテレビ）。

「桜庭が笑っています！　この無間地獄の中、桜庭が笑った！」

東京ドームの巨大なビジョンで桜庭の笑顔を見て、観客は驚愕した。

なぜ笑える？　こんな、命のやりとりのような試合で。

ホイスの右腕を抱える桜庭の手の位置がヒジから手首までずれた。少し自由になったホイスが桜庭のアタマを殴りに行く。体重の乗らない手打ちのパンチだが、繰り返しもらえば少しずつダメージが蓄積されていく。

桜庭の両手が完全にホイスの右腕から外れた。ホイスが右手で桜庭を抱え、トップロープとセカンドロープの間から上半身を出している桜庭の側頭部を後ろから殴り続ける中、「5分経過、ファイブ・ミニッツ・パスト」のアナウンスが流れた。

驚くべきことに、試合開始からまだ5分しか経っていなかった。

Susumu Nagao

第19章

107分の死闘②

2000年5月1日 東京ドーム 桜庭和志×ホイス・グレイシー

第1ラウンド15分の残り時間が少なくなった。

赤コーナーに桜庭和志を押し込んだホイス・グレイシーが、スタンドの状態でバックをとる。一見、チャンスのようだが、すでにホイスの左手首は桜庭の右手につかまれているから、桜庭をコントロールすることができない。

「バックに回られても、腕さえ取っておけば全然平気です。足をかけられて倒されなければ大丈夫」(桜庭和志)

ホイスは空いている右手で、桜庭の顔面をコツコツ殴ると、桜庭のボディを抱えたまま思い切り後ろに寝転び、強引にグラウンドに持ち込んだ。

だが結果的に、この選択はホイスにとって悪手となった。リング中央でホイスにうしろから抱えられたままマットに腰を下ろす格好になった桜庭は、そのままホイスの左足に手を伸ばし、細かい攻防の末に桜庭のヒザ十字固めが入った。

「えっ?(ヒザ十字が)こんなに簡単に入っちゃうの?」と桜庭は内心驚いたが、じつは2000年当時、足関節は柔術家には極めて有効な攻撃手段だった。柔術家は足関節を好まない傾向があるからだ。

理由はふたつある。

ひとつは、足関節は失敗すればポジションを失う危険性があるから。

もうひとつは〝パスガードしてマウントポジションへ移行する〟という柔術の基本的な考え方から、足関節が大きく外れているからだ。

柔術のスパーリングのおよそ7割から8割は、ガードポジションを巡る攻防に費やされる。「どのように相手の足を越えてマウントポジションやサイドマウント（横四方）を奪うか？」柔術では、常にそのことが最重要のテーマとなる。チョークやサブミッションは、ポジションを奪った後の最後の仕上げに過ぎない。

ところが、足関節ならば、わざわざ苦労してパスガードをする必要がなく、その結果、柔術の根幹であるパスガードの練習が疎かになってしまう。柔術家はそのことを恐れるのだ。

一方、UWF系のプロレスラーは豊富な足関節を持つ。

「世界的に見ても、足関節の研究では日本のプロレスが一番先を行ってたんじゃないですかね」（安生洋二）

柔術家が慣れていない足関節技を桜庭が使わない手はない。

特別ルールによって定められた15分無制限ラウンドというフォーマットを、桜庭は存分に利用する。生まれた時から柔術とともに生きてきたホイスを相手にして、グラウンドで長時間戦うことは、まったく得策ではない。賢明なる桜庭和志は、グラウンドで関節技を狙うのは、各ラウンドの残り時間が1分程度になった時に限定した。うまくかかれば数秒でフィニッシュできるし、もし失敗してポジションを失っても、数十秒間守っていれば、ラウンド終了のゴングに救ってもらえる。この冷静沈着さが、桜庭和志最大の武器だ。

桜庭のヒザ十字固めを見て、満員の東京ドームが歓声で大いに沸いた。

残り時間はわずか30秒。試合はここで終わってしまうのか？　ＵＦＣで無敗の王者に、ついに土がつくのか？　グレイシーには「たとえ骨が折れても絶対にタップしない」という伝説があるが、果たしてホイスはタップ（ギブアップ）するのだろうか？　それとも桜庭和志がホイスのヒザ関節を破壊してしまうのか？　トーナメントの準決勝に進むのは桜庭和志なのか？　観客ひとりひとりの頭の中に、瞬間的に多くの疑問が浮かんだ。

だが、ホイスに尻を蹴られたことで、関節技を極めるために必要なテコの支点が、わずかにずれ、桜庭のヒザ十字固めはフィニッシュには至らないまま、第１ラウンド終了のゴングが鳴った。

ホイスはモニターで桜庭の足の位置を確認していた

異様などよめきが収まらない中、第２ラウンドが始まる。

ホイスがやることとは変わらない。桜庭のパンチを警戒しつつ、やや腰高のタックルで組みつきにいく。グラウンドで上になれれば申し分ないが、下になってガードポジションをとってもいい。トーナメント優勝をめざすホイスは、早期決着のために、一刻も早くグラウンドに持ち込もうとしていた。

だが、アマチュアレスリング出身者が、柔術家のタックルにたやすく倒されるはずもなかった。

桜庭をニュートラルコーナーに押しこんだホイスが左ヒザで桜庭の右足を数発蹴ったものの、その後、膠着が続いたことからレフェリーの島田裕二がブレイクを命じた。

「膠着があった場合には、2分でブレイクというルールがあった」と桜庭和志は証言しているが、ホイスはレフェリーの指示に首を横に振った。レフェリーストップが存在しない特別ルールに膠着ブレイクなどあり得ない、というのがホイスの理解だ。

セコンドのホリオン・グレイシーも、レフェリーに向かって声を荒らげた。

「ブレイクするなら、試合をやめるぞ！」

特別ルールを設定したにもかかわらず、グレイシーサイドとレフェリーの認識には、なお大きな齟齬があったのだ。

レフェリーの指示に従わないグレイシー陣営と、困惑するレフェリー。両者の話し合いの最中にホイスがヒザ蹴りを続けたことに、桜庭のセコンドについた髙田延彦が激しい非難を浴びせ、険悪な雰囲気が漂った。結局、説得は不可能と感じた島田レフェリーは試合を再開し、以後、膠着ブレイクを命じることは二度となかった。

桜庭が再び笑顔を見せたのは、なかなかグラウンドに持ち込めないホイスが、ヒザ蹴りで攻撃してきた時だった。

桜庭和志によれば、ヒザ蹴りがくるタイミングは感覚でわかるという。ホイスが蹴ろうとする直前に足を動かしてかわすのだが、どういうわけか、ホイスのヒザ蹴りは予想を遥かに超えて正確だったから、桜庭は内心舌を巻いた。なぜ、ホイスはこれほどヒザ蹴りがうまいのだろう？　俺の足は見えていないはずなのに。だが、セコンドの松井大二郎の声で、桜庭の疑問は氷解する。

「桜庭さん、ホイスはモニターを見てますよ！」

ホイスは巨大なモニターを見て、桜庭の足の位置を確認していたのだ。

道理で、蹴りが異常に正確だったわけだ。桜庭はむしろ安心して微笑を浮かべた。

グレイシーは神秘的なイメージを纏っているが、案外合理的なヤツらではないか。

いつ果てるとも知れない死闘の中に再び浮かぶ桜庭の微笑を見て、中継の三宅正治アナウンサーが感嘆して言った。

「桜庭はどんなイリュージョンを見せてくれるのでしょうか？　ホイスは、これは決闘だ。イベントやテレビは二の次だと言っていました」

一方、桜庭の笑顔をモニターで見たホイスは、別の感想を抱いていた。

「本当のところはわからないけど、人はナーバスになると、リラックスしているように見せようと笑ってみせることがある。サクラバがあれほど笑うのは、ナーバスになっていたからじゃないかな」（ホイス・グレイシー）

だが、じつのところ、桜庭は極めて冷静だった。ＩＱレスラーの異名を持つ男は、ホイスの道衣の上着の裾をつかんでめくり上げると、頭からかぶせようとした。ホイスの視界をふさいでおいてから殴ろうと考えたのだ。ルール上は、脱がせて首を絞める以外、道衣や帯をどのように使うことも許されている。

「ホントはグラウンドでやりたかった。グラウンドで後ろから道衣をめくって頭からかぶせて、目が見えないようにしてから殴ろうと思っていたんです」と桜庭は笑う。

桜庭の意図に気づいたホイスは必死にディフェンスする。桜庭のボディを殴り、右腕で桜庭の左脇を差した状態で背中でクラッチして、頭から道衣をかぶせられることを防いだ。

すると桜庭は、今度はホイスの道衣を上から脱がせにかかった。両肩の下まで押し下げ、腕の自由を奪おうとしたのだ。想像を絶するほど自由な発想から生まれる攻撃は、百戦錬磨のホイスにとっても未知の領域だったはずだ。

「それもゲームの一部さ。腹を立てたりはしないよ」（ホイス・グレイシー）

驚くべきことに、道衣を脱がせることは、あらかじめ桜庭のゲームプランに含まれていたという。

《松井（大二郎）を使って練習したときには、グラウンドでは完璧に道衣を脱がすことができた。でも、立って片方の脇を差されている状態だと、どうしても襟の部分が肩に引っ掛かってしまう。ああ、これもダメだったか。けっきょく僕のストリップ大作戦は、どちらも中途半端なかたちで終了。後日ビデオを見てみたら、ホイスは片方の肩だけを露わにした、かなり艶めかしいカッコになっていた。》（桜庭和志『帰ってきたぼく。』）

「まったく、サクラバは何ということをするんだ！」

呆れたようなエリオ・グレイシーの笑顔がモニターに大写しになると、東京ドームに少しだけ柔らかい空気が流れた。この86歳の老人が、半世紀近く前に不世出の柔道家・木村政彦と戦ったことを、観客の多くはすでに知っていた。桜庭を応援しつつも、エリオとグレイシー一族には敬意を払った。もはやプロレス的な仕掛けなど必要ない。リング上で戦っているのは、もはやヒールでもベビーフェイスでもなく、ふたりの素晴らしいファイターなのだ。

第3ラウンドもこれまでと同様に、ホイスに押し込まれた桜庭がロープを背負う展開から始まった。

桜庭のヒザがホイスの急所に入って、数分間、試合が中断されるというアクシデントがあり、島田レフェリーが桜庭にイエローカードを提示して注意1を与えた。

回復したホイスはキックを使い始める。アントニオ猪木がモハメッド・アリとの試合で使ったようなスライディングキックで桜庭の注意を下に向けておいてからのハイキック！　だが、いずれも空を切った。スタンドでの打撃を見せておかなければ、桜庭をテイクダウンすることは難しい。ホイスはそう考えたのだろう。蹴りやパンチを使いつつ、桜庭を赤コーナーに押し込んだホイスが桜庭の足を取ろうとする。

だが、桜庭はひらりと身をかわすと、横に回ってホイスの胸を押して倒し、そのまま中腰で上から殴りにいく。ホイスにとって、サイドをとられて殴られ続けるのは最悪だ。背中をつけたホイスは腰を中心にすばやく回転し、両足を駆使してディフェンスした。

ホイスの見事なガードワークに、広い東京ドームの観客席から歓声と拍手が湧き起こった。

予測不能の桜庭の戦い方にホイスは完全に混乱していた

ホイスは日本の観客が好きだ。

「アメリカのファンは殴り合って流血するような残酷な試合を見たがるから、グラウンドになると、立たせろってブーイングしてくる。一方、日本のファンはちょっとした動きにも敏感に反応する。テクニックを見てくれるんだよ」（ホイス・グレイシー）

立つ桜庭と寝るホイス。至近距離での猪木－アリ状態となった。

一見、上にいる桜庭が有利に見えるが、実際にはそうではない。ホイスは下から桜庭の顔面を足裏で蹴ることができる。ペダラーダと呼ばれるこの危険な技については第12章で触れた。

果たして桜庭は、ここからホイスの足を越えてパスガードすることができるのだろうか？　誰もがそう思った次の瞬間！　桜庭はホイスのズボンのヒザ裏あたりを両手でつかみ、ホイスをひっくり返しにかかった。

「サクラバはいろいろなことをやってくるから、動きが予測できないんだ」（ホイス・グレイシー）

ホイスが必死に足を使って防御し、近づいていた桜庭の顔を殴ったことでズボンをつかんでいた桜庭の手が離れると、ホイスはすばやく立ち上がって距離をとった。

スタンド・アップ・イン・ベース。座った状態から、相手の攻撃を想定しつつ、安定した状態を保ったまま立ち上がるこの技術はセルフディフェンスの基礎技術だが、MMA＝総合格闘技でも有効なのだ。

両者はスタンドで向かいあい、ホイスが再びキックで攻める。右のロー、そして右のハイ。桜庭も右のローで応戦する。

天井からの強いライトに照らされて、ふたりは大量の汗をかいている。

裸体の桜庭は、汗が蒸発すれば気化熱で身体の熱が奪われて体温が少し下がる。

だが、道衣を着用するホイスは、熱を外に逃がすことができない。

しかも道衣は汗がしみこんで重くなるばかり。その上、スタンドでの攻防がほとんどだから、ガードポジションをとって休むこともできない。次第にホイスは肩で息をするようになった。

もちろん桜庭も疲労と無縁でいられるはずもないが、表情からは一切読み取れない。

いや、桜庭が表情に出さない。常に笑顔と冗談を絶やさないショーマンの裏には、冷徹な勝負師が隠れている。

カカトで桜庭の足を何度か踏みつけたホイスの右足が、桜庭の左足に払われた。バランスを崩したホイスがロープにもたれかかると、桜庭は右ヒザ蹴りで追撃。ホイスにつかまれていた右手が離れた瞬間に殴りにいく。左手はホイスの襟をつかんで離さない。襟をつかまれたまま数発のパンチを顔面に受けたホイスは、たまらず寝転んでグラウンドへと退避する。この日一番の大声援が桜庭に送られた。

だが、その後もホイスが消極的になることはなく、逆に下からのキックで果敢に反撃する。気持ちの強さはさすが歴戦の勇者だ。

上にいる桜庭も、強烈な左右のキックで応戦する。

兄ホイラーがこの状態から蹴られ続けて大きなダメージを受けたことを知るホイスは、再び立ち上がって距離をとった。

「サクラバのキックに気をつけろ！」とセコンドのホリオンから声が飛ぶ。

ホイスは混乱していた。

ストレートでもフックでもなく、腕を伸ばしたまま斜めに振り下ろすような、ボクシングではあり得ない軌道のパンチに気を取られれば、威力のある右のローキックをまともに喰らってしまう。立っても寝ても蹴られる。得意のグラウンドに持ち込むことができないまま、スタンド状態でもみあえば、離れ際に強烈なローキックをもらう。

桜庭に余裕が出てきた。右アッパーも、強烈な右ローも当たるようになってきた。

桜庭の優勢、ホイスの劣勢が誰の目にも明らかとなった第3ラウンドが終わった。

インターバルの2分間は、セコンドの存在価値を問われる時間だ。特に、劣勢にあるホイスのセコンド陣は、混乱する選手に打開策を示さなくてはならない。だが、長兄ホリオンにとって、この試合はすでに悪夢と化していた。

「試合前、ホリオンはこう言っていました。時間無制限にすれば、かえって早期決着になるよ。トーナメントのことを考えれば、お互いに早く終わりたいからって」（PRIDEの外国人担当だった水谷広保）

ホリオンの予想は完全に外れた。

1993年11月のUFC誕生以来、MMAは急速な進歩を続けた。かつて一世を風靡した柔術家の天下は去り、打撃、テイクダウン、寝技のすべての要素が高いレベルで揃っている選手でなければ勝てない時代が到来していた。

そのトップランナーこそが桜庭和志だった。

「サクラバはストライカーでもグラップラーでもない。ヴァーリトゥード・ファイターさ。レスリングもボクシングもグラップリングも何でもできる。しかも、すべてが高いレベルで揃っている。現在のMMAファイターがやろうとしていることを、サクラバは20年も前からやっていたんだ」（元シュートボクセで、現在はロサンジェルスでKINGS MMAを主宰するハファエル・コルデイロ）

一方、グレイシーの一族は数十年にわたって、空手家やボクサーとヴァーリトゥードの異種格闘技戦を行うことで柔術の優位性を証明してきた。柔術家のアイデンティティは「柔術こそが実戦に役立つ最強の格闘技である」というものだ。最強の格闘技を自認する柔術のインストラクターを本業とするグレイシーの一族が、MMAに勝つために、レスリングやボクシングに熱心に打ち込むはずもなかった。

打撃は寝技では役に立たない。寝技に持ち込めば必ず勝てる、と柔術家は主張する。確かにその通りだろう。だが、相手をテイクダウンできず、すなわち寝技に持ち込めず、その上、スタンドの打撃で圧倒されてしまえば、柔術家はどうすればいいのか？

桜庭と向かい合うホイスは、その答を切実に求めていた。答えてくれるのは、自分を世界的な有名人にしてくれた長兄のホリオンであり、誰よりも尊敬する父のエリオであるはずだった。だが、ふたりがホイスの問いに答えることはついになかった。

第4ラウンドも、コーナーマット付近での押し合いから始まった。

まもなく桜庭はホイスを突き放し、再び猪木－アリ状態が現出した。

このまま蹴られ続けることを望まないホイスは、すぐにスタンド・アップ・イン・ベースで立ち上がり、スタンドでの打撃戦を選択する。

桜庭の体重の乗った左ミドルが当たる。ミドルを蹴る時に、桜庭は左を使うことが多い。だがこの日の桜庭は左足首を傷めていたから、もっぱら右で蹴っていた。

会心の左ミドルだったが、強く痛みが出て、以後は封印した。

打撃のセンスでは明らかに桜庭に分がある。

ホイスも必死に前に出るものの、ダメージを受けた分、足どりは重い。時折、猪木のようにスライディングしながら蹴りにいくが、スピードは失われ、軽々と避けられてしまう。疲労の色が濃く、頬がわずかに切れて血がにじんでいる。

桜庭のパンチがホイスの顔面をとらえる回数が増えた。ボクサーのような強いパンチではないが、それでも少しずつ、確実にホイスにダメージを与え続けている。

気がつけば、試合は桜庭のゲームプラン通りに進行していた。

ホイスにテイクダウンを繰り返させて体力を奪う。座って休ませることも、ガードポジションで休ませることも許さない。もちろん自分はできるだけ脱力して休む。相手が寝ている時も立っている時も、キックでダメージを与え続ける。パンチが当たっても、会心のローキックが決まっても、決して深追いはしない。あせる必要はない。時間はいくらでもあるのだから。

一方、ホイスのゲームプランは完全に崩壊していた。

グラウンドに持ち込めないまま、時間だけが経過していく。全身にはかなりの疲労が蓄積され、特に左足は深いダメージを受けている。

第4ラウンド終了直前、ホイスはようやくグラウンドに持ち込んだものの、フィニッシュすることはできなかった。

桜庭がホイスの足の方を向き、足を1本挟まれたままホイスの上に座るという奇妙な体勢のまま、ふたりは第4ラウンド終了のゴングを聞いた。

試合時間は、すでに1時間を超えようとしていた。

通常は数分、時には数秒で決着がつくＭＭＡの常識を大きく超える試合となった。

広い東京ドームには試合開始のゴングが鳴る以前から、息が止まるような異常な緊張感が漂い続け、ラウンドが進むにつれて増幅していった。

各ラウンドのインターバルのたびに、ため息のような安堵感が観客席に広がった。

水谷広保が、この時のバックヤード（楽屋裏）の様子を次のように証言してくれた。

「ホイスと桜庭が戦っている間、時間の経過を少しも感じなかったことを、いまも思い出します。次の試合を控えている選手たちは、時折ウォームアップをしながらも、モニターに釘づけになっていました。大会関係者も選手も、そして海外からやってきたメディア関係者も、全員が『いま、何かとてつもないことが起こっている！』という興奮を抑えきれない様子でした」

この先にどんな結末が待っているのか、誰にも想像がつかなかった。

Susumu Nagao

第20章

107分の死闘③

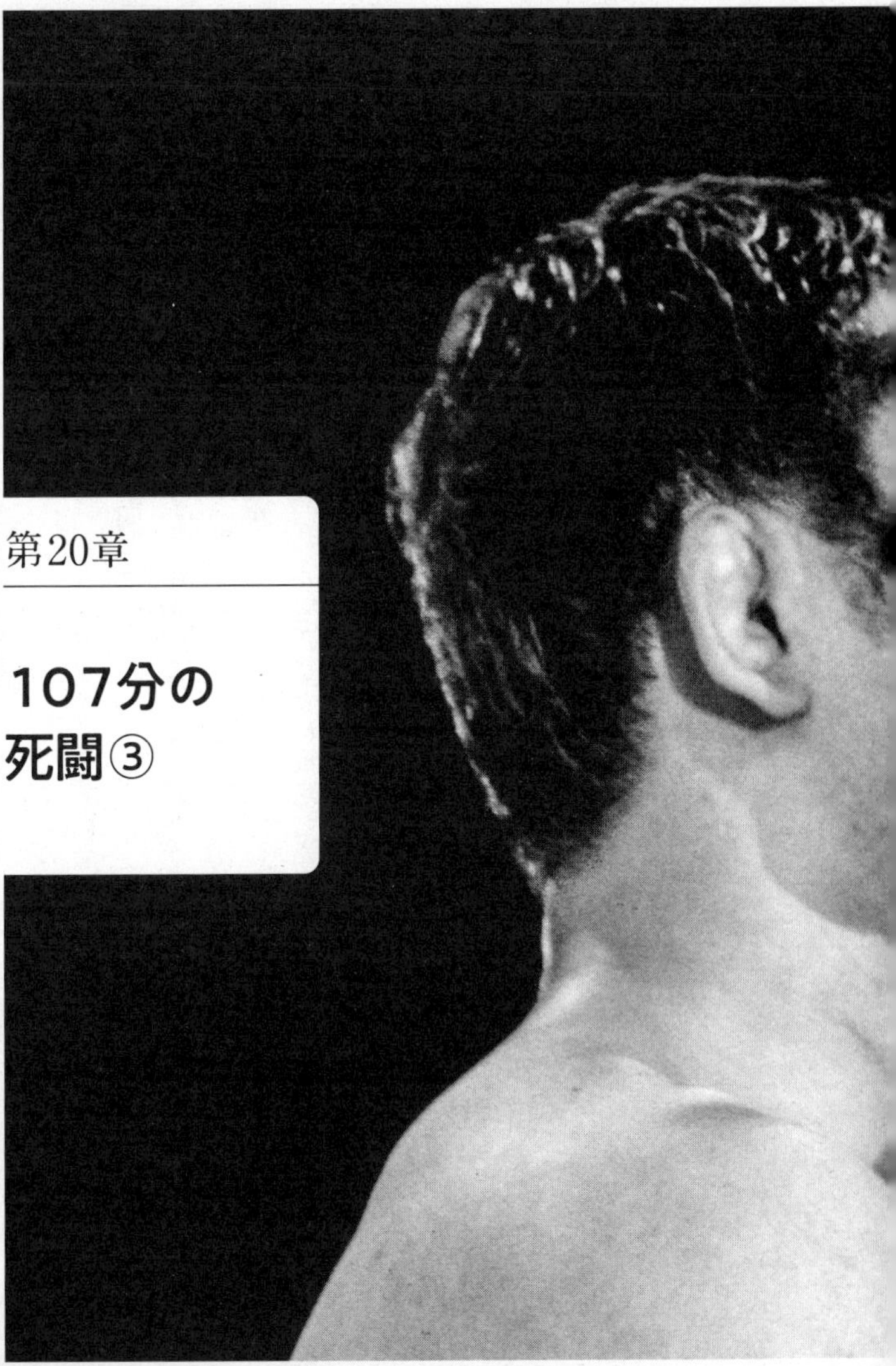

2000年5月1日　東京ドーム　桜庭和志×ホイス・グレイシー

第5ラウンドのゴングが鳴った直後、中継の三宅正治アナウンサーが、この異常な試合の現状を改めて視聴者に説明した。

「時間無制限。とにかく相手が音を上げるまで、相手が参ったというまで試合は続きます。無間地獄。これから第5ラウンドに入ります！」

ホイス・グレイシーは、桜庭和志を赤コーナーに押し込むと、そのまま引き込み、この試合で初めてガードポジションをとることに成功した。ホイスからすれば、自分の庭に桜庭を引き入れたに等しい。

第5ラウンドが始まってから、まだ1分も経っていない。ついにホイスのガードに入った桜庭は、ここからどのようにして勝利を得るのか？　それとも、下にいるホイスがこのまま桜庭を絞め落とすか、あるいは関節を極めてしまうのだろうか？

試合開始から1時間以上が経過していたにもかかわらず、東京ドームの観客たちは、相変わらずこの先の展開をまったく予測できなかった。

下から両足で桜庭の胴体を挟み込んだホイスは、カカトで桜庭の腎臓をコツコツと蹴りながらチャンスをうかがう。上にいる桜庭がホイスの顔面を殴ろうと重心を前に傾ければ、ホイスは三角絞めにも、腕ひしぎ十字固めにも、キムラ（ダブルリストロック）にも移行できる。スウィープ（引っ繰り返す）することも可能だ。

桜庭は完全に密着するか、もしくは背中を立てる（ポスチャー）かのどちらかの体勢をとらなくてはならない。

三角絞めを警戒しつつ、隙を見て殴りにいく。ホイスが打撃のディフェンスに気をとられた瞬間にパスガードしてサイドマウント（横四方）もしくはマウントポジション（馬乗りの状態）を奪うのが理想だ。

抜群の打撃センスを持つ桜庭は、ホイスのガードに入ったままの状態でホイスの顔面に左フックを放ち、モンゴリアンチョップ、さらに手を合わせて顔面を狙う〝しあわせチョップ〟を立て続けに入れた。

試合開始直後であれば、ガードをとったホイスがこれほど立て続けに打撃を受けることなどあり得ないが、両足にかなりのダメージが蓄積されていたホイスは、桜庭の打撃をかわしきれない。

桜庭がホイスの背中側の帯をつかみ、持ち上げて逆立ちさせてしまったのは、6分30秒頃のことだった。柔道の「両足担ぎ」にも似た技だが、桜庭はホイスの帯を左手で持ったまま離さず、そのまま右手でホイスの顔面に数発のパンチを入れた。

異次元の攻撃に会場が大いに沸く。

ホイスも三角絞めを狙うが、危険を察知した桜庭はすばやくディフェンス。

桜庭の派手な動きばかりが目立つが、ホイスは見事に対応して、虎視眈々とフィニッシュの機会を狙っていた。

重要なのは、ホイスが桜庭にパスガードを一切許していないことだ。

サイドマウントも、マウントポジションも、バックマウント（相手の背中に回った状態）も奪われていない。顔面にパンチを数発もらってはいるが、大きなダメージはなく、顔も腫れていない。

世界で最も華やかな格闘技イベントの主役

桜庭が優勢であることは間違いない。しかし、この試合に判定はなく、だからこそ勝負の行方は不透明だった。ホイスからすれば、どれほど桜庭に攻められても、決定的な打撃をもらわない限り、試合はいつまでも続く。その間にたった一度、絞め技か関節技が極まれば、それで決着がつくのだ。

ガードポジションという自分の庭に桜庭を引き入れたことで、ホイスがむしろ落ち着きを取り戻したように見えた第5ラウンドが終わり、第6ラウンドが始まった。

試合開始のゴングとともにホイスが前に出ると、桜庭はタックルで応戦。その結果、リング中央で、ホイスはいきなりガードポジションをとった。

桜庭がホイスのガードを破ることは難しい。そのことは第5ラウンドの攻防で明らかになっていた。

桜庭が立ち上がると、寝た状態のまま蹴られたくないホイスも立ち上がろうとする。その瞬間、桜庭が強烈な右ローを2発続けて放った。

ホイスは明らかにダメージを受け、少し左足を引きずるようになった。

パンチの攻防でバランスを崩し、うしろに倒れた際に高く上がったホイスの左足首に桜庭の右ローが飛ぶ。第6ラウンド開始のゴングから4分30秒が経過したあたりだ。

おそらくはこの瞬間に、ホイスの左足が破壊されたのだろう。

「試合後に病院で検査してわかったんだけど、靱帯が損傷して、脛骨（すねの骨）に亀裂が入っていた。もしこの負傷がなければ、試合はネバーエンディング、永遠に続いたはずだよ（笑）」（ホイス・グレイシー）

ホイスが筆者に指さした負傷箇所は、左足首の前面だった。

猛烈な痛みを必死に隠しつつ、ホイスはなおも桜庭とスタンドで向かい合う。左の前蹴りを多用したのは、ダメージがないように見せかけるためだろう。

さらにホイスは前に出て、桜庭をロープ際に押し込む。

「ダメだ。サクラバは休んでいる。ホイス、もっと動け！」

ホリオンの声が飛ぶが、桜庭よりもさらに疲れているホイスにとっては、酷な言葉だったはずだ。

だが、セコンドの声は神の声。ホイスは桜庭から離れて、リング中央で距離をとった。

スタンドでの打撃戦を選択したホイスだったが、足に深いダメージを負っていたからフットワークが悪く、桜庭に距離を支配されてしまう。

前に出ようとするホイスの左腿に桜庭の強烈な右ロー。

思わず寝転んだホイスの左腿に再び強烈な右ロー。

ホイスはなんとか立ち上がったものの、もはや左足を思うように動かせないことは、誰の目にも明らかだった。

「10分経過。テン・ミニッツ・パスト」のアナウンスが流れた頃、ホイスの左足のダメージは危険な領域に入っていた。ホイスにとって残り時間5分はあまりにも長い。桜庭のKOを期待する観客たちが、手拍子とともに大きな「サクラバ！」コールを送っている。

だが、桜庭は冷静に、目の前の相手にダメージを負わせることだけを考えていた。キックを警戒するホイスに、意表をついた右フック。続いて左ストレート。ホイスの意識を上に向けておいてからの右ロー、左右左のパンチを立て続けに放つ。たまらず寝転んだホイスの左足首に、さらに強烈な右ロー。

ホイスのダメージの深さは、もはや東京ドームの観客全員に伝わっていた。

「残り時間3分。スリー・ミニッツ・レフト」

という場内アナウンスを、ホイスはどのように聞いただろう。

なんとか立ち上がったホイスは、セコンドのホリオンに向かってポルトガル語で言った。

「足がすごく痛い！」

ホリオンと父エリオが深刻な表情で話し合う映像がモニターに映し出されると、場内にどよめきが起こった。ホリオンがタオルを握りしめると、どよめきはさらに大きくなった。

おぼつかない足取りで距離をつめたホイスの左袖を桜庭が右手でつかみ、そのまま左手でホイスの顔面を殴ろうとする。

ホイスはたまらず倒れたが、桜庭は右手を離さず左手で殴り続ける。

身体を回転させて、必死に足でディフェンスするホイス。

猪木－アリ状態から桜庭が右ローを出したところで「残り時間1分。ワン・ミニット・レフト」のアナウンスが流れた。

残り30秒となったあたりで、桜庭がジャンプして、ダブルフットスタンプを試みた。

ホイスの長い両足を飛び越えることはできなかったが、桜庭の右パンチがホイスの顔面に届いた。

第6ラウンド終了のゴングが鳴る。

コーナーに戻ってきたホイスの首の後ろを氷嚢で冷やしながらホリオンが聞いた。

「棄権したいのか？」

ホイスは質問には答えなかった。

「足が痛くて動けない。このままならKOされてしまう」

2分間のインターバルが終わっても、ホイスは立ち上がらなかった。

島田裕二レフェリーが「棄権するのであればタオルを投げてほしい」とホリオンに要請した。「レフェリーが勝手に試合を止めた」と、あとでイチャモンをつけられては困る。今度こそ誰の目にもわかるような、はっきりとした形で試合を終わらせなくてはいけない。仕方なくホリオンが白いタオルを投げると、島田レフェリーが試合終了のゴングを要請した。

桜庭和志が勝利したのだ。

試合開始のゴングが鳴ってから、すでに107分が経過していた。東京ドームの観客席は文字通り総立ちとなり、ふたりの健闘を称えた。拍手と歓声はいつまでも鳴り止まなかった。

レフェリーに手を掲げられた桜庭のもとにホイスが近寄る。ふたりは抱きあい、握手した。

「僕はサクラバの勝利を祝福した。サクラバは『また試合をしましょう』と言ったから、僕も『ぜひやろう』と言った。君は次にボブチャンチンとやるんだろう？　ガンバッテクダサイと言ったよ」（ホイス・グレイシー）

桜庭はいったん自分のコーナーに戻って髙田延彦らセコンド陣と握手すると、ホイスのコーナーに行き、もう一度ホイスの手を両手で握り、セコンドのホリオンとも握手をした。

リング下にいたエリオとは、ロープから身を乗り出して握手を交わした。

エリオは息子を叩きのめした男と握手しながら、笑顔を見せた。

《サクラバは自分の方から敬意を見せて握手を求めてきたし、礼儀正しい態度だったからね。だから私も応じたんだよ。それに私も、彼の素晴らしい戦いぶりを褒め称えたかったんだ。サクラバはトーナメント全体のベストファイターだった。彼はもしホイスと対戦していなければ優勝しただろう。（中略）あの試合は私自身が（ヴァルデマール・サンタナと）3時間45分戦った試合以来、最高の試合だったと思うね。非常にビューティフルで、重要な試合だった。》（エリオ・グレイシーの発言より。『ゴング格闘技』2000年7月号）

桜庭はホイスのコーナーにいた2名のセコンドとも握手を交わしたあと、再び島田裕二レフェリーに左腕を掲げられて大歓声に応え、控え室に戻った。

「試合直後のバックヤードは大混乱でした」

と、外国人担当の水谷広保は振り返る。

「記者たちはとにかくホイスのインタビューを取りたい。エリオの話も聞きたい。でも、グレイシーたちは話したくない。ホイスはダメージを受けているから1秒でも早くホテルに帰したいと思っている。

だから、すぐにホテルに向けてバスを出しました。

通常のPRIDEの興行では、会場とホテルを往復するバスを2台用意します。赤コーナーのバスと青コーナーのバス。対戦相手と車内で顔を合わせてもいいことはひとつもありませんから。

でも、グレイシーが出る時はもう1台用意します。人数が多いからです。セコンドと家族で10人。そのほかに世界各国からお弟子さんや師範クラスが20人くらい集まります。もちろんホイスの応援にやってくるんですが、エリオに会えることも大きい。ホイスを応援することでエリオに忠誠を誓い、グレイシー一族の結束を固める。同窓会みたいに盛り上がるんです。

僕たちは桜庭vsホイス戦の映像を何十本もダビングして、VHSのビデオテープを選手たちに持って帰ってもらいました。僕たちはPRIDEを世界中にプロモーションしたい。でも、アメリカでもブラジルでもオランダでも、テレビではやっていません。ファイターたちが自国に持ち帰ったビデオはダビングを重ねられて、多くの格闘技関係者やファンが見ました。桜庭vsホイス戦ほどPRIDEの魅力をわかりやすく伝えてくれた試合は、ほかにはありません。常識では考えられない判定決着なしの時間無制限ラウンド。しかも、動きのないままダラダラと時間が過ぎていったわけではなく、『これからどうなるんだろう?』というサスペンスが90分間ずっと続いた。

マスクをかぶって入場するなんてナンセンスだ、と外国人ファイターたちは考えています。マスクをかぶれば息苦しい。体力を消耗させるような行為は1秒でも避けるべきだ。試合直前にエネルギーを使うのは愚かだ。試合に向けて、精神を最大限に集中させなければならない大切な時間に、パフォーマンスをやって観客を喜ばせるなんてアタマがおかしい、と。

ところが、そんなクレイジーなサクラバが、ホイス・グレイシーに勝ってしまった。

ホイスがフェイクを引き受けるはずがないから、あの試合はガチに決まっている。サクラバは面白い上に恐ろしく強い。たいしたヤツだ。外国人ファイターたちは全員そう思ったんです」

２０００年当時にはアメリカ西海岸で暮らしていた格闘技ライターの堀内勇は「じつはアメリカでもグレイシーは悪役であり、桜庭は人気者でした」と証言する。

「僕は当時、アメリカの格闘技フォーラムによく（英語で）投稿していたんですけど、そこでもホイラーやホイスは悪役でしたね。いつもゴニョゴニョとセコい交渉ばかりで、自分が有利なルールを押しつけて、強いヤツとはめったに戦わないって。

一方、桜庭の面白さは国境を越えていて、最高のコメディアンだと高く評価されていたんです。プロレスのマスクをかぶって入場するのも面白いし、カーロス・ニュートンに膝十字を鮮やかに決めたのも凄い。

一番ウケたのは、ホイス戦の前に桜庭がインタビューを受けた時。長時間の試合になるから、おむつをつけて試合をしますと言って、ジャージの上に紙おむつを着用してカメラに収まったヤツ。ああいうジョークがアメリカ人は大好きですから。

ＵＦＣがまだ小さくてドサ回りを続けていた２０００年代、ＰＲＩＤＥは東京ドームやさいたまスーパーアリーナに何万人もの観客を集めていた。世界で最も華やかな格闘技イベントの主役。それこそがカズシ・サクラバだったんです」

死闘の後、再びリングに上がった桜庭の真意

ホイス・グレイシーとの死闘を終えた桜庭和志が疲れ果てていることは、誰の目にも明らかだった。さらに桜庭は大会前から「ホイスに勝ってもトーナメントの準決勝には出場しない」と公言していた。

だからこそ、ホリオンがタオルを投げてから1時間も経たないうちに再び『SPEED TK RE－MIX』が東京ドームに鳴り響き、桜庭和志の名前がコールされた時には、3万8000人の観客全員が驚愕した。

棄権するものだとばかり思っていたからだ。

準決勝に進出した桜庭の対戦相手は〝北の最終兵器〟イゴール・ボブチャンチン。佐山聡が命名した〝ロシアンフック〟の使い手である。

ボクシング式のパンチは相手と正対せず、左右どちらかの足を前に出して構えるが、それではタックルに弱い。MMA＝総合格闘技では相手と正対したままパンチを放つことが必要だ。そうすれば、相手にタックルに入られても余裕を持って切ることができる、と佐山は言う。必然的に腰が入らず手打ちになるが、上半身の力が強ければ相手を倒すことが可能だ――。

恐るべきロシアンフックの持ち主であり、自分より20kgも重い純然たるヘビー級ファ

イターが待ち受けるリングに、疲労困憊の桜庭は平然と足を踏み入れていく。

桜庭の高いプロ意識と勇気に驚愕したのは観客ばかりではなかった。

「マーク・コールマンが僕に聞いてきました。『サクラバはボブチャンチンと戦うのか？』って。『やるって言ってるよ』と答えたら、『クレイジーだ！』って（笑）。PRIDE GPは無差別級のトーナメントで、桜庭さんはその中でも一番小さい。そんな桜庭さんが時間無制限の試合を戦ったあとで、108kgのボブチャンチンとやると言ったわけですから、外国人選手たちが驚愕して、大いにリスペクトしたのは当然でしょう」（水谷広保）

桜庭自身は、準決勝のリングに上がった理由を次のように説明している。

《他人の予想を覆すのってじつに気持ちがいい。ホイスとの対戦が決まったあと、ぼくはあちらこちらで「ホイスに勝ったら、つぎの試合は棄権します」とふれ回っていた。事実、ホイス戦は90分もの長期戦となった。たしかに、あの一戦は「棄権します」という発言に妙な説得力を与えたようだった。実際に、会場を訪れたほとんどのお客さんも、ぼくはもうリングには出てこないと思っていたのではなかろうか。

しかし、これは一種のネタ振り。その言葉通りに棄権してしまったらおもしろくもなんともない。「棄権します」とネタを振っておいて、いざ試合に出場したらお客さんは驚いてくれるはず。ぼくはふたたびマスクを着用して入場ゲートへ向かった。

テーマ曲とともに花道に出てみると、歓声と驚嘆の声が入り交じった音の洪水が体を激しく突っついてきた。この〝世界一体を張ったギャグ〟はぼくの目論見どおり大ウケ。みんな、心からビックリしてくれたみたいだった。よっしゃ。ぼくがお客さんに対して仕掛けたフェイント攻撃は、とりあえずは成功をおさめた。

でも、どうせまたマスクを被るのなら、最初に松井（大二郎）か（豊永）稔に入場してもらって、僕はレフェリーのカッコをしてリング下で待機して、シレ〜っと彼らをチェックしたほうがおもしろかったかな。あとになって、ちょっぴり後悔した。》（桜庭和志『帰ってきたぼく。』）

だが、「世界一体を張ったギャグ」という桜庭の説明を言葉通りに受けとることはできない。桜庭和志は常に本音を語るわけではないからだ。

PRIDE GP1回戦で対戦したガイ・メッツァーとの試合が、相手の試合放棄という不透明な決着に終わった時、桜庭はマイクを持って次のように謝罪した。

「問題ある試合をしてしまって申し訳ありません。トーナメントに優勝したいと思いますので、今日は勘弁して下さい」

この時に観客とした約束を桜庭は果たそうとしたのだ。筆者はそう考えている。

力尽きて敗れるならば仕方がないが、自分にはまだ少々の余力がある。優勝の可能性が少しでも残っている以上、リング上ですべての力を出し尽くして挑戦するべきではないか、と。

イゴール・ボブチャンチンとの試合開始のゴングが鳴る。

桜庭は恐るべき強打の持ち主と堂々と打撃戦を戦い、何度もローシングルでテイクダウンを奪い、肩固めや腕十字を狙った。だが、体格差、パワーの差、スタミナの差は大きく、ボブチャンチンに振り払われた桜庭はロープまで跳ばされ、さらにジャーマンスープレックスで投げ飛ばされてしまった。

15分1ラウンドを戦って、判定はドロー。延長15分がコールされたが、体力が切れた桜庭はここで棄権。ボブチャンチンの勝利が宣告された。

PRIDE GRANDPRIX 2000の優勝者は、イゴール・ボブチャンチンをグラウンドでのヒザ蹴りで下したマーク・コールマンだった。だが、そのことを記憶している人間はごく少数だろう。

私たちが未来永劫語り継ぐのは、桜庭和志とホイス・グレイシーの107分の死闘なのだ。

Susumu Nagao

第21章

ヘンゾ・グレイシー

2000年8月27日 西武ドーム 桜庭和志×ヘンゾ・グレイシー

桜庭和志とホイス・グレイシーの一戦を、日本の総合格闘技史上最高の試合と考えるファンは多い。

理由は、大きく分けて3つある。

ひとつめは、グレイシーサイドの要求を桜庭がすべて受け容れ、その結果、15分×6ラウンドの90分とインターバルを含めてトータル107分にも及ぶ常識を超えた長時間ファイトとなったこと。

ふたつめは、その間、立ち技から寝技へ、寝技から立ち技へと何度も移行し、一瞬も目を離せないほどの緊張感に溢れる熱戦であったこと。

3つめは、髙田延彦、安生洋二らUWFのプロレスラーが手も足も出なかったグレイシー柔術に、ついにプロレスラーがリベンジを果たしたこと。

桜庭は強く、さらに試合はとてつもなく面白い。人気が爆発したのも当然だろう。

2000年8月10日に発売された『スポーツ・グラフィック ナンバー』503号の特集は「プロレス、来たるべきもの」。タイトルはオーネット・コールマンの名盤からのいただきだが、表紙を飾ったのは、もちろん桜庭和志だ。モノクローム（白黒）で撮影されたファイティングポーズの全身ポートレート。黒いショートパンツと黒い革のシューズは、もちろんアントニオ猪木の〝ストロングスタイル〟を象徴している。

特集担当デスクをつとめた高市尚之の意図は明白だ。

「プロレスはキング・オブ・スポーツであり、最強の格闘技である」というアントニオ猪木の主張は真実ではなかった。プロレスとは結末が決められたショーであり、ふたりのレスラーは観客を熱狂させるために結末の決められたショーを演じている。「リアルファイトの総合格闘技を目指す」と主張したUWFのプロレスも、残念ながら結末が決められていた。

だが、PRIDEで行われている桜庭和志の試合はリアルファイトであり、桜庭の勝利はあらかじめ約束されていない、真の勝利だ。

アントニオ猪木が唱えた幻想の〝ストロングスタイル〟を、現実のものにしてしまったプロレスラー。それこそが桜庭和志なのだ――。

特集を組んだ理由が、一枚の写真で見事に表現されている。『ナンバー』史上屈指の素晴らしい表紙であることは間違いない。

だが、その一方では疑問も生じる。果たして我々は、桜庭和志をプロレスラーと呼んでしまってもいいのだろうか？

桜庭がPRIDEのリング上でやっていることは、プロレスとは本質的に異なるものだ。MMA＝総合格闘技を、プロレスの延長線上に位置づけてしまっていいのか？

揺れ動く私たちの思いに、桜庭和志は『ナンバー』同号の増田晶文によるインタビューの中で次のように答えた。

《確かに自分はプロレスラーです。だけどそれは、僕の基本がアマチュアレスリングで、その基本をもとに関節技を身につけているという意味なんです。基本がレスリングで、それを商売にしているということで〝プロ〟のレスラーと言っているわけで……。（中略）今プロレスが変革期にきているというのは、これはもう、しょうがないことでしょうね。だけどアメリカでやっているような、ああいうショービズとしてのプロレスと、僕らがやっていることは別個にしないといけない。今の日本のプロレスは、あれもこれも一緒に混ざってしまっている。戦うという点では同じ分野だけど、今までのプロレスと僕のやりたいプロレスは、まったく違うものなんです。（中略）僕の目指すプロレスと世間で言うプロレスの違いは、戦う相手が誰か、ということになると思います。プロレスはお客さんと戦うでしょ。どっちが勝つ、負けるというより、お客さんの反応の方が大事なんです。それは良くも悪しくも、演劇とかドラマと同じ視点ですよね。そういう客対レスラーという側面から見ればすごく真剣勝負だと思う。で、僕のやっているのは、倒すか倒されるかという意味での真剣勝負なんです。（中略）アマチュアの世界だと、ただ勝てばいい。でもプロは違います。だから僕はショー的なプロレスを熱心に追求している人を否定しません。向こうのプロレスだって、いい仕事をしている人がいるわけですし。（中略）あの技（引用者注・ダブルアームスープレックスのこと）を使って相手を投げて、それから僕が上になるほうが、タックルに入って上になるよりも、お客さんにとっても絶対におもしろいんじゃないですか。（中略）プロレスを見ている人たちは、レスラーの本当の実力というのを見たいはずなんですよ。プロレスラーと呼ばれている人が、真剣勝負の中でどのくらいの実力なのか、ランクづけをしたがっている。》

桜庭和志は、ＭＭＡファイターでありつつもプロレスを否定しない。だが、はっきりと区別している。

「プロレスと格闘技は分けたほうがいい、と思います。ただ僕たちはプロフェッショナル。お客さんにチケットを買ってもらって生活している以上、面白い試合をしてお客さんに喜んでもらわないといけない。プロレスファンは格闘技をある程度知っている。だから、プロレスファンが何も知らない一般の人を連れてきてくれて、みんなで一緒に盛り上がってくれればいいな、と僕はずっと思っていました」（桜庭和志）

ヒクソンへの批判

観客を楽しませながら、リアルファイトの世界で結果を出す。そんな離れ業を可能とするのは天才だけだ。桜庭和志はモハメッド・アリのような天才だった。

ヴィトー・ベウフォートやエベンゼール・フォンテス・ブラガといった自分よりも遥かに重いクラスの選手と果敢に戦って勝利し、ホイラー、ホイスの両グレイシーをも撃破した桜庭和志を90kg以下の世界最強ファイターとみなしたのは、日本人だけではなかった。

２０００年5月26日に東京ドームで行われた「コロシアム２０００」のメインイベントで、ヒクソン・グレイシーは船木誠勝と戦って勝利した。

ヒクソンは日本で2億5000万円ものビッグマネーを手にしたが、世界中の格闘技ファンやファイターからの評価は低い。桜庭和志とは比較にならないほどだ。

「ヒクソンは弱い相手ばかりを選んでいる」

「ガードポジションも知らないプロレスラーと戦ってどうするのか」

「ヒクソンはサクラバから逃げている」

そんな批判の声が、世界中で上がった。

リオ・デ・ジャネイロでもアメリカ西海岸でも、柔術大会の会場にヒクソンが姿を現すと、グレイシーを快く思わない人々は「サクラバ！　サクラバ！」と罵声を浴びせかけた。「ヒクソンよ、お前はサクラバから逃げている。弱虫め！」という意味だ。

「ヒクソンへの批判があることは知っている。みんなが自分の意見を持てばいいと思う。でも、ヒクソンは本当にアメージングなんだ」

と弁護するのは、弟のホイラー・グレイシーだ。

「僕はヒクソンがリオで戦った多くの試合を見ている。アカデミー（道場）のドアをノックしてきた何人もの挑戦者たちと、ヒクソンは無報酬で戦った。中には本当に強いヤツもいたよ。全盛時のマーク・ケアーとのオファーがあっても、ヒクソンが拒むことはなかっただろう。

ワイフのキムがビジネス面を重視していたことは確かだ。日本人と戦った方がよりマネーになると考えたんだろう。それでも、ヒクソンが強くてタフであることは間違いない。批判されるのは本当に気の毒だ」

賢明なるキム夫人はビッグネームとなったヒクソンの対戦相手を慎重に選び、夫妻は大金を手にすることに成功した。

２０００年12月に長男ホクソンを亡くしたこともあり、ヒクソンは結局、船木戦を最後に不敗のままファイターとしてのキャリアを終えた。

一方、ホイス・グレイシーとの激闘を終えた桜庭和志は、６月４日に名古屋レインボーホールで行われたＰＲＩＤＥ.９を欠場した。疲労が蓄積していた上に、多くの取材が殺到したためだった。

《ぼくが取材にあてていたのは、ちゃんこを食べ終わってからの昼寝タイム、そして夕方からのウェイトリフティングの時間だ。いちばん体に響いたのは昼寝タイムを削られることだった。昼寝をしないと昼間の練習の疲れが消化できない。たとえウェイトトレーニングの時間くらいは取れても、集中力がまったく持続しないのだ。

ホイス戦当時のぼくは30歳。２カ月後の７月14日には31回目の誕生日を迎えようとしていた。年齢的に体調を管理するのが難しくなってきた時期と取材攻勢の波が、うまい具合に重なってしまった。

瞬発力やパワーは年を取っても急激には衰えない。31歳という年齢が迫るにつれて、回復力が目に見えて落ちたのだ。また、寝るのにも体力が必要なのだろうか、取材がなにもない日にいざ昼寝しても１時間くらいですぐに目が覚めてしまう。以前だったら何

時間でも昼寝できたのに。ホイス戦後、ぼくは急にジジイになったような気がした。》
（桜庭和志『帰ってきたぼく。』）

ＰＲＩＤＥ.10が行われた8月27日の西武ドームは、地獄のように暑かった。球場全体が屋根に覆われているが壁面がオープンになっていて、空調設備もなかった。熱気や湿気を上に逃がすこともできない。だが、ついに人気が爆発したＰＲＩＤＥをひとめ見ようと、灼熱の西武ドームには３万２９１９人の観客が集まり、大会は大いに盛り上がった。

最大の理由は、ホイス・グレイシーを倒した桜庭和志が一躍、国民的なヒーローになっていたからだが、アントニオ猪木がＰＲＩＤＥのエグゼクティブ・プロデューサーに就任したことも大きかった。これまでも猪木は会場にはきていたものの、リングに上がったのはこの時が初めて。猪木が「暑さをぶっ飛ばすぞ！　１、２、３、ダーッ！」と叫ぶと、観客のほぼ全員が唱和した。

猪木がＰＲＩＤＥと正式に関わることによって、新日本プロレス→ＵＷＦ→ＰＲＩＤＥが一直線で結ばれた。アントニオ猪木の異種格闘技戦から生み出された「プロレスは最強の格闘技」というファンタジーは、ＵＷＦを経て、ＰＲＩＤＥへと受け継がれたのだ。以前は「総合格闘技はプロレスの敵」と考えるプロレスファンも多かったが、猪木がＰＲＩＤＥの象徴的な存在になったことで、安心してＰＲＩＤＥの会場に足を運べるようになった。少数の例外はあるものの、ＰＲＩＤＥは基本的にリアルファイトの興行であり、桜庭和志の勝利は、アントニオ猪木や前田日明の勝利のように、あらかじめ約束されたものではない。

髙田延彦に代わってPRIDEのメインイベンターとなった桜庭和志がその地位を守るためには、強い相手をリアルファイトで倒し続けるほかはなかった。

史上最も素晴らしいキムラ

PRIDE.10のメインイベントに登場した桜庭和志の対戦相手はヘンゾ・グレイシー。エリオの兄カーロスの孫であり、ホイスやヒクソンから見れば、従兄弟の子供にあたる。弟にハイアンがいる。

当時33歳でニューヨークにアカデミーを構えていたヘンゾは178cm、81kg。桜庭と同じくらいの体格だ。

95年10月のWCC（World Combat Championship）でソウルオリンピック柔道86kg級銅メダリストのベン・スパイカーズをチョークで破って一躍名を挙げ、96年11月のMARS（Martial Arts Reality Super fighting）では、UFC6王者のオレッグ・タクタロフを一発のペダラーダでKOして世界中に衝撃を与えた。

リングスKOKトーナメントでは田村潔司に判定で敗れたが、パウンドのないルールの下で行われた試合をMMAと同列に並べることはできない。

ヘンゾがヒクソンやホイスと異なるのは、寝技だけでなく、スタンドの打撃やテイクダウンにも優れたオールラウンダーであることだ。ヘンゾは、早い時期からレスリングやボクシングを自分のスタイルに採り入れてきた。柔術に生きるグレイシー一族の中では異色の存在だ。

「ファイターはコンプリートでなければならないんだ。様々な種類のトレーニングをして、スタミナをつける。打撃もテイクダウンも上手じゃなきゃいけない。僕は柔術では黒帯だけど、レスリングでもボクシングでも強い人たちとトレーニングしているんだ」（ヘンゾ・グレイシー）

ヘンゾは桜庭を大いに尊敬している。

「サクラバは素晴らしいファイターだ。賢く、常に策略があって、その上、決して疲れを見せない。絶妙なやり方で試合を自分のペースに持っていく。サクラバは長い間ずっと最高の相手と戦ってきた。正真正銘の日本代表といえるだろう。僕が学んできた文化のすべてを代表している」

10分2ラウンドで行われた桜庭とヘンゾの試合は、レスラーと柔術家の戦いとは思えないほど、スタンドでの打撃の攻防が長く続いた。

ヘンゾの打撃は、ホイスやヒクソンよりも間違いなく上だ。猪木－アリ状態になっても、ヘンゾが桜庭に蹴られることは少ない。ペダラーダで対抗しつつ、隙を見て立ち上がるからだ。桜庭が側転パスガードを狙っても、ヘンゾは冷静に対応する。攻めている時間が長いのは桜庭だが、ヘンゾがパスガードさせることは決してない。ダメージの大きなパンチやキックも受けていない。

自分は試合をうまくコントロールできている。ヘンゾ・グレイシーはそう感じていた。第1ラウンドが瞬く間に終わり、第2ラウンドの残り時間も少なくなって、桜庭和志は焦っていた。このままなら時間切れで、判定決着か延長戦となってしまうからだ。

メインイベントでもあり、微妙な判定決着は避けたい。勝つにせよ負けるにせよ、はっきりとした形を観客に見せたい。桜庭はそう考えていた。

だが、残り時間1分が近づいた頃、状況が一変する。コーナー付近で背中をつけて寝ていたヘンゾが、立っている桜庭からスウィープを狙ったからだ。

桜庭のカカトをつかんだヘンゾは、カニばさみのようにすばやく右足を桜庭の両足の間に差し入れてバランスを崩させ、その勢いのまま桜庭の股をくぐり、さらにタックルしてマウントポジション（馬乗りの状態）を奪おうと試みた。

だが、桜庭はロープのお蔭でテイクダウンされることはなく、ヘンゾがスタンドの状態で桜庭のバックを取ってクラッチ。桜庭はヘンゾの左腕をキムラで固める体勢になった。

その瞬間、桜庭は「ありがとう！」と心の中で叫んだという。バックを取られた状態からアームロックを極めるのは、桜庭の得意な形なのだ。

そのまま、両者はグラウンドに移行したが、数秒後、立ち上がろうとするヘンゾに桜庭は逆らわず、両者は再びスタンドに戻った。

次の瞬間、桜庭はすばやくヘンゾのクラッチを切り、下から上にヘンゾの左腕をねじり上げた。ピンチに陥ったヘンゾが自ら回転して逃げようとし、桜庭もヘンゾの腕を固めたまま追随した。

もしロープがなければ、ヘンゾが上、桜庭が下になっていたかもしれない。だが実際には、桜庭の身体がロープに跳ね返ってヘンゾの上に乗り、完璧なキムラが完成してしまった。この時点でヘンゾのヒジ関節は完全に外れており、桜庭はレフェリーに「ヒジ、外れてますよ！」とアピールした。

島田裕二レフェリーは、ヘンゾのヒジの状態を確認した上で試合を止めた。

2ラウンド9分43秒、ＴＫＯによる桜庭和志の勝利である。

ヘンゾにとっては一生忘れられない敗戦となってしまった。

「僕はサクラバのバックを取っていたけど、まさかあそこから極められるとは思わなかった。それまで僕はとても賢く戦い、試合の流れを握っていた。もう少しで試合終了のゴングが鳴る。判定になれば僕の勝利だろう。イージーだと思っていたんだ。ところが残り17秒でキムラが極まってしまった。サクラバも驚いていたんじゃないかな。

どうして僕のヒジが外れたかって？　僕はポジションを失いたくなかった。あのまま回転して、サクラバの上になりたかったんだ。もしそうなっていれば、僕のヒジが外れることもなかっただろうね。でもサクラバはロープに当たって跳ね返り、僕の上に乗ってきた。その瞬間にヒジが外れてしまったんだよ。

脱臼はしたけど、タップするつもりはなく、試合を続けるつもりだった。こんなの日常茶飯事さ。やらせてくれってレフェリーには言ったんだけど、彼は試合を止めた」（ヘンゾ・グレイシー）

誰に対しても笑顔で「マイ・フレンド」と語りかけるナイスガイは、試合後に、マイクを渡されるとこう言った。

「僕は言い訳はしない。今夜はサクラバが僕より強かったということさ。サクラバは日本のグレイシーファミリーだ！」

観客は、いさぎよく敗北を認めたヘンゾに大喝采を送った。何かと文句をつけてくるグレイシー一族にも、これほどさわやかなヤツがいたのか。

「僕は何が起こったのか、なぜそれが起こったのかを完璧に理解していた。自分に嘘はつけないよ。サクラバは一瞬のチャンスを見つけ出して勝利をつかんだんだ」（ヘンゾ・グレイシー）

世界の柔術界の最先端を走る10thプラネットの総帥エディ・ブラボーは、この時西武ドームにいた。バス・ルッテンの代理として、英語のコメンテーターをつとめていたからだ。

「ヘンゾがサクラバのバックをとり、サクラバがヘンゾの左腕をキムラで固めた時、俺はマイクに向かってこうコメントした。『こんな技は、道場では極まるかもしれないけど、ヘンゾには通用しないよ』。そうしたら、次の瞬間にサクラバはキムラを極めてしまった。俺は穴があったら入りたいような気分になった（笑）。この時、サクラバがヘンゾに極めたキムラは、極めてハイレベルだった。史上最も素晴らしいキムラのひとつだろう。至近距離で見て確信したけど、サクラバはキムラの達人だ。恐れ入ったよ」（エディ・ブラボー）

10月31日に大阪城ホールで行われたPRIDE.11でシャノン〝ザ・キャノン〟リッチをわずか68秒で仕留めた桜庭は、12月23日のPRIDE.12（さいたまスーパーアリーナ）では、ヘンゾの弟ハイアン・グレイシーと対戦した。

ハイアンが来日後の練習で右上腕二頭筋腱損傷という重傷を負っていたこともあって、10分1ラウンドの特別ルールで行われた試合は、一方的なものとなった。

判定勝利を宣告された桜庭は、マイクを渡されるとこう言った。

「あの、今日僕は勝てたということで、徹夜で自分でベルトを作ってきましたんで、巻かせてもらいます」

桜庭が腰に巻いたのは〝SAKU〟と書かれた段ボール製のベルト。製作したのは中央大学レスリング部の後輩であり、サクマシンの考案者でもある金井憲二だった。

「僕は子供の頃からチャンピオンベルトが好きで、段ボールでよく作っていたんです。ヘンゾ戦のあと『あ、そうだ。先輩に作ってみよう』と思った。それがSAKUベルト。製作費は3000円くらい（笑）。ハイアン戦が決まった頃、完成したベルトを道場に持っていったら、先輩は大喜びで、『これ、いいじゃん！　使ってみようかな』と言ってくれた。自分が作ったSAKUベルトが、テレビの画面に出た時は、信じられないというか不思議な感じでしたね」（金井憲二）

大晦日には、大阪ドームで行われた「Millennium Fighting Arts INOKI BOM-BA-YE」通称・猪木祭りにも出場。ケンドー・カシンを相手に久しぶりにプロレスの試合も行ったが、やはり自分には合わない。二度とプロレスの試合をすることはないだろう、と感じた。

桜庭和志の２０００年は、最後まで慌ただしいまま終わった。

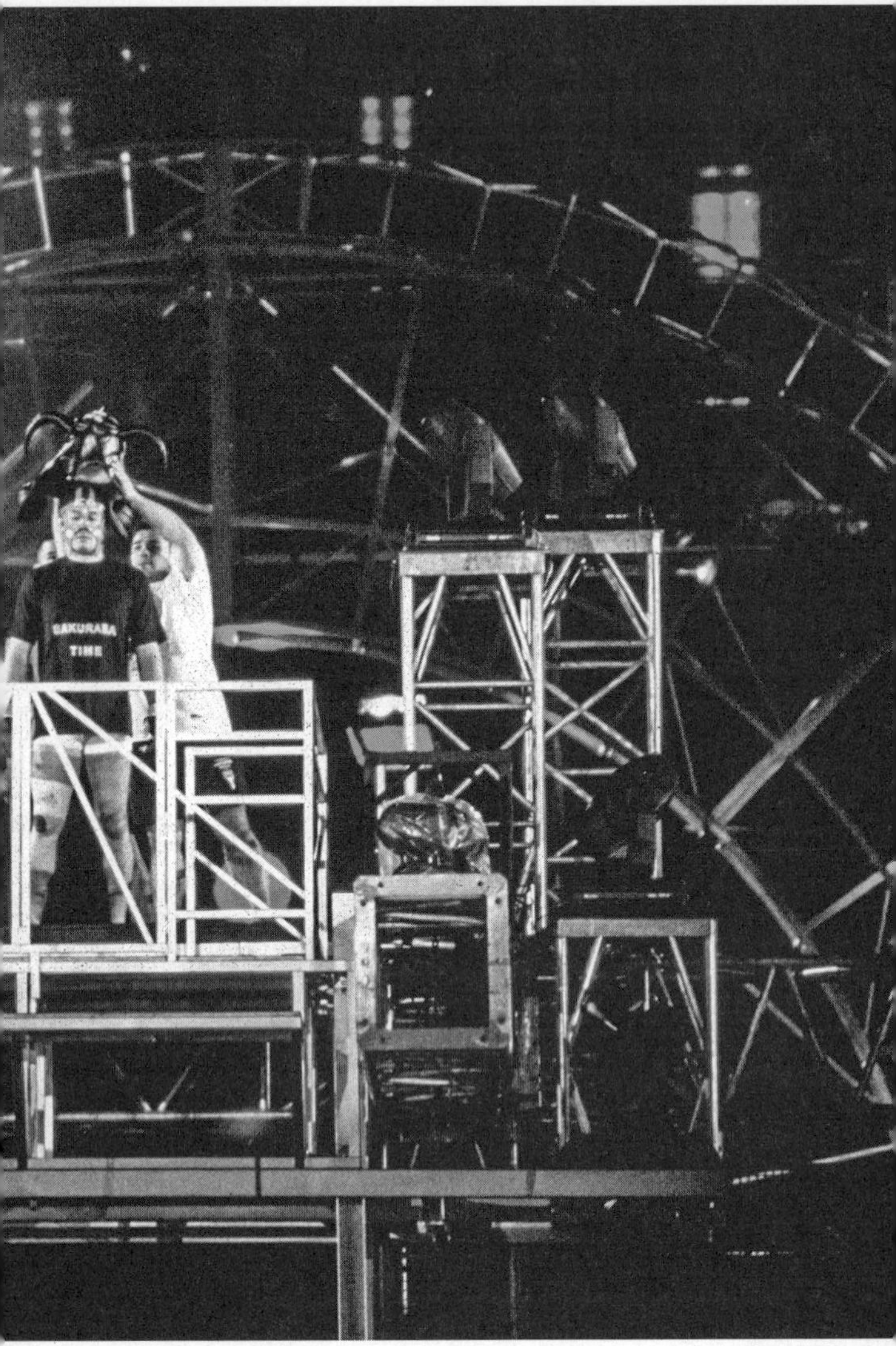

Susumu Nagao

第22章

PRIDE
からの離脱

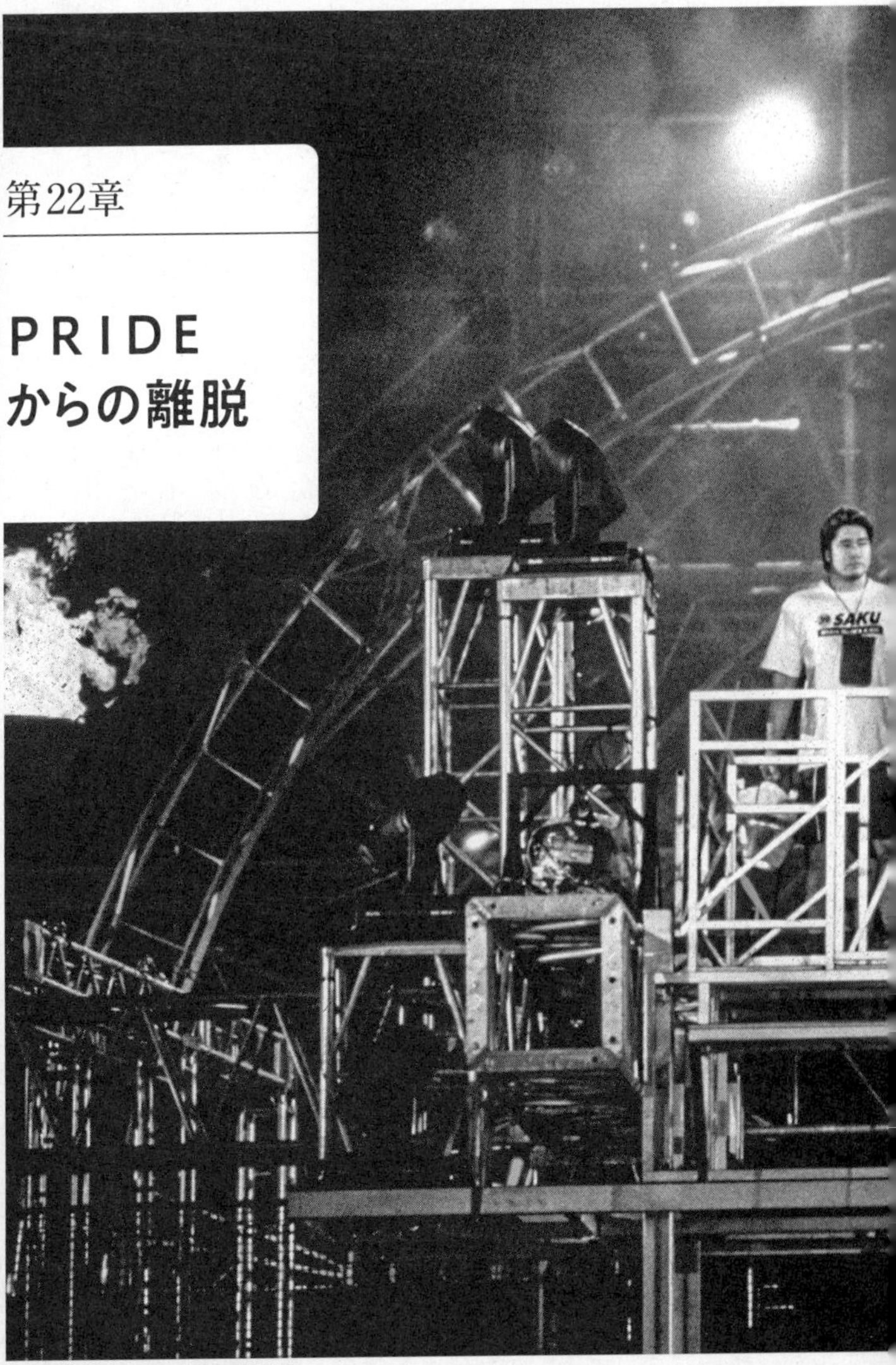

2002年8月28日　国立競技場

「PRIDEというブランドが認められたきっかけは、桜庭和志選手がグレイシーに勝ったこと。これに尽きると思います」

そう断言するのは、PRIDEで外国人担当をつとめた水谷広保だ。

「私たちは髙田延彦選手がグレイシーに勝つことを望んでいました。しかし、髙田選手はグレイシーに一度も勝てなかった。髙田選手ばかりでなく、当時の日本人選手は、誰もグレイシーに勝てなかったんです。

ところが桜庭選手は、強いグレイシーを初めて破り、ファンの期待に応えてプロレスラーの強さを示してくれた。だからこそ、PRIDEは爆発したんです」

桜庭和志の快進撃によって、フジテレビはPRIDEの放送を決定。地上波テレビを獲得したPRIDEは、K-1と並ぶ格闘技コンテンツとしてついに大ブレイクを果たした。

〝柔術マジシャン〟アントニオ・ホドリゴ・ノゲイラ、〝プロレスハンター〟ミルコ・クロコップ、〝氷の皇帝〟エミリヤーエンコ・ヒョードルらの3強が観客を熱狂させ、藤田和之、吉田秀彦、小川直也らの日本人ファイターも注目を集めた。2000年代前半のPRIDEは、間違いなく世界最高の総合格闘技イベントであった。

興行は、いったん当たれば恐ろしいほど儲かるものだ。

たとえば、3万7000人を収容できるさいたまスーパーアリーナでの興行が超満員になったとしよう。

公共施設だから、会場使用料はたいしたことはない。本番当日の料金が１０００万円強、設営およびリハーサル日には５５０万円程度を支払うくらいだ。

その一方で、収入は莫大だ。

ＰＲＩＤＥのチケットの客単価は1万５０００円から1万８０００円だから、さいたまスーパーアリーナに3万７０００人を集めれば、それだけでも5億円を超える。

「スカパー！」の年間契約金は約６０００万円から８０００万円。だが、それ以外に、インセンティブの契約があった。1試合でのペイパービューの視聴数が一定数を超えた場合、ＰＲＩＤＥを運営するＤＳＥは1世帯あたり１５００円から２０００円の収入を得られるのだ。多い時には、1大会で2億円以上が入ってきたといわれる。

フジテレビからの放映権料は生放送でなければ約１０００万円程度。だが、地上波テレビの宣伝効果は計りしれない。

マーチャンダイジングもバカにできない。ＰＲＩＤＥ ＧＰのように大きな大会であれば、３０００円もするパンフレットが2万部は売れる。中身はオフィシャルカメラマンが撮影した写真ばかりだから制作費はほとんどかからず、原価の紙代、印刷費、製本代は協賛広告費ですべてカバーできる。約６０００万円が丸儲けということだ。

Ｔシャツやフィギュア、ＤＶＤの売り上げや、ファンクラブの会費、オフィシャルマガジンの売り上げもかなりの金額に及ぶ。

すべてを合計すれば、1大会で7億円近い収入が得られたこともあったという。

だからこそＤＳＥは、大会の演出に巨費を投じることができた。ＰＲＩＤＥの豪華なセットや、コンマ１秒単位でコントロールされる音響、照明はあまりにも有名だ。

ＰＲＩＤＥがお手本にしたのはＫ－１だった。Ｋ－１の演出面における最大のヒットは、入場ゲートからリングまで一直線に延びる入場花道だろう。観客からは入場してくる選手の様子がよく見えるし、入場する選手からすれば、観客にもみくちゃにされる心配がなく快適だ。

花道を設置すれば、１席あたり数千円から数万円で売れる席を何百もつぶすことになるが、それでも演出に必要であればやむを得ない、とＫ－１を率いる石井和義館長は考えたということだ。

「ＰＲＩＤＥの基本的な運営方法はＫ－１。立ち技のＫ－１で石井和義館長が作り出した世界観をお手本にして、私たちは総合格闘技のＰＲＩＤＥを作っていきました。初期のＰＲＩＤＥでは、髙田延彦選手をメインとし、髙田道場の選手を中心とするマッチメイクに頼らざるを得なかった。桜庭和志という日本人スターが現れたことで、ＰＲＩＤＥはようやくブレイクしたんです」（水谷広保）

２０００年５月のホイス・グレイシー戦以降、桜庭には新聞や雑誌の取材が殺到した。テレビでも『情熱大陸』（ＭＢＳ）や『トップランナー』（ＮＨＫ）などのドキュメンタリー番組で特集が組まれ、なんと、東海テレビでは『39LOVER'S（さくらばーず）』というレギュラーの冠番組までもが制作された。

トクホンやフロムA（リクルート）、東洋水産などのコマーシャル撮影も次々に入ってきた。

自分より遥かに重い対戦相手

すでに31歳になっていた桜庭和志は疲れ果てていた。

2001年3月25日にさいたまスーパーアリーナで行われたPRIDE.13のメインイベントで、桜庭和志はヴァンダレイ・シウバと戦った。

この時、桜庭の体調は最悪だった。インフルエンザを発症していたのだ。だが、いくら体調が悪くとも、大会の主役が欠場することは許されない。PRIDEは1大会あたり何億というカネが動くビッグビジネスに変貌していた。スタミナに自信のない桜庭は、強打の持ち主との打撃戦に応じ、わずか98秒TKO負けを喫した。

ヴァンダレイのセコンドについたハファエル・コルデイロによれば、ヴァンダレイが桜庭と戦う際の基本戦略は、スタンドの状態をキープすることだったという。

「サクラバはこれまで多くのブラジリアンを倒してきた。グレイシーばかりでなく、マーカス・コナンにもヴィトー・ベウフォートにもエベンゼール・フォンテス・ブラガにも勝っている。それでいて、サクラバを悪く言う人はブラジルにはひとりもいなかった。デンジャラスなファイターだと、誰もが敬意を払っていた。サクラバは打撃もできる上に恐るべきサブミッションの持ち主だ。すごく危険な相手だった。

サクラバとやると決まった時のヴァンダレイの練習量は空前のものだった。1日に4回の練習をやったんだよ。

僕たちは試合開始の最初の1秒から、打撃でのフィニッシュを狙い、グラウンドに持ち込まれることを徹底して避けた。それがうまくいった。

ヴァンダレイが桜庭に勝ってシュートボクセに戻ってきた時は、とんでもない騒ぎになったんだ」

当時の桜庭和志は31歳。体重は85kg。一方、ヴァンダレイ・シウバは24歳、93kg。本来、ヴァンダレイは桜庭より階級が上の選手だ。この試合を含めて、桜庭はヴァンダレイと3回戦ったが、勝利を得ることは一度もなかった。

２００２年8月28日に行われた「史上最大の格闘技ワールドカップ Dynamite! SUMMER NIGHT FEVER in 国立」は、間違いなく日本格闘技史上最大のイベントだった。なにしろ国立競技場に9万人を超える観客を集めたのだから。

主催はＴＢＳ。大会運営はＤＳＥ。協力がＫ－１とアントニオ猪木。

だが、実際にイベントを作り上げたのは、総合プロデューサーの石井和義だった。

「Ｄｙｎａｍｉｔｅ！は全部僕がお金を出しました。あとでちゃんと戻ってきましたけどね。夕焼けが綺麗だったことをよく覚えています。野外会場はやっぱり気持ちがいい。

国立競技場を借りる時は大変でした。格闘技には貸せないって断られたから、森喜朗さんに口利きをお願いして、ようやく借りられたんです。森さんとは長いつきあいで、K－1の会場にもよくお招きしたし、大会当日の国立競技場にも足を運んでいただいて、控え室からずっと一緒でした。リング上で話をしてもらえばよかった、といまでも反省してます。僕もまだガキで、配慮が足りなかった。

面白かったのは、アントニオ猪木さんをダマして、ヘリコプターからスカイダイビングしてもらったこと。猪木さんはヘリコプターから、パラシュートを操る専門家と一緒に国立競技場の芝生のところに飛び降りてきたわけですけど、リングに上がった猪木さんは僕の方を向いて、開口一番『バカヤロー！』って叫んだ。あの人、高所恐怖症なんですよ（笑）。よっぽど怖かったんでしょうね。僕は大笑いしたくてしょうがなくて、必死に口を押さえてました。そのあと『元気ですかー！』でしょ？　猪木さんは役者ですよ。あの時、ホントに好きになりました。

Dynamite！では、入ってくるお金も大きかったけど、出て行くお金も大きくて、結局、利益は数百万円（笑）。9万人が集まったのに。

それでも黒字ですからね。赤字は出していません。赤字は絶対に出しちゃダメ。次のイベントに響きます。たとえば1億円の予算を組んで1000万円の赤字を出せば、次は9000万円の予算を組まないといけない。その結果、どんどんショボくなっていく。1億円のイベントだったら、1億5000万円とか2億円の価値があるイベントを作らないといけないんです」（石井和義）

2mを超える巨漢ボブ・サップのパワーに押しまくられたものの、最後は腕ひしぎ十字固めで逆転勝利を飾ったアントニオ・ホドリゴ・ノゲイラは観客から大きな喝采を浴びたし、吉田秀彦がホイス・グレイシーを袖車絞めで破った試合は、グレイシー陣営の強硬な抗議も含めて論議を呼んだ。

そして、桜庭和志対ミルコ・クロコップのメインイベントがやってくる。

ミルコは藤田和之、永田裕志を破り〝プロレスハンター〟の異名をとったK−1戦士。ストライカー(打撃系ファイター)がMMA=総合格闘技に対応できることを、日本の観客に証明してみせた。

ヴァンダレイ・シウバとの再戦(2001年11月3日)で試合を有利に進めつつも、バスターによる左肩脱臼でドクターストップを余儀なくされた桜庭にとっては、約10カ月ぶりの復帰戦となった。

広い国立競技場の中央に置かれたリングで、桜庭は自分よりも5歳若く、25kgも重く、従ってパワーでも遥かに上回る相手と互角に戦ったが、ガードポジションをとったミルコの長い足でペダラーダを食らい、眼窩底骨折によるTKO負けを喫してしまう。

ヴァンダレイとミルコ以外に桜庭和志がPRIDEで戦った主な相手の年齢と体重は以下の通りだ。

・クイントン〝ランペイジ〟ジャクソン(23歳、115kg)
・ケビン・ランデルマン(32歳、93kg)

・アントニオ・ホジェリオ・ノゲイラ（27歳、93kg）
・ヒカルド・アローナ（26歳、93kg）
自分よりも遥かに若く、遥かに重い相手と次々に試合を組まれたということだ。異常なマッチメイクとしか言いようがない。

93kgが多いのは、２００１年11月からＰＲＩＤＥミドル級王座が新設され、体重のリミットが93kgに設定されたからだ。桜庭和志のベスト体重は85kgであり、「90kg以下なら誰とでも戦う」とずっと言い続けてきた。にもかかわらず、ＤＳＥはミドル級のリミットを85kgでも90kgでもなく、わざわざ93kgに設定した。しかも前日計量で。ランデルマンやアローナの体重は、試合当日には間違いなく１００kg前後に戻っていたはずだ。

桜庭は常に15kg以上重い相手と戦い続けたのである。

ヴァンダレイ・シウバには３度続けて敗れ、最後の試合では失神ＫＯ負けを食らった。ホジェリオやアローナにも敗れた。

体格差の大きい相手の打撃によって、桜庭は大きなダメージを受けた。試合会場から病院に直行するケースも珍しくなかった。

それでもランペイジやランデルマンからタップを奪ったのはさすがだ。

特に２００３年11月９日に東京ドームで行われたＰＲＩＤＥ ＧＲＡＮＤＰＲＩＸ ２００３ 決勝戦で元ＵＦＣヘビー級チャンピオンのケビン・ランデルマンから鮮やかに勝利した試合は、桜庭和志の実力を改めて満天下に示すものだった。

パワーと身体能力で大きく上回るランデルマンを相手に、桜庭はスタンドでは果敢に打撃戦で渡り合い、自らが下になっても見事なガードワークでディフェンス。ランデルマンの弱点がキックのディフェンスにあると見てとるや、ローキックで突破口を開き、キムラ（ダブルリストロック）から膝十字に移行、最後は腕ひしぎ十字固めで鮮やかにタップを奪った。

シュートボクセ

ＰＲＩＤＥにとっては宝物であるはずの日本人エースが、自分よりも遥かに重い相手と次々にぶつけられた理由は、どこにあるのだろう？

水谷広保が説明してくれた。

「理由はふたつあると思います。ひとつは、桜庭選手がすでにヴィトー・ベウフォートやエベンゼール・フォンテス・ブラガといった、自分よりも重い相手を倒していたこと。桜庭ならば95kg程度の相手にも勝てるだろう、とマッチメイクを行う人間は考えていたと思います。格闘技の経験がない人間には、ＭＭＡにおける体重差がどれほど大きな意味を持つのかがわからなかったのかもしれませんね。

もうひとつの理由は、桜庭を大きな相手にぶつけたら面白いということ。牛若丸と弁慶、小さな選手が大きな選手に勝てば、お客さんは大喜びしてくれる。そんなドラマを、常に桜庭選手に求めていた。ヒカルド・アローナに頭部を散々蹴られて、さらに何発もヒザを叩き込まれたことで桜庭さんの顔は変形してしまった。それでもレフェリーがなかなか止めなかったのは、サブミッションの一発逆転を望んでいたのかもしれません。PRIDEはドラマがほしかった。でも、頭部への打撃は、時に命に関わるほど危険な行為なんです」

格闘技ライターの高島学は、「桜庭和志は打撃ができたからこそ、相手の打撃も受けてしまった」と分析している。

「2000年頃の柔術家はテイクダウンができなかったし、レスラーはサブミッションを持っていなかった。そんな中、桜庭さんはアマチュアレスリングでテイクダウンを、Uインターやキングダムでサブミッションを身につけ、PRIDEで試合経験を重ねるうちに、下からガードで守ることも覚えた。

その上、打撃のセンスを天然で持っていた。相手をKOする打撃ではなく、テイクダウンにつなげる打撃。キックボクシングとも違う、相手の意表をつく打撃です。

桜庭さんが打撃を怖がらなかったからこそ、テイクダウンに持ち込めた部分は確かにある。でも、大きな相手と打撃で長年戦っていればダメージは当然蓄積する。大酒を飲んだし、煙草も吸っていたから、30代も半ばに近づけば、回復も遅れたはずです」

2005年6月26日のPRIDE GRANDPRIX 2005 2nd ROUND（さいたまスーパーアリーナ）でヒカルド・アローナと対戦した桜庭和志は、顔面に20発以上のヒザ蹴りを食らい、血まみれにされてTKO負けを食らった。顔面は大きく変形し、自力で立つこともできないまま、病院に搬送された。

すでにこの頃、髙田延彦との関係は険悪なものになっていた。

「桜庭先輩のSAKUTシャツは凄く売れた。Tシャツ業界でまれに見る売り上げだった。でも、先輩のところには一銭も入っていない。髙田さんは桜庭先輩を商品としてしか扱ってなかったんです」（中央大学レスリング部の後輩で桜庭と仲のいい金井憲二）

だが、桜庭自身は、髙田との問題は金銭面にあったわけではないと語る。

「僕は練習はいつもしっかりとやっていた。でも、ある時、サクが練習をサボっていると髙田さんが言っている、という話が伝わってきた。これ以上は言いません。本当のことは、言うのであれば直接本人に言います」（桜庭和志）

2005年8月、桜庭は「ここにはいたくないから」と言い残して日本を離れ、ブラジル・クリチーバのシュートボクセに向かった。ヴァンダレイ・シウバの師匠であるフジマール・フェデリコが「ウチで練習しないか？」と誘ってくれたのだ。

飛行機嫌いの桜庭がはるばるブラジル南部の美しい街までやってきた時のことを、フジマールの腹心であるハファエル・コルデイロが懐かしそうに振り返ってくれた。

「サクラバのことは、みんなが大歓迎したよ。当時のブラジルでは、間違いなく一番有名な日本人だったからね。

2001年にPRIDEは大きく変わった。4点ポジションからのヒザ蹴りもサッカーボールキックも許されるという、とても危険なルールになったんだ。そんな中でも、サクラバは自分よりも遥かに大きな相手と戦い続けた。そんなサクラバの勇気に、みんなが感銘を受けた。

クリチーバに練習にやってきたサクラバは、初日はニコニコ笑って過ごした。でも、2日目には煙草を一服した後で、全員を極めてみせたんだ（笑）。異なるポジション、異なるシチュエーションで何度でも極めた。いつも笑っているサクラバのファイティングスピリッツを肌で感じて感動した。サクラバはすごく面白いから、みんなに愛された。僕の家によくランチにきてくれたんだけど、目玉焼きが大好きだったから、僕が作って食べてもらったよ」

クリチーバでの滞在は結局、５週間に及んだ。

帰国した桜庭和志は10月23日にさいたまスーパーアリーナで行われたＰＲＩＤＥ．30に出場。ＵＦＣの草創期のレジェンドであるケン・ウェイン・シャムロックと戦った。

桜庭のセコンドについたのは髙田延彦ではなく、シュートボクセのフジマールとハファエルだった。

「試合前には面白いことがあってね。ロッカールームで僕が『サクラバ、10分前だよ。そろそろウォーミングアップしようか』と言ったら、サクラバは『カンサード、カンサード（疲れた、疲れた）。ウォーミングアップはしなくていいよ』と言ったんだ。

煙草を一服したサクラバは『ＯＫ、アイム・レディ（I'm ready）！』と言ってリングに向かった。そんなの普通はあり得ないよ（笑）。みんな、試合前は恐怖を振り払おうと必死なんだ。サクラバのメンタルはとんでもなく強いってことさ」

１ラウンド２分27秒、桜庭はシャムロックのアゴに見事な左ストレートを叩き込んでＴＫＯ勝利を収めた。シャムロックはレフェリーストップに抗議したが、後ろを向いて倒れ込んだのだから、やむを得まい。

11月になると、桜庭は再びクリチーバに飛んでシュートボクセで練習を積んだ。高田道場に戻る気はもはやなかった。

２００５年12月31日に行われたＰＲＩＤＥ男祭り２００５（さいたまスーパーアリーナ）に出場した桜庭和志は美濃輪育久と対戦し、１ラウンド９分39秒、キムラでＴＫＯ勝利を飾っている。

この試合は結果的に、桜庭にとってＰＲＩＤＥにおけるラストマッチとなった。

翌２００６年３月31日、桜庭は８年２カ月所属した高田道場との契約を満了。桜庭はフリーランスとして引き続きＰＲＩＤＥのリングに上がるつもりだった。これまで、桜庭は高田道場とマネージメント契約を結び、高田道場所属の選手としてＰＲＩＤＥのリングに上がっていた。これからは高田道場所属ではなく、フリーランスとしてＰＲＩＤＥのリングに上がる。

難しいことは何もないはずだった。だが、現実には不可能だった。その理由を、桜庭は明らかにしていない。

《フリーになって環境を変えることはできても、ぼくを取り囲む状況までをも変えることがなかなかできない。べつに金銭面の折り合いがつかないわけでもなかった。断ち切りたい過去を、どうしても断ち切れなかった。

ぼくはＰＲＩＤＥのリングは好きだ。いまでもこの気持ちは変わらない。ぼくがこうやって世に出られたのはすべてＰＲＩＤＥのおかげ。感謝こそすれ、離脱につながるような大きな不満はまったく抱いてはいなかった。》（桜庭和志『ぼく……。』）

ＰＲＩＤＥを愛していた桜庭和志は大いに悩んだが、結局はＰＲＩＤＥを離脱、誘われていたＨＥＲＯ'Ｓに行くことにした。

Ｋ－１の総合格闘技部門である。

Shinya Inui

第23章

HERO'S

2006年12月31日　京セラドーム大阪　桜庭和志×秋山成勲

K―1の総帥である石井和義は、総合格闘技に早くから注目していた。もしその気になれば、PRIDEがスタートするずっと以前に、日本で総合格闘技のイベントを定期的に開催していただろう。そうしなかったのは、前田日明のリングスとの競合を避けたからだ。石井和義は、配下の佐竹雅昭や角田信朗ら正道会館の選手たちをリングスに受け容れてくれた前田日明に感謝していた。

しかし2002年2月、新たにUFCと契約したWOWOWがリングスとの契約を打ち切ったことでリングスは活動休止を余儀なくされた。もはや石井和義が前田日明に配慮する必要はなくなった、ということだ。

PRIDEにミルコ・クロコップを引き抜かれたことがきっかけとなって、石井和義は自衛のためにK―1に総合格闘技部門を作ることを決意する。K―1 ROMANEX（ロマネックス）である。

2005年3月にはHERO'S（ヒーローズ）と改称して再スタートを切った。HERO'Sのスーパーバイザーに就任したのは前田日明だった。

「本当は必要なかったかもしれないけど、正道会館の選手をリングスに上がらせてもらって勉強させてもらったから。前ちゃん（前田日明）もしんどい時やろうし、少しは恩を返せたかなと思ってます。HERO'Sは調子よかったですよ。TBSの視聴率もよかったし、利益も上がっていた」（石井和義）

日本人中心の中量級路線とK―1ファイターの総合格闘技進出。このふたつをメインテーマとするＨＥＲＯ'Ｓは、ＰＲＩＤＥほどのスケール感はなかったものの、須藤元気、所英男、山本〝ＫＩＤ〟徳郁などの日本人スターを生み、一定の成功を収めた。

すでに２００３年９月から、Ｋ－１のイベント興行権は、創立者石井和義の弟である石井俊治が社長をつとめる株式会社ケイ・ワンから、株式会社ＦＥＧ（Fighting & Entertainment Group）へと引き継がれていた。石井和義が法人税法違反で在宅起訴され、表立ってテレビ局と仕事をすることができなくなったからだ。

ＦＥＧの社長は谷川貞治、取締役には柳沢忠之が就任した。石井和義は大株主である。谷川貞治は元『格闘技通信』編集長。柳沢忠之は『紙のプロレス』の共同発行人であり『猪木とは何か?』という秀逸なムックを作った優秀な編集者だ。意気投合したふたりは１９９６年春にローデスという会社を作り、三井物産から業務委託を受けてパーフェクTV!（現・スカパー!）の格闘技チャンネル「ＦＩＧＨＴＩＮＧ ＴＶ サムライ」（サムライＴＶ）の立ち上げに関わった。

サムライＴＶには格闘技のニュース番組が必要だとふたりは考えたが、親会社の三井物産は予算オーバーを理由に拒否。結局、谷川と柳沢はわずか数カ月で「サムライＴＶ」を去った。

谷川は『格闘技通信』時代から石井和義のブレーンであり、柳沢もごく自然にそこに加わった。Ｋ－１が世界中に広がっていく際に、谷川と柳沢のふたりのアイディアと交渉力が大きく貢献したことは間違いない。

柳沢忠之は初期のPRIDEにも深く関わっている。アントニオ猪木がPRIDEのエグゼクティブ・プロデューサーに就任したこと。国立競技場で猪木がスカイダイビングをしたこと。新日本プロレスの藤田和之とケンドー・カシン＝石沢常光がPRIDEに参戦したこと。柔道のオリンピック金メダリスト吉田秀彦がPRIDEのリングに上がったこと――。

谷川と柳沢が出す優れたアイディアやイベントのコンセプトを考え出す能力、観客が見たいカードを提供するマッチメイクのセンスを、石井和義は高く評価していた。

だからこそ、係争中で表舞台に立てなくなった石井和義は新会社FEGを作り、谷川と柳沢にK－1関連のイベントの運営をまかせたのである。

無差別の「K－1 WORLD GP」（フジテレビ）、ミドル級およびライト級の「K－1 WORLD MAX」（TBS）、日本人ファイターの育成を目的とする「K－1 JAPAN」（日本テレビ）、総合格闘技の「HERO'S」（TBS）。

大晦日に行われる最大イベント「Dynamite!」を含めると、谷川と柳沢のFEGは、5つの格闘技イベントを運営していくことになった。

2006年初頭、K－1のイベントプロデューサーである谷川貞治は、桜庭和志にHERO'Sへの移籍を打診した。高田道場との関係が悪化していた桜庭は、悩み抜いた末に谷川の誘いを受け容れた。

「身体全体が滑る」

２００６年５月３日、代々木競技場第一体育館で行われた「HERO'S ２００６」の第７試合が始まる前、リングに上がったHERO'Sスーパーバイザーの前田日明がマイクを持ってこう言った。

「歴戦の猛者。真の武士《もののふ》を紹介します」

ジーンズとTシャツ姿、KSマークの入ったタイガーマスクをかぶった桜庭がリングに登場し、翌日には記者会見を行って、正式にHERO'Sへの参戦を表明した。

そのことを聞いた髙田延彦は「桜庭とはもう、酒も食事もともにすることはない」と絶縁宣言した。

桜庭和志と髙田道場の契約は満了している。桜庭は８年２カ月もの長きにわたって髙田道場に莫大な利益をもたらしたばかりでなく、PRIDEを世界最大の総合格闘技イベントに押し上げた最大の功労者である。髙田の発言に、桜庭への感謝と敬意が一切含まれていないことは残念だ。

８月５日、37歳になっていた桜庭和志は、有明コロシアムで行われたHERO'S ２００６ライトヘビー級（85kg以下）トーナメントに出場した。ヘビー級を次々にぶつけてきたPRIDEとは異なり、HERO'Sは桜庭和志に適正な階級を用意したということだ。

トーナメント1回戦の相手は、修斗ヨーロッパ王者のケスタティス・スミルノヴァス（リトアニア）。試合開始早々、桜庭はスミルノヴァスのパンチを受けて大きなダメージを負った。桜庭は必死に組みついてテイクダウンを試みたが、スミルノヴァスがロープを頻繁につかんで防御（反則）したこともあって失敗、上から顔面を殴られ続け、3分過ぎには意識が朦朧としているように見えた。大ピンチである。

ところが、打ち疲れしたスミルノヴァスの攻撃のペースが落ちると、桜庭はパンチで反撃、次第に打撃戦で圧倒するようになり、最後は1ラウンド6分41秒、腕ひしぎ十字固めで逆転勝利を飾った。

「試合序盤、桜庭はスミルノヴァスのパンチをディフェンスできていなかった。レフェリーはもっと早く試合を止めるべきだった」という声は多く、レフェリングが問われた一戦だったが、桜庭自身は「試合を止める必要はなかった」と振り返っている。

桜庭の次戦は10月9日のトーナメント準決勝。相手は柔道家の秋山成勲だった。しかし、桜庭がスミルノヴァス戦で受けたダメージは深く、試合はキャンセルされてしまう。

桜庭と秋山は、改めて２００６年12月31日に京セラドーム大阪で行われたＫ－１ ＰＲＥＭＩＵＭ ２００６ Ｄｙｎａｍｉｔｅ‼のメインイベントで戦うことになった。

秋山成勲は悪名高い柔道家である。

２００３年４月に行われた全日本選抜柔道体重別選手権大会81kg級の決勝に進出した

秋山成勲の対戦相手は、アトランタ五輪の金メダリストであり、前年の王者でもある中村兼三。試合開始まもなく、秋山と組んだ瞬間に中村兼三は異変を感じた。道衣が滑ってつかめないのだ。

中村は審判に抗議し、審判は秋山の道衣をチェックするも異常なしとして試合再開。直後に秋山の払い腰が決まって一本勝ち。優勝した秋山は、世界選手権への出場を決めた。

9月の大阪世界選手権。1回戦をシードされた秋山は、2回戦で対戦したフランスの選手から道衣が滑ると抗議を受けた。山下泰裕らIJF技術理事は秋山に予備柔道衣への交換を勧告したが、秋山および日本選手団はこれを拒否。

しかし、3回戦のモンゴル、4回戦のトルコの選手からも同様の抗議を受けた。事態を重く見た山下泰裕理事は、疑われること自体が問題だと秋山に予備衣への交換を厳命した。予備衣に着替えて準決勝に進んだ秋山は、これまでの快進撃が嘘のようにドイツのヴァナーに一本負けを喫し、3位決定戦でも敗れた。

秋山成勲は2003年2月に『ジャンクSPORTS』(フジテレビ)に出演した際に、「道衣を滑りやすくして試合を有利に進める」「母親が柔軟剤を使っている」とコメントして周囲を啞然とさせたことがあった。全柔連の対応には大いに問題があったと言わざるを得ない。

総合格闘技に転向してからも、秋山の身体が滑るという噂はファイターたちの間でささやかれていた。

桜庭が棄権せざるを得なかったHERO'S 2006ライトヘビー級トーナメント決勝戦で秋山と戦ったメルヴィン・マヌーフは、身体が滑るとレフェリーに抗議したが、聞き入れられることはなかった。

だが、そんな噂を耳にしても、桜庭和志は神経質にはならなかった。HERO'Sのルールには「選手は身体にいかなるもの（オイル、ワセリン、痛み止め、マッサージ用のクリーム、靴底や足裏への滑り止めなど）も試合前の計量より試合終了まで一切使用してはならない」と明記されているからだ。ルールミーティングの際には選手も承諾書にサインする。試合当日は整髪料の使用も許されない。

《試合がおこなわれるのは大晦日。紅白歌合戦と同じ時間帯に全国中継される大晦日決戦である。FEGにとっても格闘技界にとっても、1年でもっとも重要な大会だ。ましてや彼はHERO'Sのチャンピオン。重要な舞台で公然と反則を犯してくるとは思えない。日本中の視聴者が見つめるイベントで、ルール違反なんてやるはずがない、プロであるならば。》（桜庭和志『ぼく…。』）

だが、残念ながら秋山成勲は、桜庭が考えているような〝プロ〟ではなかった。

試合開始から1分40秒が経過した頃、桜庭が片足タックルを試みた。身体を沈めて右手を伸ばし、秋山の左足カカトに触れた。だが次の瞬間、秋山の左足はどこかに消え失せていた。滑るというより、何の抵抗もなかった。試合は始まったばかりで、汗をかいているはずもない。そもそも汗をかいた肌とは、感触がまったく異なる。桜庭の頭の中に無数の疑問が浮かんだ。

３分40秒、桜庭に再び片足タックルのチャンスがやってきた。秋山が打撃で前に出たところをうまく潜り込み、秋山の左足を深くとらえた。よし。今度こそテイクダウンできる。桜庭が確信を得た次の瞬間、秋山は左足をひょいと持ち上げ、百戦錬磨の桜庭のタックルをいともたやすく切ってしまった。右足も滑る。これは異常だ。桜庭は手をTの字にしてレフェリーにタイムを要求した。

「滑るよ！　タイム、タイム」

だがルール上、レフェリーが選手からのストップ要請を聞き入れることはない。秋山はそのまま桜庭をコーナーにつめて、パンチでラッシュをかけた。

桜庭は下になった状態から秋山の左手を持ち、腕十字を狙い、さらに膝十字を狙うが、秋山の全身が滑ってどうにもならない。上にいる秋山がパンチの雨を降らせる中、桜庭はレフェリーの梅木良則に何度も訴えかけた。

「滑るよ！」

「反則だろ！」

「ふざけんなよ」

「おい」

「チェックしろよ！」

だが梅木レフェリーは「アクション!」と繰り返すばかりだ。

結局5分37秒にレフェリーストップ。秋山のTKO勝利である。

試合終了のゴングが乱打されたあとも、桜庭はレフェリーに訴え続けた。

「滑るって!」

「どこがですか?」と梅木レフェリー。

秋山を指さして桜庭が言った。

「身体全体が滑る」

秋山の身体をチェックしてほしいという桜庭の要望を無視して、梅木レフェリーは勝者の右手を高々と掲げた。

試合直後の秋山は「自分は多汗症だから滑ったのかもしれない」と発言している。

控え室に戻る時にも桜庭の怒りは収まらず、セコンドについた下柳剛(当時阪神タイガースのピッチャー)に訴えた。

「あんな時点(試合開始早々)で滑るわけないですよ。汗の滑りとオイルの滑りくらいわかりますよ」

「信じられんわ」

「お客さんだって納得してないじゃないですか。思いっきり抗議しますよ、僕は」

試合翌日は2007年元日である。朝早くホテルを出て新幹線で帰京した桜庭のところに、貴重な情報がマネージャーから電話で届けられた。試合直前の秋山が全身にクリームを塗り込んでいる映像が、ＴＢＳに残されているというのだ。

　1月7日と8日には、ＦＥＧのトップである谷川貞治およびＨＥＲＯ’Ｓ審判団が当該映像を検証した。10日には桜庭も映像を見た。

　それは恐るべきものだった。

　大量のクリームを容器から直接秋山の肌に垂らし、数人がかりで秋山成勲の全身になじませていた。全身が真っ白になり、すぐに元の色に戻った。塗った直後はサラサラしているが、汗や水を含むとたちまちヌルヌルするという〝すぐれモノ〟だった。

　同日、桜庭和志はＦＥＧに正式な抗議文書を提出した。不正があったのは明らかだ。審判団のチェック体制に不備があった。このように抜け穴だらけの環境では命を懸けることなどできない。

　谷川貞治プロデューサーは秋山成勲とセコンド陣を呼んで事情聴取を行い、翌11日には秋山とともに緊急記者会見を開いた。席上、秋山は次のように弁明した。
・自分は乾燥肌だからクリームを塗った。故意ではない。
・ルール違反ではないと思っていたが、自分の認識のなさがこのような問題を起こしてしまい、深く反省している。
・桜庭さんの目を見て謝りたい。
　イベントプロデューサーの谷川貞治は大晦日の試合をノーコンテスト（無効試合）とし、秋山のファイトマネーは全額没収すると発表。のちに無期限の出場停止処分が追加された。

これを受けて、1月17日には桜庭が記者会見に出席、次のように発言した。

「今回の件で、正直、消そうと思えば消せたような件かもしれないんですけども、今後の総合格闘技というものを発展させる上で、FEGさんなり、レフェリー陣さんなりが凄くミスを認めて、はっきりとした対応を取ってくれたことには、凄く僕も感謝していますし、この件でスポンサーなりテレビ局さんに迷惑をおかけしたことは本当に申し訳ないと思います。今後、総合格闘技というものを凄くいいものに変えていければいいかな、と思っています。僕もがんばりますので、皆さんよろしくお願いします」

だが、実際のところ、桜庭はFEGの対応に大いに不満を抱いていた。

クリームを塗るのが故意ではない？　ルール違反とは思わなかった？　どうしてそんな言い訳が許されるのか。あり得ない。FEGは秋山成勲を守ろうとして、総合格闘技というジャンルそのものを存続の危機に晒している。

「ぶっちゃけ映像が出てくるまではまだハテナ？　なんですよ。確実じゃない。でも映像が出てきて、ほらね、やっぱりとキレた。FEGにも相当言いましたよ。こんなことをやる選手、昔から柔道界で同じことを繰り返してきた選手を使ったら、HERO'Sの株が落ちますよって。普通のスポーツだったら永久追放じゃないですか」（桜庭和志）

しかし、賢明なる桜庭和志は、結局、多くの言葉を飲み込んだ。

レフェリーのチェック体制の見直しも、ルールの改善も必要だ。自分の選手生命はもう残り少ない。だとすれば、現役のうちにしっかりとしたルールを作って後進に残すべきだ。自分は無効試合で100発以上殴られた。この教訓を将来に生かしてほしい。

だが、残念ながらFEGの谷川貞治は、総合格闘技について、桜庭和志ほど真剣には考えなかったようだ。

無期限の出場停止処分から1年も経たない10月1日、HERO'S KOREA 2007の記者会見がソウルで開かれ、谷川は秋山成勲の出場停止処分の解除を発表した。

桜庭和志は大いに落胆したが、「まあ、そんなものだろうな」という諦めの感情もあった。結局のところ、FEGにとって一番重要なものは、試合の公正さでも選手の安全でもなく、興行の主役として観客を呼べるファイターなのだ。

桜庭には、秋山成勲の謝罪を受けるつもりはなかったし、ましてや再戦をするつもりなど毛頭なかった。過去に柔道を侮辱し、いま総合格闘技を侮辱している秋山をFEGが使い続けるならばどうぞご自由に。ただし、自分は二度と関わりたくない。

フジテレビの離脱

新天地HERO'Sで桜庭和志が居心地の悪さを感じていた頃、古巣のPRIDEでは大変な事態が進行していた。

フジテレビがPRIDEを運営するDSE（ドリームステージエンターテインメント）

との契約を突如として解除、中継を打ち切ったのである。２００６年6月のことだ。「契約違反にあたる〝不適切な事象〟がＤＳＥで起きている疑惑が強まった」とフジテレビは説明し、中味については明言を避けたが、『週刊現代』に「格闘技とテレビ局と暴力団」というキャンペーン記事が連載されていたことと無関係ではあるまい。

ＤＳＥは大きな衝撃を受けた。ＰＲＩＤＥは、地上波テレビのゴールデンタイムという華やかな舞台を突然失ったばかりでなく、テレビで大会の告知をしてもらうこともできず、さらにスポンサーも次々に離れていったからだ。

だが、フジテレビが離れたからといって、即座にＰＲＩＤＥの大会の開催をとりやめる、という選択肢はＤＳＥにはなかった。

多くの人々が大会運営に携わっていたし、いくつかの会場もすでに決まっていた。たとえば大晦日のさいたまスーパーアリーナは、1年前に会場を確保する必要があった。

選手との契約も数多く残っていた。

ＰＲＩＤＥが選手と結ぶ出場契約は、複雑な事情を含む。

たとえば、ＤＳＥがＡという選手とＰＲＩＤＥへの出場契約を結ぶ。契約金および契約期間は選手によって異なる。独占契約であり、契約期間中は他団体に出場することはできない。Ａが試合に出場すればさらに試合給が支払われ、ＫＯおよび一本勝ちなどで観客を沸かせればボーナスが出る。

逆に、ＤＳＥがなんらかの理由（試合がつまらない、選手が多すぎて使えないなど）で

Aを試合に出場させなければ、DSEはAに違約金を支払わなくてはならない。選手を守るための契約だが、DSEからすれば、使いたくない選手であっても、ペナルティの支払いを避けるために使わざるを得ない場合も出てくる。

契約開始時期はバラバラであり、さらにバーターやオプションもある。ある有力選手と契約したいのであれば、配下の別の選手とも契約してほしい。そのように代理人が交渉してくるのだ。イヤならライバルのHERO'Sと話をする、と言われてしまえば、簡単に拒否もできない。

いまここでPRIDEをやめれば、莫大な違約金を支払わなければならず、何億もの借金だけが残ることは明白だった。DSEは先が見えないまま、大会を続けざるを得なかったが、フジテレビを失ったダメージは大きく、PRIDEの人気は確実に落ちていった。

もはやPRIDEに未来はない。できる限り早く、できる限り高く売却する必要がある。ならば、誰にPRIDEを買ってもらえばいいのか？

3年前に自殺した森下直人からDSEの社長を引き継いでいた榊原信行は、UFCへの売却を考え始めた。

Susumu Nagao

第24章

DREAM

2010年12月31日 さいたまスーパーアリーナ 桜庭和志×マリウス・ザロムスキー

1990年代後半のUFCが〝野蛮で危険な人間による闘鶏〟と政治家を含む多くの人々からバッシングを受けたことは、第9章で触れた通りだ。UFCを運営するSEG（Semaphore Entertainment Group）は、生き残りをかけてスポーツ化、競技化を必死に進めたものの、財政状況は悪化するばかりで、ついに2001年1月、わずか200万ドル（約2億3000万円）でUFCを売却することを余儀なくされた。

UFCを買収したのは、ラスベガスでカジノホテル「ステーション・カジノ」を経営するロレンゾ&フランクのフェティータ兄弟と、ロレンゾのビジネスパートナーであり、ボクシングプロモーターでもあるデイナ・ホワイトだった。

彼らはUFCを管理・運営する新会社を作った。ズッファである。

ズッファはUFCを全米に浸透させるべく、インフラの整備を着々と進めていったが、そのためには巨額の投資が必要だった。赤字はたちまち4000万ドル（約42億円）にまで膨れ上がり、財政は破綻寸前に陥った。

だが、2005年1月にスタートしたリアリティ番組『ジ・アルティメット・ファイター（The Ultimate Fighter）』がすべてを変えた。

2000年代、アメリカのテレビでは視聴者参加型のリアリティ番組が爆発的な人気を呼んでいた。無名の市民が一夜にしてアメリカンドリームをつかむというアイドルオーディション番組『アメリカン・アイドル』。孤島や密林などの僻地に隔離された参加者たちがサバイバル生活をしながら最後のひとりまで生き残ることを目指す『サバイバー』。それらのリアリティ番組は数千万人の視聴者を獲得した。

ズッファは、リアリティ番組を使ってUFCの人気を盛り上げようと考えた。UFCのトップファイターであるランディ・クートゥアとチャック・リデルが、それぞれ無名のファイター8名ずつを率いてチームを結成。配下のファイターたちは共同生活を行い、数度の選抜試合を戦って、負けた選手はチームを去る。

最後に残ったミドル級2名、ライトヘビー級2名が金網に囲まれたオクタゴンで試合を行い、勝者は10万ドルのギャラを約束されてUFCデビューを果たす——。

ズッファはこの企画を多くのテレビ局に持ち込んだが、興味を示してくれたのは中堅ケーブル局のスパイクTVただひとつ。それも、番組制作資金は全額ズッファが負担するという条件つきだった。

ズッファのオーナーであるフェティータ兄弟は、ためらうことなく最後の1000万ドル（約10億円）を投資した。

祈るような思いでズッファがスタートさせた『ジ・アルティメット・ファイター』は、たちまち人気を呼んだ。

単なるケンカ好きの不良に見えたファイターたちは、じつは自分たちと同じように悩み苦しむごく普通の若者であり、彼らが必死に練習に取り組み、栄光の舞台を目指す姿は、多くの視聴者の胸を打った。

変革の時を迎えたHERO'S

2005年4月16日にラスベガスで行われたUFC52のメインイベントは『ジ・アルティメット・ファイター』でコーチをつとめたランディ・クートゥア対チャック・リデルのUFCライトヘビー級タイトルマッチ。MGMグランド・ガーデン・アリーナは1万4500人もの観客で埋め尽くされた。

この試合を含めて、クートゥアとリデルは計3度戦い、最後のUFC57は40万件を超えるPPV（ペイパービュー）販売件数を記録している。

『ジ・アルティメット・ファイター』出身の選手がデビュー戦から大声援を受けたことは言うまでもなかろう。彼らの悩み苦しみと努力を、ほとんどの観客が知っていたのだから。

番組の成功を見たスパイクTVは、UFCの過去の大会の好試合を放送する『UFCアンリーシュト』やPPV大会をプロモーションするための番組『カウントダウン』の放送を開始。さらに2005年8月6日からは試合を生中継する無料番組『UFCファイトナイト』の放送も始まった。

アメリカにおけるエンターテインメントビジネスの規模は、日本とは比較にならない。UFCの人気が爆発すると、莫大なカネが転がりこんだズッファはついに攻勢に転じた。クイントン〝ランペイジ〟ジャクソンやリョート・マチダらが所属するWFA（World Fighting Alliance）を買収し、さらに小規模だが良質な大会を開催していたWEC（World Extreme Cagefighting）をも買収して、軽量級に特化したイベントに仕立て直した。UFCの躍進と拡大方針を見た榊原信行DSE社長は、フジテレビが去って経営困難に陥っていたPRIDEをUFCに売却しようと考えた。

そのためにはズッファへのプロモーションが必要だ。2006年10月21日のPRIDE.32と2007年2月24日のPRIDE.33は、いずれもラスベガスで行われている。選手やマスコミには「PRIDEの本格的なアメリカ進出」と説明したが、実際には違っていた。PRIDEの華やかさとスケール感をズッファに見せつけ、危機感を与えて「UFCはPRIDEを買収しなければならない」と思わせようとしたのだ。

日本からスタッフを丸ごと連れて行ったことで巨額の経費がかかり、ラスベガス興行は大赤字に終わったが、プロモーションの価値は充分にあった。

2007年3月27日、ズッファのオーナーであるロレンゾ・フェティータがPRIDEの買収を発表したからだ。金額は非公表だが、おそらく50億円程度だろう。

2007年4月8日にさいたまスーパーアリーナで行われたPRIDE.34は、DSEが主催するPRIDE最後の大会となった。セミファイナルの前の休憩時間には、桜庭和志がリングに上がり、ファンに挨拶を行った。

「桜庭選手はPRIDE最後の大会でリングに上がってくれた。ファンはもちろんですが、選手や関係者の誰もが、PRIDEの最大の功労者を敬意と感謝の気持ちで迎えました。このPRIDE.34にはシュートボクセのフジマール会長がブラジルから来ていました。大会が終わった夜の9時頃、桜庭さんがフジマール会長に会うために東陽町のホテルにやってきた。桜庭さんはシュートボクセの人たちとは本当に仲良しですから。僕が『桜庭さん！』と声をかけると、桜庭さんは駆け寄ってきて『水谷さん、お世話になりました』と言ってくれた。『桜庭さん、ずっと挨拶できなくてごめんなさい。PRIDEはすっかりダメになりました。でも、桜庭さんは違います。HERO'Sはまだ続くと思うから、がんばってください』と言って握手しました。長い話はできなかったけど、気持ちが伝わった気がして、とてもうれしかったんです」（PRIDEの外国人担当だった水谷広保）

PRIDEはDSEの手を離れ、ロレンゾ・フェティータが設立した新会社PRIDE FC ワールドワイドが運営することになった。デイナ・ホワイトはUFC対PRIDEの団体対抗戦構想をメディアに語ったから、日本の格闘技ファンの胸は大いに躍った。だが、PRIDE FC ワールドワイド主催の大会が開催されることはついになかった。デイナ・ホワイトは、その理由を次のように語っている。

《我々にはPRIDEのための計画があったし、日本大会を開催するつもりだった。しかし、そこにはマフィアが横行していた。そんなところでビジネスをするのはじつに面倒だ。そのせいでPRIDEというブランドが消滅することになってしまったのは非常

に残念だ。》（『FIGHTERS ONLY』２０１６年11月12日）

結局、ズッファが数十億円を支払って手に入れたものは、ＰＲＩＤＥのロゴやテーマ曲、映像アーカイブだけだった。

ＰＲＩＤＥがＵＦＣに買収される一方、ライバルであるＨＥＲＯ'ＳもまたＫ、変革の時を迎えていた。

Ｋ－１の総帥・石井和義はＨＥＲＯ'Ｓをドン・キホーテの安田隆夫会長に売却する計画を立てたが、結局は破談となってしまった。Ｋ－１およびＨＥＲＯ'Ｓの運営をまかされたＦＥＧ社長の谷川貞治は、元ＤＳＥのスタッフと手を組み、ＨＥＲＯ'Ｓを発展解消させて新たなるイベントＤＲＥＡＭを立ち上げることを決めた。

一方、ドン・キホーテの安田会長は日本レスリング協会の福田富昭会長と手を組み、戦極というイベントを新たにスタートさせた。エースとなったのは吉田秀彦だった。

ＤＲＥＡＭで戦うようになって以後、桜庭和志は９試合を戦っている。

その中には田村潔司戦とゼルグ〝弁慶〟ガレシック戦、そしてマリウス・ザロムスキー戦の３試合が含まれている。

桜庭和志と田村潔司の試合は、２００８年の大晦日にさいたまスーパーアリーナで開催された「Ｄｙｎａｍｉｔｅ!!　勇気のチカラ２００８」のメインイベントとして組まれた。

ＵＷＦの歴史を知るプロレスファンは、この試合に特別な思いを抱いた。

だが、ふたりはすでに39歳。ケガの影響で桜庭のコンディションが悪かったこともあり、試合はエキサイティングなものにはならなかった。

桜庭のガードに入った田村が、下からの関節技に警戒しつつ時折パウンドを落とすという動きのない展開に終始して、結局、桜庭は判定負けを喫した。

真のプロフェッショナルである桜庭は、判定負けしたことよりも、観客に面白い試合を見せられなかったこと、そして、プロレスラーである田村に、面白い試合を提供するつもりがなかったことを残念がった。

クロアチアの元テコンドー世界王者、ゼルグ〝弁慶〟ガレシックとの試合は、2009年10月25日に大阪城ホールで開催されたDREAM.12の第6試合で組まれた。この大会で使用されたのはリングではなく、UFCのオクタゴンに似た六角形のケージ（ヘキサゴン）だった。

試合開始早々、40歳の桜庭は目の覚めるような鮮やかなローシングル（低い片足タックル）で10歳年下のストライカーの左踵をすくってテイクダウンを奪う。右手でガレシックの左足を抱え、アキレス腱固めに入るためのポジションを探っていた。

だがガレシックは、左足を取られたまままく体勢を入れ替えて上になり、そのまま桜庭の顔面を殴り続けた。無数のパンチが桜庭の顔面を襲う。

桜庭のダメージは深いように見えたが、足首固めから膝十字固めに移行、背筋を使ってガレシックの脚を思い切り伸ばすと、膝の靱帯を破壊されたガレシックは即座にタップした。試合開始からわずか1分40秒の見事な逆転勝利は、桜庭和志が総合格闘技で記録した最後の勝利となった。

マリウス・ザロムスキーとの試合は、2010年の大晦日にさいたまスーパーアリーナで開催された「Dynamite!!　勇気のチカラ2010」の第11試合で組まれた。ザロムスキーはDREAMのウェルター級トーナメントでは桜井〝マッハ〟速人らを破って優勝したリトアニアのストライカーである。

特筆すべきは、この試合がウェルター級（76kg以下）で戦われたということだ。41歳になっていた桜庭の通常体重は84kg前後。8kg前後の減量が必要になるということだ。2000年代前半の桜庭和志は93kgリミットのミドル級で戦っていたから、増量を心がけることはあっても、減量の必要はまったくなかった。

コンディショニングや減量に詳しい美木航にアドバイスを求めたところ「夜の炭水化物を減らせば自然に落ちていきますよ」と言われた。美木は元高田道場の生徒で、和術慧舟會RJWや桜庭のジム「ラフター7」にも通っていた格闘家。現在は不動前駅（品川区）で格闘技ジム「NATURAL9」を経営している。

美木のアドバイスに従うと、スムーズに減量することができた。本来、桜庭和志はウェルター級の選手であり、通常体重100kg前後の選手と戦い続けたこと自体が異常なのだ。

この頃の桜庭は、太腿からすねまでサポーターが巻かれ、まるでミイラ男のようだったが、減量に成功した桜庭のコンディションは万全だった。

常に真っ向勝負が桜庭のスタイルだ。試合開始のゴングが鳴ると、キックボクサーのパンチやキックを恐れず、果敢に打撃戦を挑んでいく。

ボクシングで言うところのサウスポー、レスリングの右構えで戦う桜庭の右は強力で、ストライカーを相手に、むしろ押し気味に打ち合いを演じた。

だが、試合開始から2分が過ぎた頃に異変が起こる。

桜庭がザロムスキーの右足にタックルに入った瞬間、右耳から大流血したのだ。

レフェリーが慌ててタオルで桜庭の耳を覆い隠した。レスラーの耳は、タックルの打ち込みの練習で何度も腰骨の部分に当たることで、内出血して膨れ上がってしまうことがよくある。これをカリフラワー・イヤーと呼ぶ。桜庭のカリフラワー・イヤーはザロムスキーの腰骨に当たって完全に裂けてしまい、皮一枚でぶら下がっていた。

結局、試合はそのままドクターストップとなった。

グラップリングの面白さを伝えるために

日本の総合格闘技は凋落の一途を辿っていた。

かつてPRIDEの3強と呼ばれたファイターたち、すなわち〝氷の皇帝〟エミリヤーエンコ・ヒョードル、〝プロレスハンター〟ミルコ・クロコップ、そして〝柔術マジシャン〟アントニオ・ホドリゴ・ノゲイラは、いずれもアメリカへと去った。

桜庭和志を3度倒したヴァンダレイ・シウバも同様だった。

DREAMの視聴率は一向に上がらず、HERO'S以来長く放送を続けていたTBSも、ついに2010年いっぱいで放送を打ち切った。地上波テレビを失ったDREAMはスポンサーを次々に失い、2011年にはFEGの経営難が表面化した。

同時期にはライバル団体の戦極も活動を停止している。

桜庭和志が新日本プロレスのリングに上がったのは、2012年夏のことだった。日本の総合格闘技のレジェンドは、結末の決められた試合が行われるリングへと再び足を踏み入れたのである。このことは、桜庭和志の素晴らしいファイトに熱狂した格闘技ファンを大いに落胆させた。

日本におけるプロレスと総合格闘技の立場は、すでに再逆転していた。

2000年代にはPRIDE人気に押されて倒産寸前まで追い込まれた新日本プロレスの人気は完全に復活し、東京ドームや大阪城ホールに大観衆を集めるようになっていた。

新日本プロレス所属の中邑真輔がPRIDEのヒーロー桜庭和志に勝利することは、プロレスが総合格闘技へのリベンジを果たすという意味合いを持っていた。桜庭はそのためにこそ呼ばれたのだ。

だが、桜庭は必要のないことは考えない。自分に与えられた仕事を懸命に果たすだけだ。

「プロレスはプロレスで大変ですけど、後半の方は面白かった。ヒール軍団のCHAOS（ケイオス）に入れられたから。YOSHI-HASHIさんや矢野（通）さんと飲

みに行ったりしていました」（桜庭和志）

桜庭和志と新日本プロレスとの契約満了が近づいた２０１５年12月29日、桜庭は久しぶりにさいたまスーパーアリーナのリングに上がった。元ＤＳＥ社長の榊原信行が新たに立ちあげた格闘技イベントＲＩＺＩＮの旗揚げ興行に出場したのだ。

大会は12月29日と31日の２日間にわたって開催され、フジテレビで全国中継された。フジテレビが大晦日に格闘技中継を行うのは、２００５年の「ＰＲＩＤＥ男祭り」以来、10年ぶりのことだった。

桜庭和志は29日のメインイベントに登場した。

対戦相手はなんと青木真也。２０１９年３月のＯＮＥチャンピオンシップでライト級王者にもなった現役バリバリ、日本最強のグラップラーである。

32歳のグラップラーは46歳のレジェンドからテイクダウンを奪うと、一方的に殴り続けた。早く止めてくれ。なぜ尊敬する桜庭さんを壊し続けるような試合をしなくてはならないのか。青木はそう思いつつ桜庭を殴り続けた。タオルが投入されたのは５分56秒。試合直後、桜庭から「これが仕事だよ」と声をかけられて青木は号泣した。桜庭と青木の両方にリスペクトのないマッチメイクだった、というほかない。

青木との試合は、桜庭和志が行った総合格闘技のラストマッチとなった。

２０１７年10月15日、桜庭はＲＩＺＩＮのリングでグラップリング・マッチを戦うことになった。打撃を禁止し、絞め技、関節技だけで決着をつける。上半身には身体にフイットしたラッシュガードを着用、下半身にはサーフパンツもしくはショートタイツを穿く。

対戦相手はパンクラスで活躍した元UFCミドル級（現・ライトヘビー級）王者のフランク・シャムロック。2000年前後には、桜庭和志との対戦が何度も噂されたが、結局実現には至らなかった強豪である。

UWFインターナショナルに入門してからずっと、桜庭和志は練習時間のほとんどを打撃のないグラップリングのスパーリングに費やしてきた。IQレスラーは、グラップリングから生まれたのだ。

しかし桜庭が愛してやまないグラップリングが、観客の目にも面白く映るかどうかは、また別の話だ。

実際に、苦い思い出もあった。

2014年11月、桜庭はアメリカ西海岸に招かれ、ロサンジェルス郊外のロングビーチ・コンベンションセンターで開催された「メタモリス5」という大会でグラップリング・マッチを戦っている。対戦相手はかつて死闘を演じたヘンゾ・グレイシー。試合が行われるのはリングでもケージ（金網）でもなく、広いマットの上だ。視線を遮るものが何もないから、観客からは極めて見やすい。

試合時間は20分。試合はヘンゾが桜庭をパスガードするなど、やや優勢で展開したが、結局、時間切れ引き分けに終わった。

桜庭は不満だった。引き分けという結果にではない。観客にとって退屈な試合になってしまったことが不満だったのだ。

「ヘンゾは10分間ずっとクロスガード（クローズドガード）をやってきた。でも、レフェリーから『アクション！』と言われたのは僕。そりゃあねえだろう。両足で挟まれた状態から、どうやってアクションすればいいんだよ、と思いました。

ただ、お客さんの盛り上がりは凄くて、横四方（サイドポジション）を取るだけで、ワッと沸いた。アメリカの観客はグラップリングを理解し始めているな、という感覚があったんです」（桜庭和志）

グラップリングを見慣れているアメリカ西海岸の観客とは異なり、RIZINを観にくるのは総合格闘技のファンばかり。そんな観客に退屈な試合を見せるわけにはいかない。フランク・シャムロックと戦うことになった桜庭はそう考えていた。

「RIZINの運営サイドからグラップリングの試合を組みたいと言われたので『僕がルールを全部決めていいですか？』と答えました。それから2カ月後ぐらいに、相手はフランク・シャムロックでどうですか？　と聞かれたので、いいですよと言ったんです。

僕が決めた試合時間は10分1ラウンド。でも、実際にフランクが来日すると、5分1ラウンドにしてほしいと散々ごねられた。出場交渉をする時に、どうしてルールの話をしないのか、理解できませんが、結局はこっちにツケが回ってくる。

僕もいい加減アタマにきたから、10分1ラウンドじゃなければ絶対にやらないと突っ

ぱねました。結局、試合当日の朝までもめちゃいましたね」（桜庭和志）

桜庭が危惧した通り、試合は退屈極まりないものになってしまった。10分間ずっと、スタンドでの押し合いに終始し、グラウンドに持ち込まれることはついに一度もなかったからだ。

寝技に根源的な魅力があることは確かだ。

だが、打撃のないグラップリング・マッチを観客に楽しんでもらうためには、まったく新しいフォーマットが必要だった。

Susumu Nagao

終章

クインテット

2018年7月16日　大田区総合体育館

２０１７年７月６日、桜庭和志はラスベガスでＵＦＣの殿堂入り表彰を受けた。日本人初の栄誉である。

羽織袴姿でトロフィーを受けとった桜庭は、受賞スピーチで次のように述べた。

「僕はいまだに練習で技術的な発見をすることがたくさんあります。特にグラップリングはとても奥が深く、今後もそれを追求していくことが僕の大きなテーマだと考えています。

先日、なにげなく見ていたＹｏｕＴｕｂｅで柔道の木村政彦先生がアームロックを指導している動画を発見しました。あのエリオ・グレイシーとの戦いを制したキムラロックです。僕は我が目を疑いました。（腕の）取り方が僕とまったく一緒だったのです。これは自分にしかわからない、微妙なテクニックだと思っていたことを、木村先生が大昔にやっていたのです。木村先生は偉大な柔道家であると同時に、日本のプロレスラーの先駆者でもあります。柔術、グレイシー、プロレス、ＭＭＡ……。あらためて歴史は繋がっていると感じました」

この時、すでに桜庭和志は新たなるグラップリング・イベントの構想を持っており、ラスベガスでデイナ・ホワイトらＵＦＣ関係者に協力を要請していた。

「カズシ・サクラバは俺が一番好きなファイター」と公言するデイナ・ホワイトが、ＵＦＣホール・オブ・フェイマー（殿堂入り選手）の願いを快諾したのはもちろんだ。

グラップリングについては、少々説明が必要かもしれない。

広義では柔道や柔術、レスリングやサンボなどの組み技系格闘技のことだが、桜庭のいうグラップリングとは、打撃を禁じ、フォールや押さえ込みを排除して、絞め技と関節技で決着する裸体格闘技を意味する。

グラップリングにはふたつの考え方が存在する。

ひとつめの考え方は〝柔術衣を着ない（ノーギ）柔術〟だ。

カーロス・グレイシーJr.（通称・カリーニョス）は1925年にグレイシー柔術アカデミーを開いたカーロス・グレイシーの五男である。カリーニョスが会長をつとめる国際ブラジリアン柔術連盟（IBJJF）は、2007年から世界ノーギ柔術選手権をスタートさせている。

「グレイシー柔術もブラジリアン柔術も存在しない。僕たちがやっているのは、ただの柔術なんだ」

「柔術衣を着ても着なくても、柔術であることに変わりはない」

そんな柔軟な考えを持つカリーニョスは、ブラジリアン柔術を世界中に普及させるために、世界ブラジリアン柔術選手権と世界ノーギ柔術選手権を、ともにアメリカ西海岸のロサンジェルス近郊で開催することにした。

アメリカ西海岸におけるグラップリング（ノーギ）熱は極めて高く、グレイシー柔術アカデミーはもちろん、ホイス、ホイラーを含む多くのUFCファイター、PRIDEファイターが自らの道場を構えている。

ＵＦＣの影響を受けてアメリカの多くの若者たちがブラジリアン柔術を始めたが、彼らの興味の中心にあるのはＭＭＡだったから、ノーギだけをやる選手も多い。

アメリカ西海岸にいくつかの道場を構える10thプラネット総帥のエディ・ブラボーは「ＭＭＡにギ（柔術衣）は必要ない。ギなんか燃やしてしまえ！」と過激な主張をしているほどだ。

グラップリングに関するもうひとつの考え方は〝レスリングに関節技をつけ加えたサブミッションレスリング〟である。

世界レスリング連合（ＵＷＷ。ＦＩＬＡから改称）は、将来、グラップリングをオリンピック競技にしたいという希望を持っている。実際に世界選手権も行われているが、残念ながら世界的な普及にはほど遠いのが現状だ。

レスリングの目的はフォール、つまり相手の両肩（肩甲骨）を１秒間マットにつけることにある。フォールを嫌うレスラーは、グラウンドではうつぶせになる。

一方、ガードポジションが必須のグラップリングでは、背中をつけて戦うことが前提となる。思想が正反対なのだ。

フォールとサブミッションも両立しにくい。リアネイキッドチョーク（チョークスリーパー）やアームバー（腕ひしぎ十字固め）を行う際には、自らが背中をマットにつけることがよくあるが、もしフォールがあるルールならば、技をかけている選手がフォールをとられるというバカげたことにもなりかねない。

以上のような理由から、グラップリング＝柔術衣を着ない柔術、という考え方が世界の主流となっている。

実際に、世界ノーギ柔術選手権やプロレスファンにもなじみのあるアブダビコンバット＝ADCCサブミッション・ファイティング世界選手権の優勝者の多くはブラジル人柔術家で占められ、そこにアメリカ人の柔術家が割って入る形になっている。

斬新なフォーマット

2018年2月1日、桜庭和志は記者発表を行った。趣旨は以下の通りだ。

グラップリングのワンデートーナメントQUINTET（クインテット）をスタートさせる。個人戦ではなく団体戦。1チーム5名の4チームがトーナメントを行う。4月11日には両国国技館で初めての大会「QUINTET.1」を開催する。柔道家、柔術家、サンビストがそれぞれチームを結成する。いずれも最強の寝技師ばかりだ。桜庭自身もジョシュ・バーネット、所英男、中村大介、マルコス・ソウザとチームを結成して優勝を目指す――。

ルールに関して重要な点は5つある。

①　団体勝ち抜き戦であること。

②　個人に体重制限はないが、チーム5名の合計体重に制限があること。

③　ポイントも判定もなく、制限時間内に決着がつかなければ両者失格。
④　柔道やレスリングと同様の指導（コーション）があり、指導3回で失格。
⑤　試合時間は8分間。だが、体重差が20kg以上ある場合は4分間となる。
団体勝ち抜き戦は、日本独自のフォーマットである。剣道では江戸後期に、柔道では明治時代に始まった。

勝ち抜き戦は、体重無差別の思想と深く結びついている。たとえばレスリングには団体戦はあっても団体勝ち抜き戦は存在しない。欧米の格闘技には、同程度の体格の選手同士が戦うことがフェアだという考えがあり、ライト級の選手がヘビー級の選手と戦うという発想はない。

一方、日本には体重無差別の思想が厳然として存在する。毎年春に行われる柔道の全日本選手権は現在もなお体重無差別で行われているし、PRIDEにおける桜庭和志は、自分より15kgも重い選手と戦い続けてきた。

QUINTETの斬新なフォーマットについて、桜庭和志が語ってくれた。

「僕はタイガーマスクの佐山聡さんからUWF（ユニバーサル）に興味を持ったんですけど、好きだったのは前田（日明）さんや髙田（延彦）さんみたいにバンバン蹴るタイプではなく、藤原（喜明）さんや木戸（修）さんみたいにパッと関節を極めちゃうタイプ。UWFの影響もあってアマチュアレスリングを始めて、プロレスラーになってからは関節技を覚えたわけですけど、組み技の方が面白い、とずっと思っていました。

でも、実際にお客さんの前でヘンゾ(・グレイシー)やフランク(・シャムロック)とグラップリング・マッチをやったら、動きのない、お客さんが観ていてつまらない試合になってしまった。みんな負けるのがイヤだから、守ることばかりを考えてカタい試合になるんです。

そんな時、たまたまテレビで柔道の試合を見ました。5対5の団体勝ち抜き戦です。団体戦の抜き試合というのはいいな。打撃だとKOされたら次の試合はできないけど、グラップリングならできるな、と思いました。いまの総合格闘技は僕には第1試合からメインまで同じスタイルに見える。でも、団体戦ならチームの色も出せるし、自分の試合が終わっても、他の選手に声援やアドバイスを送ることができる。誰かが負けた時に、セコンドが励ますのと、チームメイトが励ますのとでは全然違うんですよ。しかも、抜き試合というところが面白い。各階級の代表を出して戦う団体戦では、途中で勝敗が決まってしまうことがよくあるけど、抜き試合なら消化試合がありませんから。

QUINTETでは戦略もチームワークも必要になる。野球とちょっと似てます。トーナメントだから高校野球ですね。誰をどの順番で出すかも難しい。1番、2番、3番、4番、5番で役割も変わるし、ひとまわりしたら、また1番に戻ってくる。QUINTETはお客さんのために作った格闘技の甲子園なんです(微笑)。

もうひとつ、僕がQUINTETに入れたかったのは、PRIDEの頃にやっていた〝小さい者が大きな者を倒す〟という格闘技の醍醐味です。

そもそも体重別の階級があるのは格闘技だけですよね。もっと自由なものにしたかった。ただ、体重をフリーにしちゃうと、ぶっちゃけ重い人間の方が強いから、全員がヘビー級になっちゃう。それだと面白くないので、総体重にリミットをかけました。僕の体重が85kg、いまはちょっと減ったけど、大体それくらいなんで、5人だと合計425kg。だったら総体重430kg以下でいいかな、と。

指導を入れたのは『アタックしろ!』ってことですよね。極めにいかないとお客さんが面白くない。僕が高校でレスリング始めた頃にも、よく言われましたよ。『お前ら何しにここにきてるの? 相手を攻撃するためにきてるんだよね? 守ってたらパッシブ(指導)をとるよ』って。ただ、QUINTETは50歳になってやるルールじゃない(笑)」(桜庭和志)

日本の格闘技関係者で、団体勝ち抜き戦の魅力を最もよく知るのは、日本ブラジリアン柔術連盟会長の中井祐樹だろう。北海道大学柔道部時代には、七帝柔道の団体勝ち抜き戦(15人対15人)を経験している。戦前の高専柔道の流れを汲む寝技に特化した柔道だ。寝技には、身体能力や反射神経よりも、むしろ知と理と落ち着きが求められる。優秀な頭脳を持つ中井祐樹は、肉体を極限まで使う知的なゲームにのめり込んでいった。

大学を中退して佐山聡のシューティングに入った中井は、「ヴァーリトゥード・ジャパン・オープン'95」では自分より30cm身長が高く、20kg重い空手家のジェラルド・ゴルドーと果敢に戦い、指を右目に入れられて失明しながらも、下からのヒールホールドで見事な逆転勝利を飾った。決勝で対戦したヒクソン・グレイシーには惜しくも敗れたが、ヒクソンは片目が見えない状態で自分と戦った中井祐樹を〝サムライ〟と称えている。

凄まじいキャリアの持ち主は、桜庭和志の構想を即座に理解した。QUINTETがブラジリアン柔術の普及につながることを確信し、日本連盟の総力を挙げて全面的に協力。自らは審判委員長に就任した。ルールの整備や大会運営など、QUINTETが日本ブラジリアン柔術連盟に負うところはとても大きい。

「QUINTETは、これまでになかったまったく新しいスポーツだと僕は考えています。ブラジリアン柔術に柔道の団体戦と、レスリング的なコーション（指導）を持ち込むことによって、常に動き続ける攻撃的な試合を生み出し、これまでやる側の論理だけで成立していたグラップリングを、高度なスペクテイタースポーツへと作りかえた。桜庭さんは天才です」（中井祐樹）

世界中のファイターたちを魅了する団体勝ち抜き戦

2018年4月11日水曜日夜。両国国技館には桜庭和志が主催・運営する「QUINTET.1」を観るために約4000人強の観客が集まった。満員とは言えないが、平日開催ということを考えれば立派な数字だ。

ケージもリングもないマットの上に観客たちが目撃したものは、日々刻々と進化を続ける寝技の最新テクニックの品評会であり、圧倒的な技量の持ち主が何人もの相手を次々に打ち破っていく小気味よさであり、先ほどまで恐るべき強さを示したファイターが疲れ果て、次の試合では別人のように精彩を欠いてしまう残酷な姿であり、引き分けることの重みであった。

優勝したのはPOLARIS DREAM TEAM。イギリスのグラップリング・イベントPOLARISから選抜されたメンバーたちだ。オーストラリア出身のクレイグ・ジョーンズは、得意とするヒールフック（ヒールホールド）をルールで禁じられていたにもかかわらず、圧倒的な強さを日本のファンに見せつけた。

この日、両国国技館にやってきた観客の多くは、UWFで関節技の存在と威力を初めて知ったはずだ。『藤原喜明のスーパー・テクニック』を熱心に読み、リングスではヴォルク・ハンの複雑な関節技に目を見張り、UFCとグレイシー柔術の登場に衝撃を受け、PRIDEでは桜庭和志のキムラ（アームロック）やアントニオ・ホドリゴ・ノゲイラのスピニングチョークに魅了された。

プロレスからリアルファイトのMMAに興味を移した観客たちにとって、クレイグ・ジョーンズや〝ポーランドの足関王〟マーチン・ヘルドら〝未知の強豪〟が披露したグラップリングの戦いはあまりにも魅力的だった。

筆者は1994年3月にUFC2をデンバーで観ているが、QUINTET．1には、UFCと同様に、まったく新しいものがスタートする時の高揚感があった。

感動したのは観客ばかりではない。参加したファイターたちもまた、伝説のMMAファイターであるカズシ・サクラバが主催するQUINTETを心から楽しんだ。
「勝ったファイターも負けたファイターも、『これ、マジで楽しい！』って喜んでくれました。打撃がないからケガの心配も少ないし、団体戦だからリスクを恐れず、強い人や凄い人にどんどんぶつかっていける。知的で戦略に富んだ戦いが楽しめるって。外国のファイターたちは柔道や柔術といった日本が生みだした武道をリスペクトしている。だからこそ、5対5の勝ち抜き戦にも、日本の神秘的な文化を感じたんです」（大会の通訳をつとめた井島ワッシュバーン・パトリック）
「QUINTETの空気は素晴らしいよ。自分自身を考えさせられる。コンペティティブであることはもちろんだけど、それと同時に、みんなが一緒になってこのイベントを盛り上げていこうとしている。QUINTETに参加するアスリートは〝いいココロ〟を持っていないといけない。対戦相手は、戦う時は敵だけど、仲間でもあるんだ」（ジヨシュ・バーネット）
7月16日にはQUINTET.2が大田区総合体育館で開催され、エディ・ブラボー率いる10thプラネットの選手たちが素晴らしいテクニックを見せてくれた。
65kgと小柄なジオ・マルティネスの活躍は特に光った。
1回戦では107kgの柔道オリンピック金メダリスト・石井慧にキムラを極められたものの、ジオはタップしないまま耐え抜いてついに引き分けに持ち込み、10thプラネットの決勝進出に大きく貢献した。チームのために痛みを耐え抜く姿に、観客は大きな感銘を受けた。

決勝戦のジオ・マルティネスは、1回戦で3人抜きを達成していた94kgのハイサム・リダと対戦、左腕にダメージを抱えながらも一瞬のギロチンチョークで仕留めた。続く所英男との試合も引き分けに持ち込み、10thプラネットを優勝に導くヒーローとなった。

10月5日にはQUINTET.3がラスベガスのオーリンズアリーナで開かれた。

抜きつ抜かれつのスリリングな展開は、観客を熱狂で沸き立たせ、あるいは緊張で静まりかえらせた。

会場には何人ものUFCファイターがお忍びで訪れていて「凄い！　面白い！　私も出たい！」とツイートした結果、#QUINTETはツイッターのトレンドで全米1位を記録。UFCファイトパスでの視聴数も空前の数字を叩き出した。

桜庭自身は「TEAM SAKURABA」の先鋒として、UFC殿堂入りを果たしたユライア・フェイバーと8分間戦い抜いたが引き分けにより両者敗退。チームもゴードン・ライアンに3人抜きを許して1回戦で敗れてしまう。

ライアンは2017年のアブダビコンバット88kg級優勝、2018年はパン・ノーギの階級別と無差別の両クラスをすべて一本勝ちで制した注目のファイターだ。足関節とバックコントロールの評価は特に高い。

決勝戦ではQUINTET.1で圧倒的な実力を示したチーム・ポラリスのクレイグ・

ジョーンズとビトー〝シャオリン〟ヒベイロに連勝、グレゴー・グレイシーとは無難に引き分けてチームを優勝へと導いた。

〝The Biggest Jiu-Jitsu Event〟と紹介されたQUINTET.3は、アメリカで大成功を収めたのである。

「QUINTET.3はグラップリングの輝かしい未来を感じさせてくれるイベントだった。エキサイティングな試合をたくさん観ることができたからね。これから必要なのは何よりもプロモーションじゃないかな」（『レスリング・オブザーバー』紙のデイヴ・メルツァー記者）

QUINTETはゆっくりと、だが確実に裾野を広げつつある。

すでに世界各地でQUINTETルールの大会が始まっている。

「QUINTETのフォーマットは素晴らしいね。10thプラネットでは年に一度、サンディエゴやオレンジカウンティなど、すべての道場生が集まってパーティをやるんだけど、この前は、道場対抗戦をQUINTETルールでやったんだぜ」（エディ・ブラボー）

国内メンバー中心の大会「QUINTET FIGHT NIGHT」や女子のオープントーナメント、さらにAmateur QUINTET（アマチュアクインテット。通称・アマクイ）も全国各地で開催されるようになった。

日本ブラジリアン柔術連盟事務局長にしてQUINTETアシスタントプロデューサーの新明佑介は、2018年9月23日に墨田区総合体育館で初めてAmateur QU

INTETを開催した時のことを、次のように振り返ってくれた。

「アマクイは、プロイベントとは全然違うもの。大会に向けてみんなが練習するわけですから、運営にも凄いクレームがくるんじゃないかと思って、じつはビビりまくっていた。でも、参加者全員に愛があった。桜庭さんが好き。QUINTETのルールがおもしろい。5人で戦って、みんなで汗をかくのが楽しい。結局、不満も何もなく終わりました」

メディアも注目するようになった。

2019年5月19日にはNHKの『サンデースポーツ2020』内で「寝技格闘技『クインテット』桜庭和志がかける思い」が約10分間放送された。

その夏、8月25日に行われたAmateur QUINTETでは道衣部門が誕生した。QUINTETはグラップリングだけでなく、着衣のブラジリアン柔術の団体戦のフォーマットにもなり得るということだ。

〝グレイシー・ハンター〟桜庭和志がグレイシー柔術のトーナメントを主催するとは！人生とはおもしろいものだ。

12月12日にはUFCの協力を得て、ラスベガスのレッドロック・カジノで「QUINTET ULTRA」が開催された。UFC、PRIDE、WEC、Strikeforceと、MMAの歴史を彩ってきたビッグイベントの選手たちがチームを結成して戦った。

イベントとしてのQUINTETが商業的成功を収めるかどうかは未知数だが、スポーツとしてのＱＵＩＮＴＥＴはこれから、世界中で広まっていくだろう。

「ＱＵＩＮＴＥＴの登場によって、抜き試合＝団体勝ち抜き戦の面白さを世界が知ってしまった。講道館柔道もブラジリアン柔術も、そして総合格闘技も、もともとは日本から生まれたもの。いまや柔道の中心はフランスで、柔術の中心はブラジル。総合格闘技の中心もアメリカのＵＦＣに持っていかれてしまった。でも、それもまた日本らしさかもしれません。日本がアイディアを生みだして、世界中に分け与えている。日本人は、日本人が考えるよりもずっとクリエイティブなんです」（中井祐樹）

　１９９０年代末まで、リアルファイトのＭＭＡ＝総合格闘技は危険で暴力的な上に、膠着ばかりでつまらないというのが日本の格闘技ファンの常識だった。

　その常識を完全にくつがえし、ＭＭＡを美しく芸術的で、意外性に溢れ、ユーモラスですらあるスペクテイタースポーツに変えてしまったのが２０００年の桜庭和志だ。

　それから20年という長い時間が経過した。

　いま、桜庭和志は、グラップリングを美しく、芸術的でスリリングでエキサイティングなスペクテイタースポーツに変えようとしている。

あとがき

アントニオ猪木が生みだした「プロレスは最強の格闘技」という思想を、誰よりも真剣に受け止め、現実のものにしようと試みたのは元タイガーマスクの佐山聡であった。佐山聡がUWFという潰れかけたマイナープロレス団体で試みて失敗したことについては『1984年のUWF』で書いた。本書『2000年の桜庭和志』は『1984年のUWF』の続編であり、同時に『1976年のアントニオ猪木』の最終章でもある。

桜庭和志がプロレスに興味を抱いたのは、佐山聡のタイガーマスクがきっかけだった。華麗なる四次元殺法ではなく強さに憧れた、と強調していることは興味深い。

タイガーマスクが画期的だったのは、ロックアップを否定し、打撃から始まるプロレスを展開したことだ。ストリートファイトは殴る蹴るから始まる。ならば、プロレスも打撃戦からスタートし、投げによってグラウンドに移行し、関節技を極めてギブアップを奪って決着するべきではないか？　そんな佐山聡の〝打投極〟の思想、すなわち総合格闘技の思想は、すでにタイガーマスクのプロレスの中で見事に表現されていた。

タイガーマスクに憧れてプロレスラーを志した秋田県の中学生は、高校でアマチュアレスリングの面白さ、奥深さを知った。大学を中退してプロレスラーになると、今度はサブミッションレスリングに夢中になった。さらにムエタイの強豪から打撃を習い、柔術家には下から攻められることを学び、キングダムのリングではMMAに近いルールのリアルファイトも経験した。

優秀な頭脳の持ち主は、レスリングのテイクダウン、プロレスのサブミッション、ムエタイの打撃を組み合わせて、世界最先端のスタイルを作り上げた。

UFC JAPANでは世界で初めてブラジリアン柔術の黒帯から一本をとり、新たにスタートした総合格闘技イベントPRIDEの主役に実力でのし上がり、UFCのレジェンドであるホイス・グレイシーと常識外れのロングマッチを戦って勝利した。

桜庭和志が国民的なスターへと駆け上っていく過程は、マンガ以上にドラマチックだ。桜庭和志は〝リアルファイトのタイガーマスク〟になったのである。

1994年2月にデンバーでUFC2を見た私は、2000年5月に東京ドームで桜庭和志とホイス・グレイシーの試合を見て衝撃を受けた。かつて野蛮で暴力的で凄惨だった総合格闘技が、これほどスリリングで刺激的なエンターテインメントたり得るのか。

桜庭vsホイスを〝格闘技史上最高の試合〟と評価する人は多いが、私もそのひとりだ。

UWFの最終形態にして日本格闘技史上最大のレジェンドの協力を得て古巣の『ナンバー』で連載を行い、こうしてナンバーブックスの一冊として刊行されることは、私にとって無上の喜びだ。本書の主役である桜庭和志氏に深く感謝し、お礼を申し上げる。

私はこれまでにプロレスを扱った本を6冊書いた。『1964年のジャイアント馬場』、『1976年のアントニオ猪木』、『1984年のUWF』、『1985年のクラッシュ・ギャルズ』、『1993年の女子プロレス』、そして『2011年の棚橋弘至と中邑真輔』。

だが、本書はプロレスの範疇に収まる本ではない。

1999年から2000年にかけて、桜庭和志はグレイシー姓を持つ柔術家を次々に破り、世界的な強豪にのし上がった。そのことを書く以上は、柔術をある程度知っておかなくてはならない。アタマで理解するばかりでなく、多少なりとも身体を使って経験したい。できればブラジリアン柔術ではなく、グレイシー柔術の考え方に触れたい。

そう考えた私は、アメリカ西海岸トーランスのグレイシー柔術アカデミーでホイス・グレイシーに柔術を学び、現在は東京・錦糸町でMAX柔術アカデミーを主宰する増沢マックス慶介氏に教えを乞うた。レッスンを重ねるうちに、セルフディフェンス（護身術）からスタートする柔術が、体重別のスポーツであるボクシングやレスリングとは根本的に異なる考え方を持っていることを身体感覚で理解できた。

優れた指導者から学ぶ柔術は、安全かつ合理的で、喜びと発見に満ちた素晴らしい体験だ。ふだん机に張りついている物書きにとっては最高の全身運動でもある。私はもう若くないが、これからも可能な限り長く、柔術に触れ続けたいと思っている。

多くの人々の援助がなければ、本書を書き上げることは到底不可能だった。

インタビューに応じていただいたのは、以下の方々である。すべての方の発言を引用したわけではないが、これらの方々の知見は、ＵＷＦを理解するための重要な示唆を与えていただいた。深く感謝したい。

朝岡秀樹、安達巧、安生洋二、井島ワッシュバーン・パトリック、石井和義、太田拓弥、金井憲二、サクマシン、新明佑介、須藤元気、高島学、テディ・ペルク、中井祐樹、流智美、堀内勇、堀江ガンツ、増沢マックス慶介、美木航、水谷広保、三次敏之、宮地克二、Royler Gracie、Royce Gracie、Renzo Gracie、Rafael Cordeiro、Eddie Bravo、Josh Barnett、Dave Meltzer。

また、次の方々にも、さまざまな形でご協力いただいた。

柳沢忠之、石黒由佳子、山口真由美、伊藤健一、臼井義隆、尾崎ムギ子、汲田哲郎、松井一晃、宇賀康之、葛西祝、布施鋼治、松山郷、夢枕獏、井賀孝、Graham Noble、Reila Gracie、Roger Gracie（敬称略）。

『ナンバー』の連載と単行本の編集は、今回も藤森三奈氏が担当してくれた。

昨年はつらい年だった。１月に我が師・橋本治が、８月に母・柳澤君子が亡くなったからだ。

私のすべては、ふたりに作ってもらった。ありがとうございました。どうぞ安らかに。

最後に、父と愛する家族に感謝したい。

２０２０年１月27日　成城の実家にて

柳澤　健

文庫版のためのあとがき

これまで私はプロレスおよび格闘技関係の本を数冊書いてきたが、すべては処女作『1976年のアントニオ猪木』の続編であったように思える。結局のところ、私が15年以上の長きにわたって書き継いできたのは「プロレスは最強の格闘技」というアントニオ猪木が生みだした幻想をめぐるサーガなのだ。

1976年6月、アントニオ猪木はボクシング現役世界ヘビー級チャンピオンのモハメッド・アリと異種格闘技戦を戦った。試合前に猪木がアリへ送った挑戦状には「私はあらゆる格闘技のチャンピオンはプロレスリングであると信じて疑いません」と書かれている（原文は英語）。

試合時間のほとんどは猪木が寝転んだままで、時折、立ったアリの足にスライディングキックを放つというだけの退屈な展開の末に引き分けとなったから、世界中から酷評された。猪木は自らの主張を証明することができなかったのである。

だが、アントニオ猪木はあまりにも魅力的なレスラーであり、以後、数多く行われた異種格闘技戦でも勝利を積み重ねたから、日本のプロレスファンの多くは猪木を強く支持した。実際のところは、アリ戦はリアルファイトだったからこそ観客の目には退屈に映り、他の異種格闘技戦は結末が決められていたからこそ鮮やかな勝利を披露することができたのだが。

いずれにしても1976年以後、日本のプロレスは「プロレスは最強の格闘技」という猪木の主張に強く呪縛されることとなった。

若さとは恐ろしいもので、やがて新日本プロレスから、猪木の主張を現実のものにしようと考えるレスラーが現れた。タイガーマスクの佐山聡である。佐山聡はUWFという弱小プロレス団体に総合格闘技のルールを持ち込み、時間をかけてリアルファイトの総合格闘技団体に変えていくという破天荒なアイディアを実行に移し、少数の若いファンから熱烈な支持を集めたが、結局は前田日明や藤原喜明など周囲のレスラーからもフロントからも猛反発を受けてUWFを去った。プロレスを最強の格闘技にすることに失敗した佐山聡の挫折を書いたのが『1984年のUWF』である。

数年後、前田日明をエースとする新生UWFが誕生して、一大ブームを巻き起こしたのは、真剣勝負のプロレスを標榜し、メディアは何の検証もしないままプロレスが最強の格闘技であることを証明しようとする勇気ある若者たちと伝えたからだった。だが、実際の新生UWFは佐山聡が心血を注いで作り上げたルールを丸パクリしながらも結末の決まった試合を行い、時に猪木を真似た異種格闘技戦を行って人気を集め、さらに他のプロレス団体を「自分たちは格闘技、あいつらはプロレス」「飛んだり跳ねたりの連中」と見下す詐術的なプロレス団体であったから、人気が長く続くことはなかった。

黒船と呼ばれたUFCの誕生以後、三派、四派に分裂したUWFは、古くさい似非《えせ》格闘技団体とみなされるようになった。

ところが意外なことに、U系団体から真の実力者である桜庭和志が登場、ブラジル人ファイターやグレイシー一族の柔術家をリアルファイトで次々に撃破したことで、一躍、総合格闘技イベントPRIDEの主役となっていく。

アントニオ猪木とUWFの遺伝子を持つプロレスラー桜庭和志。

日本人柔道家の前田光世からブラジルで教えを受け、幾多のヴァーリトゥードを戦ってきたグレイシー一族の末裔にして、初期UFCで無敵を誇った柔術家ホイス・グレイシー。

〝無間地獄〟と称された時間制限のない特別ルールで行われた異種格闘技戦は107分に及んだが、東京ドームの観客たちの熱狂が醒めることは一瞬もなかった。

ホイスのセコンドについたホリオン・グレイシーがギブアップを意味する白いタオルを投げた時、「プロレスは最強の格闘技」という幻想は、ついに現実のものとなった。

そんな魔術的な瞬間を書いたのが『2000年の桜庭和志』である。

文庫解説の水道橋博士が指摘された通り、『1976年のアントニオ猪木』、『1984年のUWF』、『2000年の桜庭和志』は、結末の決まったエンターテインメントであるプロレスがリアルファイトの総合格闘技へと変貌していく過程を書いた3部作となった。

『スター・ウォーズ』でいえば、「エピソード4／新たなる希望」、「エピソード5／帝国の逆襲」、「エピソード6／ジェダイの帰還」にあたる。

エピソード1、2、3にあたるのが、アメリカン・プロレスとは何かを考察した『1964年のジャイアント馬場』である。

ショーヘイ・ババはプロレスの本場アメリカでヒールとして大成功を収めた。

アメリカ合衆国は、ヨーロッパで食いつめた白人のゴロツキが新大陸に渡り、有色人種のネイティブ・アメリカンを大量に虐殺した末に作り上げた国家である。しかし、アメリカ人は真の歴史を直視できない。だからこそアメリカ人は「悪い有色人種が善良な白人を襲ってきた。我々は反撃して倒し、平和が回復された」という建国神話を繰り返し語り継がなくてはならなかった。西部劇もハリウッドのアクション映画もプロレスも、すべてはアメリカを正当化する装置なのだ。

アメリカン・プロレスに必要なのは、身体の大きな有色人種の悪役である。強く悪く大きく卑怯な有色人種を倒すからこそ、アメリカの正義、白人の正義が光り輝く。

かくしてショーヘイ・ババはアンドレ・ザ・ジャイアント以前のビッグヒールとして全米でひっぱりだこになった。馬場が活躍した1960年代初頭のアメリカン・プロレスは最盛期を迎えていたから、1試合で2万ドル（当時のレートで約700万円）を稼ぐこともあったという。

全日本プロレスを旗揚げした馬場は、アメリカから一流のレスラーを大量に呼んだ。アメリカの一流レスラーと日本の一流が戦い、日本が勝つというジャイアント馬場の物語は、戦争で負けた米国を経済で上回ろうとする日本の願望を体現していた。

一方、ストロング小林や大木金太郎などの日本人エース対決を行い（大木は韓国人だが）、インドやパキスタンのレスラー、柔道家や空手家やボクサーと戦うアントニオ猪木の物語にアメリカン・プロレスの影は薄い。世界は広い。米国以外の国は無数にある。私たちはアメリカに従属せず、独自の道を行くべきである、と猪木は主張した。

馬場と猪木の戦いは、対米屈従と自主独立の間で葛藤する戦後日本の自画像だったからこそ、多くの人々から支持を得たのである。

『スター・ウォーズ』のエピソード7、8、9にあたるのが格闘技ブームと猪木の横暴によって倒産寸前に追い込まれた新日本プロレスの鮮やかな復活劇を描いた『2011年の棚橋弘至と中邑真輔』である。「プロレスは最強の格闘技」という呪縛をついに解いた100年に一人の逸材・棚橋弘至。猪木に認められたことで「選ばれし神の子」という称号を得ながらも苦闘を続け、ついに自らのスタイルを確立して、キング・オブ・ストロングスタイルを自ら名乗りWWEで活躍を続ける中邑真輔。ふたりの偉大なレスラーのことは心から尊敬している。

サーガのスピンオフ版となるのがプロレスの元となるレスリングの広大なる世界を探検した『日本レスリングの物語』と、UWFとも深い関係のある『1985年のクラッシュ・ギャルズ』と団体対抗戦時代を描いた『1993年の女子プロレス』だ。

　この先、私がプロレスや総合格闘技について書くことはないだろう。だからこそ、『2000年の桜庭和志』が文春文庫に入ることはうれしい。プロレスファン、格闘技ファンの皆様、これまで拙著をお読みいただいて本当にありがとうございました。絶賛も酷評もすべてに感謝します。

　水道橋博士には処女作『1976年のアントニオ猪木』の刊行直後から応援していただいた。今回初めて文庫解説をお願いすることができて、とても光栄に思っている。16年という月日は短いものではなく、博士にも私にもいろいろなことがあった。お互い若くはないが、もうしばらくの間、同じ時代を生きていきたい。

　2014年4月、モハメッド・アリはツイッターに、自分がリング上で猪木の足をつかんでいる写真を投稿した。

「どう思うデイナ・ホワイト？　モハメッド・アリこそがMMAファイターの元祖じゃないか？」

　UFCの代表であるデイナ・ホワイトはこう答えた。

「あなたこそすべての元祖であり、いまの格闘技があるのはあなたのお蔭です」

　今年（2023年）7月7日にNHK『アナザーストーリーズ』で「アントニオ猪木vs.モハメド・アリ〝世紀の一戦〟の真実」が放送された。私も協力させていただいたが、世界的にも猪木とアリの戦いがようやく正当に評価されるようになってきたと感じている。猪木―アリへの評価は、そのままMMAの正しい歴史を多くの人々が理解できるような環境が整ってきたことを意味する。

偉大なるモハメッド・アリもアントニオ猪木も、いまはこの世の人ではない。

だが、総合格闘技や柔術は、この先もずっと生き続けていく。

ボクシングやレスリング、柔道のように。

いまや日本は世界に冠たるスポーツ大国だ。大谷翔平は世界の最高峰MLBの二刀流ユニコーンであり、井上尚弥はパウンドフォーパウンドのモンスターである。

そう遠くない未来に、総合格闘技にも桜庭和志を超える日本人ファイターが登場するだろう。現れてほしい。

だが、私たちが2000年前後に活躍した偉大なるファイターを忘れることは永遠にない。この小さな一冊が、そのために役立つことを願っている。

2023年7月7日　PANTAさんが亡くなった夏の七夕の夜に

柳澤健

解説

水道橋博士

本書は文藝春秋から上梓された『1976年のアントニオ猪木』、『1984年のUWF』に続くプロレス格闘技三部作の最終巻『2000年の桜庭和志』の文庫化である。

2007年に出版された『1976年のアントニオ猪木』は、文藝春秋で『スポーツ・グラフィック　ナンバー』の社員編集者であった柳澤健がフリーとなり、47歳にして作家デビューを果たした作品だ。

1998年4月の猪木引退試合以来、熱心な猪木信者であるボクは『アントニオ猪木自伝』（新潮文庫）を大量に買い込み、ホテルへ泊まるたびに引き出しの『聖書』とすり替えるという急進的な布教活動に励んでいたのだが、『1976年のアントニオ猪木』の登場は猪木信者にとっての『新約聖書』を思わせるほど衝撃的で、ボクにとっては生涯のベストノンフィクションとなった。

『1976年のアントニオ猪木』は、猪木が70年代に闘った一連の異種格闘技戦のファーストシーズンである「1976年」に開催された4試合に焦点を当てている。

猪木はなぜ、純然たるプロレスを離れて格闘技路線に走ったのか？　その根本的動機とは終生の敵であるジャイアント馬場を打倒するためだった。そのため「プロレスとは最強のキングオブスポーツだ！」「いつ何時、誰の挑戦でも受ける！」という教義＝猪木イズムを掲げ、仮想敵、外敵をプロレスのリングで迎え撃つという構図を作り上げた。

〈2月・ミュンヘン五輪、柔道無差別級と重量級の優勝者・ウィリエム・ルスカ戦〉

〈6月・プロボクシング世界ヘビー級チャンピオン・モハメッド・アリ戦〉

〈10月・アメリカで活躍中の韓国人プロレスラー・パク・ソンナン戦〉

〈12月・パキスタンで最も有名な英雄でプロレスラー・アクラム・ペールワン戦〉

普通の書き手ならば、誰もがボクシング現役ヘビー級世界王者・モハメッド・アリ戦が行われた6月の「格闘技世界一決定戦」を本筋にすることだろう。なにしろ、世界格闘技史の特異点として、今なお内外で再評価されている一戦なのだから。しかし、柳澤は違った。アリ戦だけではなくアリ戦前後の海外試合の舞台裏を、アメリカ、韓国、オランダ、そしてパキスタンにまで足を延ばして、関係者に徹底取材したのだ。

猪木はプロレスをリアルファイトと思い込んでいた世界最強の柔道王のルスカには契約書通りにプロレスを履行させ、異国、東京での負け役を強いることに成功した。

次にモハメッド・アリとの世紀の一戦は、エキシビションと思って来日したアリ陣営に対し、猪木ひとりだけが最後までリアルファイトに固執した。ルールは試合当日まで紛糾し、リング上では「猪木―アリ状態」と呼ばれる退屈な膠着状態が続き、15Rを経て消化不良の引き分けに終わる。当時は世紀の大凡戦、茶番劇として世界で嘲笑され、しかも10億円を超える莫大な借金を背負う羽目に陥った。

韓国遠征では、プロレスのつもりで挑んできた格下の韓国のプロレス王、パク・ソンナンに、猪木が負け役になるという筋書きを拒否。掟破りのガチンコ（リアルファイト）を仕掛け、相手の目に指を入れるほどの死闘の末に勝利。結局、エースを木端微塵に潰された韓国プロレス界は崩壊に追い込まれてしまう。

観光気分で妻・倍賞美津子と訪れたパキスタン遠征では、逆に地元の英雄・ペールワンから急遽リアルファイトを挑まれることとなった。猪木は実力で大きく上回るにもかかわらず、再び相手の目に指を入れる反則技まで繰り出し、相手に嚙みつかれると、ついに腕を脱臼させるという凄惨な試合の末に勝利を収めた――。

オランダと日本のプロレス界を結ぶ柔道界の猛者、ルスカ、ヘーシンク、ドールマンの三竦みの人間関係、日本の力道山時代を彷彿させる官民一体となった韓国プロレス史の変遷、まるでアラビアンナイトの怪人かのようなパキスタンのプロレス一族の流転など、現地取材はそれぞれが各国の比較文化論として一冊の本になるほど濃密だ。

共通するのは「自国開催の選手が勝つ」というプロレスの不文律を猪木が破棄したことだ。

本来、プロレスとは、肉体の強靭さや華麗な技を競い合いながらも、勝敗だけは予め決められている、ただし選ばれしプロフェッショナルによる命懸けのショービジネスなのだ。

この前提のなか、ルスカ戦を除く1976年の3試合だけが、長い猪木の現役生活のなかでリアルファイトであったと著者は断言する――。

『1976年のアントニオ猪木』は、村松友視の著書『私、プロレスの味方です』（1980）という始発駅から旅立ち、井上義啓編集長の『週刊ファイト』、ターザン山本編集長の『週刊プロレス』と乗り継いで「活字プロレス」という巨大な幻想空間の中を、車窓に聳え立つ猪木山脈、いや蜃気楼を追い続けた昭和のプロレス者にとっては因果鉄道の終着駅でもあった。

中央公論社で文学誌の編集者であり、後の直木賞作家となる村松友視が文藝の香り漂う演劇論的手法で、その虚像の輪郭を作った猪木という名のイリュージョン。その幻想をライターのキャリアの初期に『ぱふ』という雑誌名のファンタジーの匂い漂うマンガ批評誌の編集者であった柳澤健が『ナンバー』編集部に転じ、調査報道に徹し、地を這う取材を経てルポライティングという手法で幻想の実像を検証してみせたのだ。

それは「底が丸見えの底なし沼」「虚実の被膜」「闘いのメビウスの輪」などなど……修辞を練り尽くし、メタファーを駆使して、勝負論だけは曖昧模糊にしてきた活字プロレスの向こう側だった。

最強は短い、人生は長い――。裸一貫で世界を渡り歩き、現役を退いても虚像も実像も世間に晒して、あらゆる毀誉褒貶に受け身を取り、リアルもフェイクも織り交ぜながら人生の力比べを続けるプロレスラーの儚さ、そして強さに我々は惹きつけられるのだ。

単行本出版後、文庫版の『完本　1976年のアントニオ猪木』（2009）では、ボーナストラックとして猪木本人が著者のインタビューに応じている。猪木は単行本執筆時には取材依頼を受けることはなかったのだが……。

さて、百戦錬磨のプロレスラーは気鋭のルポライターにどう対峙したのだろうか――。その後、ボクは著者と面識を得たが、会うたびに「次回作には前田日明を！」というリクエストをぶつけたから、2017年に刊行された『1984年のUWF』は、ボクにとって待望久しい作品だった。

だが、タイトルは個人名ではなく団体名のUWF。UWFの中心人物は前田日明だが、著者はUWF関係者のなかで前田にだけはあえて話を聞かないまま、この作品を完成させた。もちろん雑誌連載時から論議を呼んだのは言うまでもない。著者曰く、「UWF史は今までに前田が語ってきた前田史観で確立してきたから、そこは避けて描く」と。この人物ルポライティングの手法は、かつてゲイ・タリーズが描いたフランク・シナトラやデイヴィッド・ハルバースタムが描いたマイケル・ジョーダンなどニュージャーナリズムのジャンルを切り開いてきた成功例はあるのだが……。前田は無類の読書家として知られ、強烈なエゴイズムと誇り高きダンディズムが共存する名うての論客だ。かつて沢木耕太郎、村松友視をこき下ろした過去もあるだけに著者のその大胆不敵さに驚いた(ちなみにボクは前田の兵隊〈マニア〉なのでこの作品は、私見では反前田史観過ぎるところがあるのも前田の名誉のためにあえて付記しておきたい）。

『１９８４年のＵＷＦ』は「プロレスは最強の格闘技である」との教義を最初に猪木に授けたプロレスの神様・カール・ゴッチの逸話から始まる。このゴッチ直伝の猪木イズムに最も影響を受けたのは佐山聡だった。結論として、佐山聡は猪木を越えるプロレスの天才であり、そして格闘家としても日本の総合格闘技のプロ化の先端を走っていた。ただし、長年に渡って正当な評価を得ることはなかったのだが……。

１９８１年に新日本プロレスに登場したタイガーマスク（佐山聡）は、たちまち４次元殺法で日本中を熱狂させたが、わずか2年4カ月で引退。その佐山がスーパータイガーとして復帰したリングこそが旗揚げ間もない「１９８４年のＵＷＦ」＝「第一次ＵＷＦ」であった。若き前田日明をエースとする猪木の使徒（弟子）たちが旗揚げした新団体は教祖・猪木に「捨てられて」迷走していたが、佐山が考え出した脱プロレスの先鋭的なルール、格闘技を重視した過激なスタイルによって一部に熱狂的なファンを生んだ。だがまもなく、すでにシューティング（のちの修斗）を構想してプロレスの完全格闘技化を目指す佐山と、選手およびスタッフの生活、団体の運営を最優先する前田との対立がリング上でも表面化する。やがて佐山が団体離脱すると、資金繰りに行き詰まり一度は母体・新日本に吸収されたものの、１９８８年、再び新生ＵＷＦとして旗揚げし、格闘プロレスを謳って一躍大ブームを作り出す。ところが１９９１年、人気絶頂時に団体は内部分裂、三派に分かれて歩むことになる。U系団体はそれぞれに「最強」を標榜した。だが1993年にUFC、K－1、パンクラスが誕生したことでマット界全域の相転移が起こり、フェイズは一気に変わった。「最強」の最前線にブラジルのグレイシー柔術が名乗りを上げると、猪木の使徒たちは実力の証明を迫られる。髙田延彦 vs ヒクソン戦のためPRIDEが誕生、やがてMMA（総合格闘技）＝真剣勝負が隆盛を誇るようになる。猪木の直弟子である髙田がヒクソンに連敗、船木誠勝もヒクソンに敗れた。プロレスラーは次々と格闘技の生贄となったのだが、世界の格闘技シーンをリードし、興行の人気を支え続けたのが日本のプロレスラーであることも紛れもない事実であった。やがてプロレスを引退した、アントニオ猪木も髙田延彦も前田日明も総合格闘技団体のアイコンとなり、リング上の要職をつとめるようになる。

PRIDEで「元気ですか!!　123ダー!!」と御託宣を唱えるだけで、会場に大熱狂を呼びおこす猪木は、プロレスと格闘技という、本来、異教の教養と競技を串刺しにする、新時代のコロシアムを司祭するシャーマンそのものであった。

Uの時代――。ファンはこの小さな団体の見果てぬ夢に想いを馳せ、共同幻想に酔った。ボクが上京した年が1981年、以降、旧、新生、分裂後のU系団体には足繁く通い、ファン同士、『週刊プロレス』を握り締め、熱く議論を闘わせたものだ。約束の地を求め、傷つけ合いながら集合離散の挫折を繰り返す若武者たちの姿の虜になったからだ。

この一冊は佐山聡の弟子で柔術家の中井祐樹の最後の言葉で締めくくられる。

「日本の格闘技はプロレスから生まれた。（中略）過去を否定するべきではないと思います」

虎のマスクを被り、グローブを嵌めた悲運の天才・佐山聡の表紙を手に取るたびに、感傷的な気分に浸る――。

そして三部作の最後が2020年に出版された『2000年の桜庭和志』。本書である。荒涼たるプロレスの大地に現れた新たなる救世主の物語だから、三部作で一番作風が明るい。だが、そもそも「プロレスは最強の格闘技」という猪木イズムの十字架をUWFインターナショナルの桜庭和志が背負うとは、専門筋でも想定外だったと思う。

UWFインターナショナルでは前座レスラーに過ぎなかった桜庭が、一際輝き出すのは1997年の12月のアルティメットジャパン大会である。この日、代役で出場し、レフリーの誤審もありつつ優勝した桜庭がリングで発した「プロレスラーは本当は強いんです！」は今なおプロレス史に残る名言として語り継がれている。しかし、その最終証明でもあるホイス・グレイシー戦に至るまでには3年の月日と9試合の無敗街道が必要だった。その間、体重差を無視した理不尽なマッチメイクも拒まず、無差別級でリアルに勝ち続けることがどれほど奇跡的なことであったか、本書で仔細に辿れば自明だろう。

しかし、なぜ、日本人ファイターで桜庭だけがいち早くMMAファイターとして仕上っていたのか？　じつは桜庭のバックグラウンドはプロレスばかりではなかった。

学生時代のアマチュアレスリング／プロレス道場でカール・ゴッチ由来のサブミッション／Uインターでのムエタイのキック／出稽古に来たエンセン井上から学んだブラジリアン柔術／桜庭はこれらを組み合わせて自分のファイティングスタイルをほぼ独力で構築した。しかも、桜庭が「僕はアスリートであると同時にプロレスラーです」と語るように、格闘家として勝負に結果を出すだけでなく、プロレスラーの矜持で、対観客を意識して魅せる試合を毎回、披露することで世界でも他に類のない総合ファイターになったのである。

猪木の第二の故郷ブラジルから来航し、日本の格闘技界の黒船となったグレイシー柔術は、元を正せば日本を起源とする武道である。1951年、ブラジル遠征に訪れた柔道の鬼・木村政彦のキムラロック（後の桜庭の必勝技）で御大・エリオ・グレイシーが敗れた、その手痛い教訓がグレイシーたちの柔術をさらに進化させた。猪木一家がブラジルに移住する6年前のことである。20世紀半ばに日本発祥の柔術をブラジルで発展させた一族が、20世紀末にブラジル移民である猪木のプロレスの弟子たちをリングで葬り続けた。この因果がなければ、ここまで文脈のある大河ドラマは生まれなかったであろう。半世紀を経て因果は巡るのだ。

グレイシーはルールの押しつけや銭ゲバ交渉ぶりで日本では憎まれ役にもなっていたのだが、著者は、セルフディフェンスという哲学、地球の裏側で密かに発展を遂げた秘伝の武道の歴史を丁寧に紐解き、自らも柔術道場に入門し、いにしえの誇り高き剣豪一門を描くかのように深い敬意を払っている。

桜庭もホイスも、それぞれが一門の若大将として、実力で舞台の主役となったのだ。

当時、ボクは「SRS」という格闘技番組のレギュラー出演者だったおかげで、幸いにもPRIDEのほぼ全試合をリングサイドで生観戦することができた。ボクの史上最高のベストバウトも2000年の桜庭vsホイス一択だ。トーナメントにも関わらず、この試合だけ特例で15分×無制限ラウンドルールが採用され、実際に我々もカブトならぬオシメを締めて試合を見守った。グレイシー・トレインvs桜庭マシーン軍団のファンタスティック過ぎる入場のプロレス的圧倒的高揚感から魂を鷲摑みにされ、計107分、いつ果てることのない射精中絶が続く官能的な緊張感、背後には歴史的格闘ロマンを秘めた美しき運命の一騎打ちは史上最高の一大スペクタクルであった。

試合中には幾度も「猪木―アリ状態」が出現した。寝た猪木と立ったアリが対峙するという見慣れぬ状態を観客は退屈とみなしてブーイングを浴びせ、メディアは膠着だと酷評した。だがボクの目の前では、「猪木―アリ状態」のホイスと桜庭が東京ドームを興奮のるつぼに叩き込んでいるのだ。1976年から綿々と流れる総合格闘技の変遷、MMAの技術の向上、そこへ挑み続けた選手たちの試行錯誤の姿が頭の中に次々に浮かび、想い出が波のように押し寄せてきた。

本書を読めば、あの歴史的な試合の興奮を追体験できるだろう。

2000年代のPRIDEは格闘技の中心地である日本に、世界中から最強の戦士を集め、世界に向けて発信するという世界最高のプロモーションであった。

そして、このPRIDEという異種格闘技戦の源流、大河の一滴となったのはあの日のアントニオ猪木であり、過渡期のバトンを繋いだのが在りし日のUWFの戦士たちだ。プロレスのリングでリアルファイトを望んだアントニオ猪木。リアルファイトのリングで観客に向けてのプロレスを提供した桜庭和志。ともに時代を超えリスペクトされる勇者であるのは間違いない。

2023年、54歳を迎えた桜庭和志は、今も現役のプロレスラーとして戦っている。本書でも紹介された桜庭が考案した寝技イベントのグラップリング大会「QUINTET」は、今年9月に5年ぶりに開催が決まり、桜庭の長男の出場が発表された。大会のスーパーバイザーに就任したのは前田日明だった。

日本のプロレス格闘技は旧世代から新世代へと確実に受け継がれていく。

2022年10月1日、アントニオ猪木の訃報が世界を巡った。

柳澤健が書き綴った三部作には「アントニオ猪木」というモチーフとテーマが鎮魂歌のように繰り返されている。

時代を経て書物で追体験する読者にとって、猪木の残した膨大な功績のなかのひとつは「2007年の柳澤健」というノンフィクション・ライターを生み出したことだ。

（漫才師）

初出　スポーツ・グラフィック　ナンバー　953〜983号
単行本　2020年2月　文藝春秋
（単行本化にあたり、加筆・修正を施しています）

DTP制作　エヴリ・シンク

文春文庫

2000年《ねん》の桜庭《さくらば》和志《かずし》

定価はカバーに
表示してあります

2023年9月10日　第1刷

著　者　柳《やなぎ》澤《さわ》　健《たけし》
発行者　大沼貴之
発行所　株式会社　文藝春秋

東京都千代田区紀尾井町3-23　〒102-8008
TEL 03・3265・1211㈹
文藝春秋ホームページ　http://www.bunshun.co.jp

落丁、乱丁本は、お手数ですが小社製作部宛お送り下さい。送料小社負担でお取替致します。

印刷製本・凸版印刷

Printed in Japan
ISBN978-4-16-792102-6

文春文庫 柳澤健の本

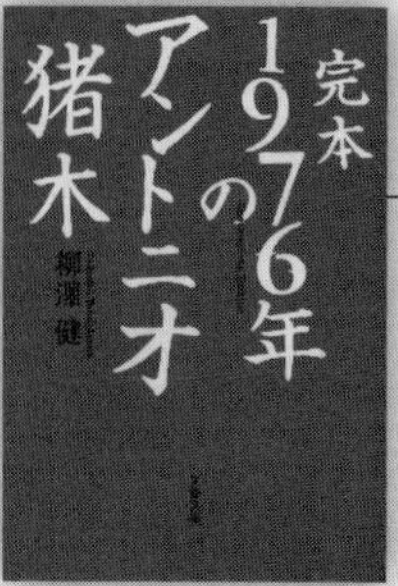

完本 1976年の アントニオ猪木

アリ戦、ルスカ戦、ソンナン戦、ペールワン戦、1976年に猪木が戦った伝説の4試合を徹底検証する。文庫化に際し猪木氏のインタビューを収録した完全版。（解説・海老沢泰久）

1984年のUWF

80年代に熱狂的な人気を博した伝説のプロレス団体ＵＷＦを新たな視点から描き、大反響を呼んだ傑作ノンフィクション。文庫版特典「クリス・ドールマンとの一問一答」を付す。

2011年の 棚橋弘至と中邑真輔

総合格闘技の台頭で猪木が主導した路線は頓挫した。そんなプロレス界を救うべく立ち上がった二人の天才。だが、彼らが歩んだのは果てしなく続くイバラの道だった。（解説・西加奈子）